国家社科基金重大委托项目
"中国少数民族语言与文化研究"

中国社会科学院创新工程学术出版资助项目

中国社会科学院民俗学研究书系
中国少数民族语言与文化研究

朝戈金　主编

柳田国男民间文学思想研究

A Study of Yanagita Kunio's Thought of Folk Literature

乌日古木勒　｜　著

中国社会科学出版社

图书在版编目（CIP）数据

柳田国男民间文学思想研究／乌日古木勒著 . —北京：中国社会科学
出版社，2016.3
ISBN 978 - 7 - 5161 - 7801 - 0

Ⅰ.①柳…　Ⅱ.①乌…　Ⅲ.①柳田国男（1875～1962）—民间文学—
文学思想—思想评论　Ⅳ.①K893.13

中国版本图书馆 CIP 数据核字（2016）第 051385 号

出　版　人　赵剑英
责任编辑　张　林
特约编辑　宋英杰
责任校对　邓雨婷
责任印制　戴　宽

出　　　版　中国社会科学出版社
社　　　址　北京鼓楼西大街甲 158 号
邮　　　编　100720
网　　　址　http://www.csspw.cn
发　行　部　010 - 84083685
门　市　部　010 - 84029450
经　　　销　新华书店及其他书店

印刷装订　三河市君旺印务有限公司
版　　　次　2016 年 3 月第 1 版
印　　　次　2016 年 3 月第 1 次印刷

开　　　本　710×1000　1/16
印　　　张　17.5
插　　　页　2
字　　　数　301 千字
定　　　价　66.00 元

"中国社会科学院民俗学研究书系"编委会

主　编　朝戈金

编　委　卓新平　刘魁立　金　泽　吕　微　施爱东
　　　　　巴莫曲布嫫　叶　涛　尹虎彬

总　序

自英国学者威廉·汤姆斯（W. J. Thoms）于 19 世纪中叶首创"民俗"（folk-lore）一词以来，国际民俗学形成了逾 160 年的学术传统。作为现代学科意义上的中国民俗学肇始于五四新文化运动，近百年来的发展几起几落，其中数度元气大伤。从 20 世纪 80 年代开始，这一学科方得以逐步恢复。近年来，随着国际社会和中国政府对非物质文化遗产（其学理依据正是民俗和民俗学）保护工作的重视和倡导，民俗学研究及其学术共同体在民族文化振兴和国家文化发展战略中，都正在发挥着越来越重要的作用。

中国社会科学院曾经是中国民俗学开拓者顾颉刚、容肇祖等人长期工作的机构，近年来又出现了一批较为活跃和有影响力的学者，他们大都处于学术黄金年龄，成果迭出，质量颇高，只是受既有学科分工和各研究所学术方向的制约，他们的研究成果没能形成规模效应。为了部分改变这种局面，经跨所民俗学者多次充分讨论，大家都迫切希望以"中国民俗学前沿研究"为主题，以系列出版物的方式，集中展示以我院学者为主的民俗学研究队伍的晚近学术成果。

这样一组著作，计划命名为"中国社会科学院民俗学研究书系"。

从内容方面说，这套书意在优先支持我院民俗学者就民俗学发展的重要问题进行深入讨论的成果，也特别鼓励田野研究报告、译著、论文集及珍贵资料辑刊等。经过大致摸底，我们计划近期先推出下面几类著作：优秀的专著和田野研究成果，具有前瞻性、创新性、代表性的民俗学译著，以及通过以书代刊的形式，每年择选优秀的论文结集出版。

那么，为什么要专门整合这样一套书呢？首先，从学科建设和发展的角度考虑，我们觉得，民俗学研究力量一直相对分散，未能充分形成集约效应，未能与平行学科保持有效而良好的互动，学界优秀的研究成果，也较少被本学科之外的学术领域所关注、进而引用和借鉴。其次，我国民俗学至今还没有一种学刊是国家级的或准国家级的核心刊物。全国社会科学刊物几乎都没有固定开设民俗学专栏或专题。与其他人文和社会科学的国家级学刊繁荣的情形相比较，学科刊物的缺失，极大地制约了民俗学研究成果的发表，限定了民俗学成果的宣传、推广和影响力的发挥，严重阻碍了民俗学科学术梯队的顺利建设。再者，如何与国际民俗学研究领域接轨，进而实现学术的本土化和研究范式的更新和转换，也是目前困扰学界的一大难题。因此，通过项目的组织运作，将欧美百年来民俗学研究学术史、经典著述、理论和方法乃至教学理念和典型教案引入我国，乃是引领国内相关学科发展方向的前瞻之举，必将产生深远影响。最后，近些年来，国内外非物质文化遗产保护工作的大力推进，也频频推动国家文化政策的制定和实施中的适时调整，这就需要民俗学提供相应的学理依据和实践检验，并随时就我国民俗文化资源应用方面的诸多弊端，给出批评和建议。

从工作思路的角度考虑，"中国社会科学院民俗学研究书系"着眼于国际、国内民俗学界的最新理论成果的整合、介绍、分析、评议和田野检验，集中推精品、推优品，有效地集合学术梯队，突破研究所和学科片的藩篱，强化学科发展的主导意识。

为期三年的第一期目标实现后，我们正着手实施二期规划，以利我院的民俗学研究实力和学科影响保持良好的增长势头，确保我院的民俗学传统在代际学者之间不断传承和光大。本套书系的撰稿人，主要来自民族文学研究所、文学研究所、世界宗教研究所和民族学与人类学研究所的民俗学者们。

在此，我代表该书系的编辑委员会，感谢中国社会科学院文史哲学部和院科研局对这个项目的支持，感谢"国家社科基金"，以及"中国社会科学院哲学社会科学创新工程"。

朝戈金

通过实践民俗学反省柳田国男

——乌日古木勒《柳田国男民间文学思想研究》序

吕　微

很长时间了，我始终没有想好，该如何认识柳田国男这个人。

对于柳田国男，中国民俗学界是既熟悉又陌生。说熟悉，是因为柳田国男的名字，一直以来都如雷贯耳；说陌生，是因为除了"他提出的'一国民俗学'的研究目标，'重出立证法'、'方言周圈论'的研究方法，'常民'等基础概念"[①]……我们从来都不了解柳田国男这个人即柳田民俗学的整体性出发点。因而在这里，笔者的目的并不是对柳田国男的研究，也不是对柳田民俗学的研究，更不是对不同的柳田国男论做出正确与否的判断（笔者并无此能力与资格），而是通过对诸柳田国男论案例之间不同乃至相反的立场和观点即"引用这些文章之间的逻辑关系"（彭伟文），[②] 还原出柳田国男这个人和柳田民俗学整体性出发点之必然可能的纯粹理性自由意志，及其先验地应然所与的实践形式原则的普遍性，以尝

---

①　王晓葵：《民俗学与现代社会》，上海文艺出版社 2011 年版，第 40 页。"重出立证法的实际比较基准是地域差。这个方法认为，将各地的事象按照其分布地点进行比较，中心地区的事象较新，而远离中心之处的事象则较为古老。他模仿德国农业立地论的屠能圈，以中央为圆心在日本画出不同半径的同心圆，提出了分布在同心圆外侧的事象更古老，越靠近圆心的事象越新的'周圈说'。最初，柳田以方言中蜗牛的不同叫法作为事例对这一理论进行了阐述，因此被称为'方言周圈说'。其后，这一理论不仅被用在方言问题上，而且成为适用于一般民俗事象的民俗学假说。"福田亚细男：《日本民俗学的至今为止和从今以后》，彭伟文译，《民俗研究》2015 年第 3 期。

②　感谢彭伟文先生在 2016 年 1 月 4 日的来信中对本文的中肯批评！

试实践民俗学的方法论。①

　　这也是康德曾经碰到的问题，② 用我们今天的话说，如果一个人随不同机缘、在不同场合的不同实践目的，总能够用时间、空间的语境条件来说明（"与其生活时代的国内外的社会历史背景有着密切关系"，"接受时代的要求"，见下文）；那么最终，我们能够肯定这些不同的实践目的都是这个人出于自由意志（套用康德的说法：我的所有实践，都是我所实践的），因而就是应该由这个人的自由意志即实践理性负责的目的吗？但是，如果一个人的实践目的并非一定就是这个人出于纯粹理性自由意志而是基于语境条件的实践目的，我们又如何能够通过一个人的实践目的（"动机和理念"，见下文），认定这个人出于自由意志（"心灵的开放性"，见下文）而应负的实践理性责任呢？

　　　　伊藤幹治把柳田国男的"自我反思"的一国民俗学当作人类学的一种言说方式来论述。他认为，柳田提出一国民俗学与其生活时代的国内外的社会历史背景有着密切关系。柳田决定建构一国民俗学的时期正是极端民族主义和国家主义盛行的昭和初期。在巩固一国民俗学理论基础的《民间传承论》中，柳田把民俗学目的规定为"自国民同种族的自我反思"，指日本国民、日本民族自我考察自己的文化。一国民俗学的提出体现了柳田国男思想中强烈的国家、民族意识和感情。③

　　　　柳田国男在出版于 1934 年的《民间传承论》中，谈到了民俗学

---

　　① "康德的背反论则不是站在任何一方，而是使论争双方的矛盾纯粹化、尖锐化。他将这种方法称之为'怀疑的方法'，但并不是怀疑主义，而是为了通过二律背反揭露争执双方的误会之点，以便为理性在困境中找到一条达到确定性的道路。"杨祖陶、邓晓芒：《康德〈纯粹理性批判〉指要》，人民出版社 2001 年版，第 306 页。"我们并不把要求赞同的优先权利赋予一方而不赋予另一方，所以背反论所研究的根本不是片面的主张，而只是根据这些片面主张的相互冲突及其原因来考察理性的普遍知识。"［德］康德：《纯粹理性批判》，邓晓芒译，人民出版社 2004 年版，A420—421/B448—449，第 357—358 页。

　　② 可参阅康德《纯粹理性批判》之"纯粹理性的谬误推理"；以及康德《实践理性批判》之"纯粹实践理性分析论的批判性阐释"。

　　③ 伊藤幹治：《日本人の人类学の自画像——柳田国男と日本文化论再考》，筑摩书房 2006 年版；见乌日古木勒《柳田国男民间文学思想研究》（以下简称"本书"）第 13—14 页。

从"一国民俗学"向"世界民俗学"的发展，后来一国民俗学引起了学界各种争议。今天，人们主要把它和日本的民族主义、殖民主义关联起来进行讨论……就其政治背景而言，［柳田国男］这种对外国人的敌意可能受到了当时逐渐强化的日本民族主义的影响……折射出他强烈的民族主义……这种想法和另一个殖民主义——大日本帝国的亚洲侵略——之间存在密不可分的关系……由于今天民俗学和民族主义或殖民主义之间的关系受到关注，人们一般把批判的矛头指向柳田作为世界民俗学的构成单位而设计的一国民俗学……柳田建构了他和日本民族主义之间的亲和关系……我们或许可以说，这是因为柳田生在民族主义盛行的近代日本，无法抗拒了解和拥有本土文化的欲望，而他又没有具备实现这一构想所必不可少的"心灵的开放性"。①

1990 年代对柳田国男而论是批判性的十年。此前一直被高度评价，作为学习对象的柳田国男开始被指出问题并遭到批判。尤其是出现了将柳田国男的民俗学和殖民主义联系起来进行理解，并加以严厉断罪的观点。其中，有人指出柳田国男开拓民俗学是为了讨论殖民地统治方略（村井纪），有人认为柳田打算构筑以日本民俗学为顶点的"大东亚民俗学"这样一种殖民主义民俗学（川村凑），也有人对柳田国男的一国民俗学进行了批判（子安宣邦）。此外，有人指出了不论及政治的民俗学本身的政治性……对 1990 年代的这些柳田国男批判和民俗学批判，民俗学研究者没有正面面对，也没有真诚接受和进行检讨。民俗学界就像这些批判都与己无关一样三缄其口不进行回应，可以说是缩起脖子，等待这些问题随着时间的流逝被带向远方。迎来 21 世纪，上世纪 90 年代的批判似乎已经过去，民俗学界又开始自我表现起来。这种自我表现的方式，是更甚于过去的对柳田国男的依赖，提倡回归柳田国男。他们主张 1960 年代以来独立于柳田国男的努力方向是错误的，柳田国男的观点是正确的，应该向柳田国男回归。可以说，这是后柳田国男时代的终结点。……20 世纪后半期的

---

① 桑山敬己：《柳田国男的"世界民俗学"再考——一个文化人类学者的视角》，西村真志叶译，收入王晓葵、何彬编《现代日本民俗学的理论与方法》，学苑出版社 2010 年版，第 48、55、57、64、67、73、76 页；见本书第 26—27 页。

后柳田国男时代的民俗学，最后变成了强调柳田国男民俗学研究的无谬性，以向柳田民俗学回归为目标。如此一来，民俗学就变成了柳田训诂学。①

尽管福田亚细男客观地描述了柳田国男去世以来日本学界的柳田国男论的两种截然相反的立场和观点，福田亚细男本人仍然"不赞成把柳田国男这一时期的［民俗学］研究解释成为日本殖民主义服务，福田认为，这一说法是过度思考或过度阐释"。② 但福田的事后评论，却没有说明日本学界，何以区分两个不同的柳田国男，即同一个柳田国男这个人的主张，有一致也有不尽一致的地方，③ 所谓"不尽一致"是说，柳田国男一方面主张"极端民族主义"，另一方面又主张"真正的民主主义"（特别是在战后）。④

---

① 福田亚细男：《日本民俗学的至今为止和从今以后》，彭伟文译，《民俗研究》2015 年第 3 期。"尽管在侵略事实已经明朗化了的战后，被称之为日本国民之民俗学的柳田民俗学也没有丝毫动摇，不仅如此，还在进化发展……这个所谓'新国学'是具有负面意义的日本国民的民俗学。"岩田重则：《民俗学与近代》，宫岛琴美译，收入王晓葵、何彬编《现代日本民俗学的理论与方法》，学苑出版社 2010 年版，第 26 页。"进入［20 世纪］90 年代，子安宣邦、村井纪、川村凑、小熊英二等思想史、文学、社会学等领域的研究者开始从民俗学的政治性和殖民主义的角度对柳田民俗学做出了批判。"王晓葵：《民俗学与现代社会》，上海文艺出版社 2011 年版，第 42 页。

② 福田アジオ：《民俗学者柳田国男》，御茶の水书房 2000 年版；见本书第 7 页。

③ 柳田国男"发表的言论和文章多有具体的针对性。而很多研究者引用柳田的话语论证自己的观点，未必考虑到他发言的背景和对象，导致结论放在局部虽然有说服力，但是，还原到整体的柳田国男评价上就显现出矛盾。更大的问题是，柳田的著作涉及日本文化的多个领域，且学术活动的时间超过半个世纪，期间的很多观点并非一贯。长期以来的柳田研究，一直试图揭示'真实的柳田'的学术面貌，结果造成众说纷纭的局面。1997 年，佐藤健二、船曳建夫提出了柳田的'复数性'的观点，认为柳田的思想未必保持了学术的一贯性。"王晓葵：《民俗学与现代社会》，上海文艺出版社 2011 年版，第 42 页。

④ "随着侵略战争的失败，日本被美国占领，柳田国男也有一种危机意识，开始反思民俗学的研究目的。他一方面希望战后的日本能进行各方面制度的改革，建立民主化社会；另一方面又感到随着日本社会的美国化，日本民族的认同意识也可能逐渐丧失的危机即将来临。他认为，现在民俗学的使命应该是确认日本人的民族认同意识。于是，他开始提倡并转向日本文化来源问题的研究。柳田国男的这一转变再次主导了战后日本的民俗学研究，导致日本民俗学自确立以来的第一次转向，从关注民众生活、谱写民众历史的'经世济民之学'变为'日本文化研究之学'。"蔡文高：《日本民俗学百年要略》，收入周星主编《民俗学的历史、理论与方法》上册，商务印书馆 2006 年版，第 236、248 页。

　　室井康成《柳田国男民俗学构想》……考察了［战前］确立柳田民俗学时，被推进的选举肃正运动的意义及其对民俗学的影响。选举肃正运动是指田泽义铺提倡的净化选举的国民运动，其目的是以培养具备自律性的"公民"为目标的"政治教育"的普及运动，这一点与柳田的民俗学理念是相通的。室井康成阐明了日本战败后，柳田在其审议有关的教育基本法中，以围绕第八条"政治教育"中盛行的"公民"的文言议论为线索，尝试作为培养"公民"的民俗学，根据柳田个人的意气给予构想，接受时代的要求这一事情。关于柳田国男为何认为研究"民俗"是为了培养"公民"或者"政治教育"这一点……［室井康成］提示了假说。

　　室井康成论述了柳田之后的民俗学未能继承柳田学问的本愿，即作为培养"公民"为目标的"政治教育"的民俗学理念，但在某种程度上忠实地斟酌柳田民俗学理念的有两位民俗学者，山口麻太郎和kidaminoru（きだみのる）。① 尤其是 kida 与柳田的关系至今没有引起人们的关注。

　　室井康成……提出对今后民俗学方向性的展望。室井康成通过追寻柳田国男民俗学构筑的轨迹，对其动机和理念进行考察和检讨，提出以下结论：柳田国男构想的民俗学的本来意愿在于"以政治民主化为轴线的社会改良"，民俗学具有作为"政治教育"的手段，把拥有前代思考的被称为"常民"的人们，培养成具备与近代化相应的自律性的"公民"，试图把日本社会改良为真正的民主国家的具有相当政治性意图的学问。柳田国男构筑的民俗学理念是使民俗学具有作为"政治教育"的功能，给日本浸透真正的民主主义思想。

　　柳田国男是一位对现实社会的发展怀着极其强烈的关心的人，他对日本政府的近代化政策提出根本性的批判，并不断指出代替性的政策方案，提出另一个近代化路线的提案。柳田希求的不是"从上而下的近代化"政策，而是"从下而上的近代化"政策，因此有必要培养人们成为能够进行自律性的思考和判断的"公民"，也就是真正

----

① Kidaminoru（きだみのる），本名山田吉彦，きだみのる系其笔名，是活跃于 20 世纪中期的小说家、翻译家，曾留学巴黎，随马塞尔莫斯学习社会学与人类学，其代表作多以长期寄居的东京郊区一名为恩方村的村落为原型，与柳田国男交往甚厚。——彭伟文注

独立自主的人。室井康成通过对柳田构筑的民俗学动机以及理念的探索和研究，推测出民俗学是政治，民俗学研究者是政治家的结论。①

室井康成的独创性在于，他试图从柳田国男因"接受时代的要求"而"不断指出代替性的政策方案"的语境化实然性（"我的所有实践"），以及柳田"民俗学的动机和理念"的整体性出发点的超语境应然性（"我所实践的""我"）这两方面，重新解释柳田民俗学，进而认定柳田国男这个人出于自由意志（整体性出发点）的实践目的（"柳田国男是一位对现实社会的发展怀着极其强烈的关心的人"）而应当承担的理性责任。也许，正是出于对柳田"民俗学的动机和理念"整体性出发点的超语境应然性的考虑，进入新世纪以来，柳田国男当年（战前和战后一贯）提倡"公民教育"的做法，才成为了试图重新解读柳田国男并非总是"接受时代的要求"、也并非总是"不断指出代替性的政策方案"的日、中民俗学者特别愿意援引的例证。

　　柳田国男的《青年与学问》（1928 年）②是提倡公民教育必要性的一部力作。此书以"公民教育的目的"为起点，论述了普通选举法的实施以及加强公民教育的必要性，其理论在当时的社会里发挥了重要作用。柳田主张，解决国与国之间的纠纷，不应该用武力，而应该通过讨论、说服、反省以和平解决。这就需要作为政治主体的公民必须拥有正确判断和选择公平合理的道德准则的素质和能力。因此，只有加强公民素质教育，才能达到建立公平、和谐的国内和国际关系的目的，并实现全世界人的幸福生活。③

如果我们注意到柳田国男（1928 年《青年与学问》）提倡"公民教

---

①　室井康成：《柳田国男の民俗学构想》，森话社 2010 年版；见本书第 15—16 页。

②　"《青年与学问》所收的 10 篇讲座记录，都发表在'美国排日移民法'（1924 年 5 月）颁布后的几年之内。"桑山敬己：《柳田国男的"世界民俗学"再考——一个文化人类学者的视角》，西村真志叶译，收入王晓葵、何彬编《现代日本民俗学的理论与方法》，学苑出版社 2010 年版，第 65 页。

③　成田育男、藤卷启森：《创造一个公民教育的空间——浅谈日本民俗学创始人柳田国男的公民教育》，《外国教育研究》2001 年第 4 期；见本书第 30 页。

育"的"真正的民主主义"在前（并从战前延续到战后），而提出"一国民俗学"的"极端民族主义"（1934年《民间传承论》）在后，那么，这似乎进一步证实了，两个柳田国男的形象贯穿于柳田民俗学的始终；但是，这仍然无法证明，只是"一国民俗学"的思想"接受时代的要求"，而"公民教育"的思想则一定起源于柳田"民俗学的动机和理念"的"心灵的开放性"。因为，二者同样都是发生在时间之中的实践现象，其是否起源于在逻辑上先于时间的柳田民俗学的整体性出发点，并不能由这些现象本身及其语境条件得到说明。

　　["民俗"]这一定义从本质上说实际上是"二战"期间由前内务省、文部省所主导，战后被文化厅继承并逐步发展成为带有国家意识形态色彩的理论，以及近代日本中央政府在进行地方改良运动后由国家权力主导的对"民俗"理解基础上形成的民俗概念……柳田除了对已有的"民俗学"进行批判外，还隐含了对当时把"民俗"视为文化遗产，并把民俗当作"国体精华"的内务省、文部省的方针的怀疑和批判……"民俗"这一用语首先出现于明治七年（1932年），这年明治政府向各府县发出了在国史编集的基础上编纂府县史的指示，其中有"政治部民俗篇"。"民俗"是中央集权化的明治新政府跨过藩这一地方权力机构的媒介，是直接实施对民众统治时，作为统治策略的一环来掌握人民（民情）的用语，其中蕴涵着对本民族（愚民）应予以教化的含义。因此，盂兰盆舞、左议长［旧历正月十五举行的火祭——译者注］等和堕胎一样，被视为"淫弊"、"陋习"而成为禁止的对象。值得注意的是，这些就是"民俗"的内容……柳田充分意识到"民俗"这一用语充满了政治性……可以说它在以往是和教化有着很深关系的概念……把民俗当做教化的典范。①

————————

①　岩本通弥：《以"民俗"为研究对象即为民俗学吗——为何民俗学疏离了"近代"》，宫岛琴美译，收入王晓葵、何彬编《现代日本民俗学的理论与方法》，学苑出版社2010年版，第30、32、34—35页。"德国盛行乡土研究，以乡土之言作为国民教育的第一步，可见其也应该是教育的根基。"同上引书，第39页。

这就是说，柳田国男的"公民教育"思想，我们同样可以考虑是从战前国家对国民的"教化"方针中引申出来的命题，即并非没有语境化地"接受时代的要求"。但是，尽管对于柳田国男的"公民教育"思想，可以给出完全不同的解读——用理论理性视野中柳田民俗学的"我的所有实践"，解读实践理性中柳田国男这个人的"我所实践的""我"，而必然陷入的二律背反①——然而在一些特别执著柳田国男这个人或者柳田民俗学整体性出发点的日、中学者看来，柳田国男不仅从来都不"接受时代的要求"，而且其诸多具体的研究项目（例如祖神研究、氏神研究，见下文）也始终包含着对"时代的要求"的批判，极端者如"新谷尚纪则从发生学的角度评价柳田学说，柳田民俗学是在四个对抗中形成的，第一是对西欧民族学的对抗，第二是对国史学的对抗，第三是对国家中心思考的对抗，第四是对国家神道的对抗"。②

[孙敏] 以柳田国男民俗学中祖神研究为着眼点，剖析柳田国男的祖神概念，解析柳田国男的天神地祇论，阐明日本国家神道通过政治权力将民众信仰拉入其体系底层的过程，从而探析了柳田国男对法西斯主义国家的批判。柳田国男通过实证性的民俗学研究对日本近代法西斯主义国家进行了猛烈的批判。柳田国男认为，日本的祖神分为本质完全不同的天神和地祇两种类型，日本近代国家通过国家神道将地祇纳入天神体系的底层，从而把日本普通民众拉入了日本近代法西斯主义国家体系，这是对日本民众信仰的歪曲和恶用。柳田国男对国家神道进行了抨击，从而对日本近代法西斯主义国家进行了致命性的批判。③

---

① 柳田民俗学的社会科学方法论性质可以柳田国男的自我说明来证明："民俗学到哪里都是一门归纳性的学问"，"从尽可能精确的大量事实中，经过归纳来引导和确认一个必然的结论，这便是科学"。桑山敬己：《柳田国男的"世界民俗学"再考——一个文化人类学者的视角》，西村真志叶译，收入王晓葵、何彬编《现代日本民俗学的理论与方法》，学苑出版社 2010 年版，第 52 页。关于民俗学的理论理性对实践理性的遮蔽，参见吕微《民俗学：一门伟大的学科——从学术反思到实践科学的历史与逻辑研究》之"民俗复兴与公民社会相联结的可能性"，中国社会科学出版社 2015 年版。

② 王晓葵：《民俗学与现代社会》，上海文艺出版社 2011 年版，第 46 页。

③ 孙敏：《柳田国男日本近代法西斯主义国家批判》，《国际关系学院学报》2012 年第 3 期；见本书第 30 页。

乌日古木勒据此评论说："柳田国男不仅是日本民俗学的创始人，也是极为重要的思想家。该文作者［孙敏］从政治学的视角分析柳田国男的祖先信仰研究，并认为柳田民俗学的意义不仅在于民俗学本身，而更重要的意义在于其背后的政治理念，即通过民俗学的研究对当时作为日本法西斯主义思想支柱的国家神道进行了强有力的抨击。"①

［岳蔚］阐释柳田国男通过对日本固有信仰的核心氏神信仰的研究，指出柳田试图从日本人错综复杂的众多信仰中，把潜藏于日本人内心和潜意识中的固有信仰挖掘出来，批判了作为近代国家政策背后的理念出现的神道。该文作者［岳蔚］认为，柳田的固有信仰研究是通过对过去的日本人生活和信仰的剖析，启发后人能够创造出一个"民族和谐相处的，新型的社会结构"。②

但是对于上述同样可以归纳为"过度思考或过度阐释"（福田亚细男）的柳田国男论，王晓葵并不完全认同，他认为，柳田国男对日本人的祖神信仰和氏神信仰的研究并非反对国家神道，而是对国家神道的补充，这一点，无论在战前还是战后，都没有实质性的差别。

"地方改良运动"的具体政策之一是神社合祀政策，1906年12月，原敬内阁提出，一个町村只能保留一个神社，过去存在于自然村的民间神祀，都要被合并废除，统一到以伊势皇大神官为顶点的官社—府县社—乡社—村社序列的无格社的国家神道序列中去。明治政府希望通过这个政策，对原来存在的多种多样的民间信仰加以统合，整合国民的思想和信仰，以达到塑造同质的"国民"的目的。对这个政策，柳田表示了坚决的反对。批评说，他"神社局完全不顾人民的信仰，仅仅从神社的规模、财产等外部条件来判断是否留存。实乃大谬。作为公民一般道德的伊势神

---

① 见本书第30页。

② 岳蔚：《柳田国男的氏神信仰论》，硕士学位论文，河南师范大学2011年；见本书第31页。

官的崇拜，和新的内外的教会之间，一定要做出选择的这样的做
法，是很成问题的。从宪法规定的信仰自由来看，也是需要认真
考虑的"。①

战后，柳田最关心的问题是日本人如何重建生活的信心。他认为
最关键的就是信仰问题。而神道是建立在日本人自古以来的"固有
信仰"之上的，因此，他此时的研究集中在对日本人的信仰研究方
面……这个学问应该去探求"今后神道应该向何处去，如何才能让
全民族得到幸福"……柳田用了大量的事例来证明日本人有一个共
同的信仰体系，就是祖灵信仰……柳田国男把在太平洋战争战死的日
本军人的灵魂的归属问题视为日本战后的精神统合的方向性问题。他
虽然讨论的是一个祖先崇拜的问题，但是，在美军轰炸的危险条件下
废寝忘食两个月写出的《论祖先》，这个行为绝不是单纯学术性的研
究，而是他学术救世思想的直接反映……因为日本民俗学的发端和德
国类似，都具有对本国文化传统进行重构反思的性质。因此和国学或
神道研究有相通之处。②

这样，根据乌日古木勒的综述以及我们补充的福田亚细男和王晓葵等
的论述，我们得以管窥豹（并不全面、准确）地粗解了日、中（特别
是日本）民俗学者的柳田国男论的晚近甚至最新动向，③ 即从以批判柳田
民俗学与"极端民族主义"意识形态的相互关联为主，转向了以对柳田

① "同在中央政府任职的农政官柳田对内务省这种自上而下的统一国民思想和生活的
做法自始至终坚决反对。他对内务省推进町村合并、町村的基本方针、集体财产统一管理、
神社合祀、神社非宗教论等一系列政策进行了批判，还对中央报德社、后起的青年团、文
部省的乡土教育等也作出抨击。他不赞同这种'一刀切'的做法，认为应该尊重村落的实
际情况和历史，采取自下而上的施政方针。"岩本通弥：《以"民俗"为研究对象即为民俗
学吗——为何民俗学疏离了"近代"》，宫岛琴美译，收入王晓葵、何彬编《现代日本民俗
学的理论与方法》，学苑出版社 2010 年版，第 38 页。

② 王晓葵：《民俗学与现代社会》，上海文艺出版社 2011 年版，第 20、34—35、37—38
页。

③ 在日本学界，柳田国男逝世后不到五十年间，"研究他的专著超过 200 部，论文在 1986
年就已经超过 5000 篇。相比今天民俗学在日本学术界相对边缘的地位，这是非常罕见的现象"。
王晓葵：《民俗学与现代社会》，上海文艺出版社 2011 年版，第 41 页。"反复掀起的'柳田热'
隐蔽了民俗学正趋衰退的事实。"铃木正崇：《日本民俗学的现状与课题》，赵晖译，收入王晓
葵、何彬编《现代日本民俗学的理论与方法》，学苑出版社 2010 年版，第 1 页。

民俗学"真正的民主主义"的"政治理念"的重新发掘为重（如前引福田亚细男"柳田训诂学"之说，当然有学者并不同意这一努力的方向与方式）。如果说前者着重于柳田民俗学"接受时代的要求"、"不断指出代替性的政策方案"（"我的所有实践"）的一面；而后者则初显了将柳田民俗学置于反"时代的要求"的"动机和理念"的"心灵的开放性"（"我所实践的"的"我"）的一面。

但是，尽管我并不否认日、中民俗学者之重新阐发柳田民俗学反"时代的要求"的解释学正当性，也特别同情地理解日本民俗学者希望通过阐释柳田民俗学的"心灵的开放性"以服务于日本民俗学话语重建的苦衷；① 我却仍然不得不指出，上述（仅限于笔者有限视野的）阐发和解释还是难以避免柳田民俗学只是"与其生活时代的国内外的社会历史背景有着密切关系""接受时代的要求"（即便被表象为反"时代的要求"）的语境化经验性实践目的论，而未能彰显柳田民俗学本身可能且应该拥有的超语境先验实践"动机和理念"。

正如我在评论"表演理论"的学术实践时指出的，用一个人与"时代的要求"相符合的实践目的的正面经验性例证（"我的所有实践"的内容），甚至用一个人与"时代的要求"不相符合的实践目的的经验性反证（同样是"我的所有实践"的内容），都很难证明这个人应该出于纯粹理性自由意志而超越"时代的要求"的先验实践"动机和理念"（即"我所实践的"的"我"），而只能用一个人反"时代的要求"的实践意志的经验性反例（即"我的所有实践"的形式），才可能证明这个人必然可能且应该出于纯粹理性自由意志而超越"时代的要求"的先验实践"动机

---

① "［民俗学］理论化的困难的，民俗学界在困苦之时也会理所当然地向柳田求教，找个理由拉上柳田的观点以图自卫。1960 年代以降，社会上主张应该高度评价柳田国男的思想和认识并从中学习的柳田国男论逐渐高涨，民俗学也受到很大影响。1970 年代以后，几乎每年都有柳田国男论的著作出版，书名冠以柳田国男本人名字的就有 1000 册以上。民俗学不是将已经离世的柳田作为一个学术史上的人物，而是仿佛把他当做仍然健在并活跃的人一样。面对民俗学理论过于单纯朴素的批判和反省，企图以柳田国男的观点和认识为武器进行对抗。可以说，本应以从柳田国男独立开来形成民俗学自己的理论为目标的努力，相反却以柳田国男论为媒介，加强了对柳田国男的依赖。"福田亚细男：《日本民俗学的至今为止和从今以后》，彭伟文译，《民俗研究》2015 年第 3 期。

和理念"。[①] 例如，柳田国男对日本人祖神和氏神信仰的研究，以及柳田国男对"公民教育"的提倡，所提供的也许都只是与时代要求不相符合的例证，却难以援引为超越"时代的要求"的反证。即仅仅依据"时代的要求"，我们很难判断柳田国男的祖神和氏神研究究竟是反对还是服务于国家神道；也难以判断柳田国男的"公民教育"思想究竟是反对还是服务于极端民族主义。亦即，只有先验的标准才是重估柳田国男以及柳田民俗学的真正价值根据，仅仅把对柳田国男以及柳田民俗学实践目的的"动机和理念"，置于"与其生活时代的国内外的社会历史背景有着密切关系"的"时代的要求"的语境化经验性认识条件之下（即便试图重建柳田民俗学的"心灵的开放性"的柳田国男论也未能幸免于此），对柳田国男以及柳田民俗学的价值判断甚至事实判断本身都会随着"时代的要求"即柳田国男论本身"与其生活时代的国内外的社会历史背景有着密切关系"而反复无常。以此，日本学界的柳田国男论"三十年河东三十年河西"的前后抵牾，不能说与评价机制的先验阙失——即无涉于"我的所有实践都是我所实践的"当中的"我"——没有间接甚至直接的关系。

一个人、一门学科可能且应该（应然）的实践目的，实在是只能通过暂时悬置了这个人、这门学科现实的语境化（实然）的实践目的（"我的所有实践"内容）之后而还原出来的现象学剩余物（"我所实践的"的"我"），[②] 即实践目的的普遍理性自由意志形式（纯粹理性自由意志对实践原则的普遍性形式的超语境先验要求）予以阐明；否则，无论对于柳田国男这个人还是柳田民俗学这门学科必然可能且应该的实践目的的整体性出发点——即"我"作为纯粹理性自由意志的实践主体——来说，由于不是从一个实践的普遍性形式原则的坚定立场出发，就会随时"与其生活时代的国内外的社会历史背景有着密切关系"，"接受时代的要求"，让步于理论理性关于自然因果性的语境化目的（内容）论和手段（形式）论相互符合的经验性知识，而远离了实践科

---

① 吕微：《民俗学：一门伟大的学科——从学术反思到实践科学的历史与逻辑研究》之"'表演的责任'与民俗学的'实践研究'"，中国社会科学出版社 2015 年版。

② 关于康德"经验现象的先验条件还原法"，参见户晓辉《什么是民间江湖的爱与自由》，未刊。

学关于自由因果性的超语境目的（内容）论与原则（形式）论严格统一的先验知识。①

于是我们可以知道，从"我的所有实践"目的的经验现象，还原到"我所实践的""我"这一先验条件的新柳田国男论，应该是一个反经典的柳田国男经验论理论命题的实践论先验命题。即，如果柳田国男关于"一国民俗学是世界民俗学的构成单位……世界民俗学在一国民俗学的延长线上。柳田原来构想的世界民俗学，是对通过一国民俗学所得出的知识进行比较和［经验性］综合的范畴"；② 那么，新柳田国男论要阐明的则是：先有世界民俗学的普遍性实践原则，③ 然后才可能先验综合地给出普遍合法则性的一国民俗学特殊性实践目的。只有根据先验的标准，像"一国民俗学""公民教育"以及"祖神信仰"与"氏神信仰"等一系列柳田民俗学的具体课题，其是否反对或"接受时代的要求"，才是可据以分析和判断的。

就此而言，家永三郎关于柳田"史学的生命一方面在于其实证性，另一方面在于实践的意志的如何，即思想的基础的如何"，以及"研究柳田史学的实践的意图是柳田史学论的最重要的课题"④ 的想法，在暂时搁置了其实践目的论的内容，而只考虑其实践意志的形式论认识条件下，的确是世界各国民俗学界的柳田国男论应当认真地思考的实践民俗学的理论课题。因为，"柳田民俗学"并不仅仅就是日本民俗学曾经的代名词，即对于中国民俗学来说，也并非什么"拿来主义"（引进、借鉴）的现成物，亦即并不是仅仅需要日本民俗学者反思，而无需中国民俗学者反省的事情，而就是中国民俗学者乃至世界各国的民俗学者应当共同承担的责

---

①　吕微：《民俗学：一门伟大的学科——从学术反思到实践科学的历史与逻辑研究》之"民俗学的哥白尼革命"，中国社会科学出版社 2015 年版。

②　桑山敬己：《柳田国男的"世界民俗学"再考——一个文化人类学者的视角》，西村真志叶译，收入王晓葵、何彬编《现代日本民俗学的理论与方法》，学苑出版社 2010 年版，第49页。

③　"柳田在《民间传承论》中，几次使用了'一般民俗学'一词，这则反映了他把民俗学发展为 generalizing science 的愿望。"桑山敬己：《柳田国男的"世界民俗学"再考——一个文化人类学者的视角》，西村真志叶译，收入王晓葵、何彬编《现代日本民俗学的理论与方法》，学苑出版社 2010 年版，第 52 页。

④　家永三郎：《柳田史学论》，后藤总一郎编《柳田国男研究资料集成》第 3 卷，日本图书センター1986 年版；见本书第 17 页。

任。因为，就柳田民俗学与民俗学的整体性出发点的实践关系而言，柳田民俗学作为"我的所有实践"，也就是从民俗学整体性出发点出发而"我所实践的"。特别是柳田民俗学突出地体现的实践理性的目的论与理论理性的方法论之间的内在冲突①——即"柳田国男'一国民俗学'的产生和发展，是他生活经历和学术探求的产物。其中既有近代民族国家建构的文化民族主义的成分，也表现出借鉴西方人类学的方法创造日本自我了解、自我表象的话语体系的学术志向"②——实在就是近代以来世界民俗学学术甚至作为学科的普遍遭遇。

　　20 世纪 30 年代初，长野县信浓史学的培育人一志茂树来到柳田家中，给他看了在北安云郡采集的大量的民间信仰或民谣资料。当时，柳田的脸色却不太好。他建议一志，由于已有全国范围的辞典，应该记录些北安云郡特有的东西，但是一志认为"仅仅限于北安云郡传唱的歌谣是不可能存在的。其他地区的歌谣如何传到这里？这些歌谣又如何被唱？我们在一个叫做昭和七年的时点，去把握它的姿态。这便是其文化史的意义所在"。当一志拒绝听从柳田的忠告时，柳田便说道："你不需要再到我这里来了，你不再是我的弟子。"上一段插曲是一志讲述的。事实上，柳田在《乡土生活研究》中劝诫

---

　　①　"［柳田国男］提倡的观点和实际做法之间的龃龉，给多数人带来误解。"岩本通弥：《以"民俗"为研究对象即为民俗学吗——为何民俗学疏离了"近代"》，宫岛琴美译，收入王晓葵、何彬编《现代日本民俗学的理论与方法》，学苑出版社 2010 年版，第 42 页。

　　②　王晓葵：《民俗学与现代社会》，上海文艺出版社 2011 年版，第 79 页。"柳田的方法论折射出浓厚的英国式实证主义特色"，"虽然柳田深受英国实证主义的影响，在心情上却更加亲近于德国浪漫主义"，"带有浪漫主义倾向的柳田著作是一种文学作品"。桑山敬己《柳田国男的"世界民俗学"再考——一个文化人类学者的视角》，西村真志叶译，收入王晓葵、何彬编《现代日本民俗学的理论与方法》，学苑出版社 2010 年版，第 49、72、75 页。"通常认为，18 世纪是个'非历史的'世纪，从历史观点看问题，这一看法是没有根据的。毋宁说，这一看法是浪漫主义运动在历史领域中反对启蒙哲学时创造的一个战斗口号。……启蒙运动为浪漫主义运动锻造了武器。我们发现，浪漫主义运动就是在这一旗帜下驳斥上一世纪（18 世纪）的种种思想前提的，只是这些前提的效力的结果，亦即只是启蒙运动的观点和理想的结果。没有启蒙哲学的帮助，没有对启蒙思想的继承，浪漫主义运动既不可能取得也不可能维持它自己的地位。无论浪漫主义运动对历史内容的看法即它追求实利的'历史哲学'与启蒙运动相去多远，它在方法上仍依赖于启蒙运动。"［德］卡西勒：《启蒙哲学》，顾伟铭等译，山东人民出版社 1988 年版，第 192 页。

人们对民俗资料进行一种自夸家乡式的调查，并把那种只描述眼前民俗的地方研究称作"无用的重复"。由此看来，柳田的观点是缺乏中立性的。福泽昭司认为，柳田和一志之间的隔阂出现在他们"把乡土作为研究目的，还是将其视为手段"的差异之中。我们大概还可以把它理解为，柳田在日本国内乡土研究中主张外部观察者的分析性理解优于本地人共鸣性理解的结果。亦即，一方面，柳田以共鸣性的缺乏维护为理由，否认了由外国人所做的日本研究；另一方面，他又以分析性理解的缺乏为理由，否认了由乡土历史学家所做的地方研究。①

对于柳田民俗学对外（外国人）的独立想法与对内（常民）的专制做法的双刃剑两面性——"我们必须承认，柳田民俗学、日本民俗学深深打上了近代国家这一时代的烙印：一方面，带有强烈的'日本'国家意识、高唱民族主义；另一方面，则将少数族群排除在外"②——"我们大概还可以把它理解为"现代性、世界性的用人的理论理性遮蔽实践理性（胡塞尔所谓理论理性给实践理性披上了一件"理论的外衣"）的"理性的误用"的问题，也就是用语境化的"我的所有实践"僭越地遮蔽超语境的"我所实践的"的"我"的问题，即理论理性在论及实践理性经验现象的整体性出发点时遭遇的二律背反③（设想，如果从"人是目的"的普遍合法则性形式的实践原则的整体性出发点出发，或许就能够避免诸如"一国民俗学"与"公民教育"、"国家神道"与"祖神和氏神"之间关系的"极端民族主义"与"真正的民主主义"的语境化、悖论式即并非"中立性"的理论阐释）。有鉴于此，和日本民俗学者一起思考柳田国男和柳田民俗学，也就是中国民俗学者与日本民俗学者同作为"我所实

---

① 桑山敬己：《柳田国男的"世界民俗学"再考——一个文化人类学者的视角》，西村真志叶译，收入王晓葵、何彬编《现代日本民俗学的理论与方法》，学苑出版社 2010 年版，第73—74 页。

② 岩田重则：《民俗学与近代》，宫岛琴美译，收入王晓葵、何彬编《现代日本民俗学的理论与方法》，学苑出版社 2010 年版，第 26 页。

③ "于是，条件整体（从而无条件者）这个理性理念运用于现象时，一个无可避免的假象产生了：仿佛现象是事物本身（因为若无警戒性的批判，它们总是被这样看待的）……"［德］康德：《实践理性批判》，韩水法译，商务印书馆 1999 年版，S. 107，第 118 页。

践的""我"的纯粹实践理性自由意志不可推卸的学术道义责任。这样，
当乌日古木勒把自己的柳田民俗学研究首先限定为《柳田国男民间文学
思想研究》这样的细节，而不是"柳田国男研究"那样的宏大主题，我
以为是恰当的（但阅读着乌日古木勒那一篇篇认真、淳朴的文字，总能
够让人浮躁的心安静下来，悉心去领会柳田的"心意"）；因为，这正是
我们通过柳田民俗学的语境化实践目的（学科"动机和理念"的经验性
内容），还原到民俗学可能的超语境实践目的（学科"动机和理念"的先
验内容），进而还原到民俗学应该的普遍性实践原则（学科"动机和理
念"的先验形式）即"自由的思想和方法"（见下文）这一民俗学的整
体性出发点的必经之路。

> 21 世纪的民俗学应该在学院派民俗学中复活在野的学问的使命
> 感，成为能够贡献于现实社会的学问……21 世纪的民俗学应该成为
> 从柳田国男那里解放出来的新的民俗学，不需要再参考柳田国男
> ["接受时代的要求"] 的观点的民俗学。那也许就是超越一国民俗学
> 的民俗学，抑或是柳田国男曾经梦想过的世界民俗学……21 世纪的
> 民俗学，应该成为能够通过探究历史形成过程贡献于社会的学问，在
> 理论建树方面应该采用从柳田国男那里解放出来的自由的思想和方
> 法。这个新的民俗学将不是日本的民俗学，而是人类的民俗学。21
> 世纪已经过去近 15 年，我们再也不能仅靠兴趣悠然地进行民俗学研
> 究了。①

但是，就"贡献于现实社会的学问"而言，民俗学又的确是在（日
本）向先验地拥有着实践性的柳田民俗学，以及同样是在（中国）向先
验地拥有着实践性的"五四"民俗学的回归；但应该不是向经典的理论
民俗学的语境化经验性实践目的的具体内容——即"我的所有实
践"——的回归，而应该是向着民俗学原本就可能且应该拥有的实践意
志的先验目的和普遍形式——即"我所实践的"的"我"的"自由的思

---

①   福田亚细男：《日本民俗学的至今为止和从今以后》，彭伟文译，《民俗研究》2015 年第
3 期。

想和方法"——的回归，从而承担起民俗学应当承担的学术与道德责任。①

2015 年 12 月 25 日

---

① 岩本通弥提出"不是研究'民俗'，而是通过'民俗'进行研究"，"不是以'民俗'为对象，而是通过'民俗'进行研究"，"通过'民俗'来研究'民俗学'"的想法尽管极具启发意义，但仍然没能回答：什么才是通过"民俗"进行研究的民俗学整体性出发点。岩本通弥：《以"民俗"为研究对象即为民俗学吗——为何民俗学疏离了"近代"》，宫岛琴美译，收入王晓葵、何彬编《现代日本民俗学的理论与方法》，学苑出版社 2010 年版，第 42、44、46 页。

目　录

引言 ………………………………………………………………………… （1）

第一章　日本民俗学界研究柳田国男民俗学思想述评 ……………… （4）
　　一　系统研究柳田国男民俗学思想的专著 …………………… （4）
　　二　研究柳田国男民俗学思想的论文 ………………………… （24）

第二章　国内译介和研究柳田国男民俗学思想述评 ……………… （33）
　　一　国内译介柳田国男民俗学思想评述 ……………………… （33）
　　二　国内研究柳田国男民俗学思想评述 ……………………… （44）

第三章　柳田国男与日本民俗分类 ………………………………… （59）
　　一　柳田国男的三部民俗分类法 ……………………………… （60）
　　二　日本现代民俗学对柳田国男民俗分类法的批评、
　　　　继承和发展 ………………………………………………… （69）

第四章　柳田国男民俗学与重出立证法 …………………………… （77）
　　一　柳田民俗学的形成 ………………………………………… （78）
　　二　柳田国男民俗学与历史研究方法 ………………………… （82）
　　三　福田亚细男对柳田民俗学与历史研究方法的评述 ……… （88）

第五章　柳田国男民间文学研究 …………………………………… （94）
　　一　柳田国男的神话研究 ……………………………………… （95）

二 柳田国男对民间文学概念的界定 …………………………（96）

三 柳田国男故事学理论述评 ……………………………………（101）

四 柳田国男与日本民间故事分类法 …………………………（113）

五 柳田国男与日本民间故事搜集整理法 ……………………（124）

第六章 柳田国男与《桃太郎的诞生》 ………………………………（133）

一 童话的起源 ……………………………………………………（135）

二 犬子故事 ………………………………………………………（142）

三 踵太郎（Akutotaroo） ………………………………………（144）

四 海神少童 ………………………………………………………（147）

五 瓜子姬 …………………………………………………………（167）

六 各地区的《瓜子姬》故事 ……………………………………（173）

七 田螺富翁 ………………………………………………………（179）

八 邻居的寝太郎 …………………………………………………（193）

九 画中女 …………………………………………………………（197）

结语 ……………………………………………………………………（204）

附录一 书库工作的准备 ……………………………………………（207）

附录二 采集与分类 …………………………………………………（220）

附录三 日本学者研究柳田国男民间文学民俗学思想论文目录 …（233）

附录四 《民间传承论》概要 …………………………………………（240）

参考文献 ………………………………………………………………（248）

后记 ……………………………………………………………………（251）

引　言

　　柳田国男（1875—1962），是日本民间文学和民俗学研究的奠基人，也是卓越的文学家和杰出的思想家。柳田国男既对日本民间文学的搜集整理、分类和研究方法有理论建树，又在日本神话、传说、民间故事和民间歌谣等领域发表和出版过诸多经典学术著作。柳田国男研究日本民间文学的代表性著作有：《桃太郎的诞生》《山岛民谭集》《民间传承论》《口承文艺史》《日本传说名汇》《传说论》《日本的传说》《作为史料的传说》《日本的民间故事》《民间故事与文学》《民间故事名汇》《民间故事备忘录》《民谣的今与昔》《民谣备忘录》《传承者》《讲述者》等。柳田国男的民间文学研究不仅奠定了日本民间文学研究的基础，而且对整个亚洲国家民间文学的研究也产生过重大影响。

　　本书着重梳理柳田国男的民间文学研究思想，把柳田国男开创的日本现代民间文学研究思想和理论方法译介到我国民间文学研究界。试图在系统梳理柳田国男民间文学研究思想的基础上讨论和借鉴日本的民间文学研究方法及学术思想，促进我国民间文学研究的理论和实践。

　　由于柳田国男在现代日本学术研究和社会思想发展中的巨大影响，日本对柳田国男的研究可以说是形成了一门"柳田学"，几乎涉及文学、民间文艺学、语言学、农政学、经济学、民俗学和社会学等学科的所有领域，因此用有限的篇幅概述日本本国学者研究柳田国男的学术成绩是困难的，这本身说明了柳田国男在日本学术界的崇高地位。我们可以从不断再版的《柳田国男全集》《柳田国男事典》《柳田国男研究资料集成》（第1—9卷）等专题研究论著窥见日本本国学者对柳田国男的研究。

　　然而，中国学界虽然知道日本有柳田国男，研究民间文学的学者也知道柳田国男对民间文学和民俗学研究的巨大贡献，迄今为止却没有中国学者系统梳理和评价过柳田国男的民间文学和民俗学思想，这不能不说是一大憾事。目前虽然柳田国男的《传说论》《乡土生活研究法》《民间传承论》《远野物语》和《日本昔话》有了中译本，但这只是柳田国男研究工作的起步。众所周知，日本民俗学起初叫柳田民俗学，如果不了解柳田国男，就不能真正了解日本民间文学研究的学术思想根源，而日本民间文学和民俗学研究思想及理论方法对中国民俗学和民间文学研究的形成产生了重大影响。

笔者于 2000 年 4 月至 2001 年 4 月，在日本岐阜圣德学园大学学习期间，在图书馆第一次看到了柳田国男全集。在国内中央民族大学图书馆工作期间也注意到柳田国男的著作。但中央民族大学图书馆馆藏的柳田国男全集并不全。而且那时候也没有想过日后要研究柳田国男的民俗学思想。在圣德学园大学学习期间，笔者经常翻阅柳田国男全集，由衷佩服他学问的渊博和成果之多。回国时还买回来柳田国男全集的一部分。另外，在日本留学期间新岛翠①教授的口承文学课堂上，介绍过柳田国男、关敬吾等日本著名民俗学家，引起了笔者的极大兴趣。笔者回国后，试着翻译过柳田国男《民间传承论》中的第五章"文库作业的用意"和第六章"采集与分类"，但一直没有发表。不过，这是笔者对柳田国男民俗学民间文学思想的译介的开端。因此，把这两篇译文当作附录。

柳田国男的民间文学研究不仅奠定了日本民间文学的基础，而且对中国和其他亚洲国家民间文学的研究也产生过直接或间接影响。以周作人和钟敬文为代表的中国早期民俗学家曾经留学日本，学习日本民俗学理论，深受柳田国男民俗学理论思想的影响。然而，中国民间文学界目前对中国民间文学的研究产生过重大影响的以柳田国男为代表的日本民间文学研究，缺乏系统梳理和研究。为了弥补中国民间文学研究领域的这一缺憾，本书着重梳理柳田国男的民间文学研究思想，把柳田国男开创的日本现代民间文学研究思想和理论方法译介到我国民间文学研究界。在系统梳理柳田国男民间文学研究思想的基础上讨论和借鉴日本的民间文学研究方法及学术思想。

---

①　新岛翠是日本著名民间文学研究家君岛久子的学生，从事日本民间故事与中国民间故事的比较研究。笔者在圣德学园大学留学时，她担任该校外语系中文专业的主任。

德国、日本和美国是在民间文学理论方面作出重要贡献的三个国家。中国民间文学界在译介和研究美国、德国等西方国家民间文学理论方面已有了重大突破，"口头程式理论"和"表演理论"等的译介、引进和实践已证明了这一事实。而中国民间文学界译介和研究以柳田国男民间文学民俗学研究为代表的日本民间文学民俗学理论的研究工作虽然取得了一定的成果，但还缺乏系统梳理和评价。所以在系统译介和梳理柳田国男民间文学思想的基础上，讨论和借鉴日本现代民间文学研究方法和理论，对加强中国民间文学理论研究力量具有重要的理论意义和实践意义。

笔者出于尽量系统介绍和评价柳田国男的民俗学民间文学思想的目的，设计并承担了本书的写作工作。虽然笔者深知目前以自身的能力和阅历，介绍和评价这样一位伟大学者的民俗学民间文学思想，难免力不从心，在本书写作工作进行当中遇到了各种困难，并且书中存在很多不足，但还是硬着头皮做了。

第 一 章

日本民俗学界研究柳田国男民俗学思想述评

　　柳田国男不仅是日本民俗学的奠基人，而且也是日本近代杰出的思想家和文学家。在日本，研究柳田国男的论著非常多，其中包括政治思想史、农政学、民俗学和文学等多种学科的评述和研究。本章主要介绍和评述有关柳田国男民俗学思想的研究和评价。

一　系统研究柳田国男民俗学思想的专著

　　日本有众多民俗学家全面系统地研究柳田国男的民俗学思想，概述和评价他的民俗学研究方法、主要研究成果以及观点。不少民俗学家在充分肯定柳田国男对日本民俗学的巨大贡献的同时，也指出了他研究中存在的局限，并提出了尖锐的批评。

（一）福田亚细男的柳田国男民俗学思想研究

　　福田亚细男是研究柳田国男民俗学思想的杰出的民俗学家之一。福田1941年生于日本三重县。1963年毕业于东京教育大学文学部史学科史学方法论专业，1971年该大学文学部史学专业硕士毕业。历任日本国立历史民俗博物馆教授、新潟大学教授等。他从事日本村落民俗结构、民俗学史以及民俗学研究方法等领域的研究。他的主要成果有《日本村落的民俗结构》《村落社会新的可能性》《时间民俗学·空间民俗学》《日本民俗学》等著作。并且与其他人合著《现代日本民俗学 1——意义与课题》《现代日本民俗学 2——概念与方法》《民俗调查手册》《民俗研究手册》《民俗学文献解题》《日本民俗学概论》《日本民俗大辞典》和《民俗学简明辞典》等著作。福田在日本民俗学研究和柳田国男民俗学思想研究方面作出了卓越贡献。

他在《日本民俗学方法序说——柳田国男与民俗学》《柳田国男民俗学》和《民俗学者柳田国男》等学术专著中，通过对柳田国男民俗学思想的全面而深刻的解读、分析，论述柳田民俗学的目的、方法和概念等基本理论问题，指出柳田民俗学方法论中存在的问题，并梳理了民俗学在日本从柳田民俗学发展到日本民俗学的过程，提出自己对日本民俗学理论方法的独立思考。

1. 福田亚细男的《日本民俗学方法序说——柳田国男与民俗学》

《日本民俗学方法序说——柳田国男与民俗学》（以下简称《序说》）由序篇《民俗学方法论的课题》、第一篇《历史与民俗学》和第二篇《民俗学方法》构成。序篇中主要梳理了柳田民俗学的目的、方法和概念等基本理论问题，并对柳田民俗学提出质疑。福田考察了民俗学在日本从柳田民俗学发展成为日本民俗学的过程，归纳了日本民俗学界对民俗学性质的争论和对民俗学的批判、柳田去世后日本民俗学的复兴以及柳田国男民俗学方法即重出立证法和方言周圈论的修改等问题。另外，还评述了柳田国男提出的"常民"概念和都市民俗学的讨论。第一篇和第二篇梳理了柳田国男民俗学的理论与方法，考察和分析了比较方法或重出立证法和方言周圈论的主要观点以及日本民俗学界对重出立证法和方言周圈论的讨论和运用状况，并对重出立证法和方言周圈论提出质疑和批判。另外，福田亚细男还概述柳田国男提出的"常民"概念的形成过程、使用情况以及日本民俗学界对"常民"概念的理解和阐释，并提出自己对"常民"概念的认识。

福田尖锐地批判柳田国男提出的重出立证法是把活形态的民俗从其传承母体中截取为民俗现象，并通过比较从全国各地搜集到的民俗现象来探究民俗的变迁。福田指出，以重出立证法为唯一研究方法的民俗学研究成果是虚构的历史。① 福田认为："理想的民俗学应该是个别分析法，即在

---

① ［日］福田亚细男：《日本民俗学方法序说——柳田国男与民俗学》，於芳、王京、彭伟文译，学苑出版社 2010 年版，第 100 页。

传承母体中分析相互关联而传承着的民俗现象，并提出关于历史发展过程的假设。"① 福田特别强调民俗现象与历史文献的存在形态不同。因此认为，必须把民俗现象置于其传承母体即生存的语境中探索其历史发展过程。福田一一讨论了将重出立证法作为民俗学的主要方法加以阐释的学者仓田一郎、和歌森太郎和牧田茂的观点。正面评价重出立证法并做出积极批评的有千叶德尔、关敬吾、田中宣一、野口武德和牛岛严等学者。他们都明确指出，重出立证法是民俗学的方法之一，但不是唯一的方法。而樱井德太郎试图修正重出立证法以保持其民俗学基本方法的地位。

福田梳理了方言周圈论被拓展到文化周圈论的过程。仓田一郎最早提出意见要把方言周圈论扩大为文化周圈论。接着，和歌森太郎提出观点认为方言周圈论不仅适用于方言研究，而且适用于全部民俗事象的研究。主张文化周圈论观点的还有牧田茂。就这样，文化周圈论成为民俗学界公认的理论被确定下来。福田对方言周圈论被扩大为文化周圈论的观点和阐释提出了质疑。福田评述了讨论柳田"常民"概念的形成过程的学者们的观点。首先讨论"常民"概念的不是民俗学家，而是研究政治思想史的学者神岛二郎。他尝试明确"常民"在民俗学理论体系中所占的位置。他认为，"常民"作为一个词汇，以《明治大正史·世相篇》中的"常人"为前身，概念上与平民同义或从平民发展而来。后藤总一郎继承了神岛的这一说法。后来，有贺喜左卫门、中井信彦和杉本仁等学者撰写论文重新探讨柳田国男使用的"常民"和"平民"等概念的形成过程。《序说》中福田主要概述、评价和批判柳田国男提出的民俗学研究方法，即比较研究方法、方言周圈论以及"常民"概念，并提出自己的观点。

2. 福田亚细男的《民俗学者柳田国男》

福田亚细男在《民俗学者柳田国男》中，将柳田国男及其民俗学思想置于日本社会现实和历史发展当中进行观察和分析，指出柳田国男民俗学是针对社会要求和社会问题的学问。福田把柳田国男民俗学分为初期、形成期和后期三个阶段来做分析。福田认为，贯穿柳田国男学术人生的民俗学思想有三个特征：首先，柳田主张民俗学是研究历史的学问，但与普通的历史学不同。对柳田来说，民俗学的目的是阐明历史。其次，柳田国男主张民俗学是经世济民的学问。这是研究柳田国男的学者们提出的评

① 《日本民俗学方法序说——柳田国男与民俗学》，第100页。

价。柳田本人并没有用"经世济民"这个专用词来说明自己的学问，而通常用"为世界为人"这个提法。再次，柳田非常重视语言的研究。福田分"初期柳田国男的民俗学与近代殖民地"、"形成期柳田国男民俗学与农村危机"和"后期柳田国男民俗学与冲绳问题"三个方面探讨了柳田民俗学思想及其社会背景。

（1）初期柳田国男民俗学与近代殖民地

对当时的日本农业政策倍感失望的柳田发现了新的世界。那是1908年的九州旅行和与佐佐木喜善的相遇。柳田国男到位于九州东南部的宫崎县的山村椎叶村进行了为期一周的调查。这次调查对柳田产生了极大的影响。1909年，他以《后狩词记》为题出版了关于椎叶村狩猎习俗的调查报告。影响柳田国男的另一个重要的事件是与岩手县远野村的年轻人佐佐木喜善的相遇。这位学生给柳田国男讲述了在自己家乡远野村流传的民间故事、传说和仪式。1910年，柳田把自己记录的佐佐木喜善讲述的民间故事、传说和仪式，结集为《远野物语》一书出版。这一阶段，柳田关注和研究深山里人们的生活和文化。他通过调查研究指出，九州椎叶村里靠烧田和狩猎为生存方式的深山里的人们与种稻子的平原地区生活的人们有明显的不同，他们被生活在平原里的人们排挤驱赶到深山里。柳田深深的同情生活在自然条件恶劣的深山里的人们。柳田强调山民与生活在平原上的人们的文化的不同。

福田分析认为，柳田强调在日本生活着与平原地区民众文化不同的山民这一事实是为了证明生活在日本列岛上的民族不是单一的同一个民族，而是不同的民族的主张。针对1910年前后流行的提倡把日本社会凝聚在以天皇为中心的政治思想，柳田提出日本民众不是完全相同的民族的主张。柳田研究深山里生活的人们的文化，想说的另一层意思是间接地比较了当时日本人殖民朝鲜的事实与平原上的人压迫深山里的人们的事实，提醒日本政府不要重复过去的历史。福田不赞成把柳田国男这一时期的研究解释成为日本殖民主义服务。福田认为，这一说法是过度思考或过度阐释。①

（2）形成期柳田国男民俗学与农村危机

福田把20世纪20年代后半期到20世纪30年代中期的柳田民俗学设

---

① ［日］福田アジオ：《民俗学者柳田国男》（日文），御茶の水书房2000年版，第22页。

定为形成期柳田国男民俗学。这是日本社会和经济发生巨大变化的时期。第一次世界大战之后接踵而来的世界危机，导致日本经济急剧恶化，许多都市的工厂前后倒闭。世界危机的影响集中体现在日本农村，20世纪30年代前半期的日本农村陷入极度悲惨状态。这一时期柳田国男的研究由生活在深山里的人和移动人口转移到占多数人口的贫穷的农民问题上。他在1935年写的《乡土生活研究法》中说，自己研究的最大课题是回答"农民为什么贫穷？"这个问题，即思考农村贫穷的原因。这时期的柳田民俗学强调"经世济民"，不过福田指出，柳田并没有建议政府制定什么样的政策和法律，而是基本上研究了目前问题产生的社会背景或条件。柳田期待着政治家或制定政策的人们学习他的研究成果，从而制定好的法律和制度。因此，福田认为柳田国男的学问不是提出具体政策和制度的学问，而是说明历史的由来和历史性现状的学问。[①] 笔者认为，这正是说明了柳田国男虽然怀着学问救国救民的思想，但他不是直接制定政策和法律的政治家，而是一个研究社会文化和思想背景的民俗学家和政治思想家。《民俗学者柳田国男》虽然篇幅短，但这本小册子中对柳田民俗学思想的研究相当深刻。福田在《序说》中主要梳理了柳田国男民俗学的方法，考察分析了重出立证法和方言周圈论以及关于柳田国男民俗学方法论的争论，并提出了批评。而在《民俗学者柳田国男》中福田则探讨了柳田国男民俗学方法论形成的主客观原因，结合柳田个人经历和当时的日本社会背景分析和阐释了柳田国男民俗学方法、目的和思想。柳田国男民俗学方法中的重出立证法和方言周圈论都是在这一时期提出的。在这期间，柳田国男从全国各地召集民俗爱好者举办为期一周的讲习会，由他和弟子们讲课。讲习会结束后组织"民间传承会"，并刊行了《民间传承》杂志。这是现在日本民俗学会的前身。1934年到1936年柳田派遣调查员到50多个村落进行调查。柳田制作了有100个提问项目的采集手册，期待着同一个问题在不同地区的不同答案。

（3）后期柳田国男民俗学与冲绳问题

福田亚细男以柳田国男晚年著作《海上之路》为例，分析后期柳田国男民俗学思想及其社会背景。柳田最后的著作《海上之路》（1961年）中提出如下观点。他认为日本人的祖先原来并不是一开始就住在日本列岛

---

① 《民俗学者柳田国男》（日文），第24页。

上的。而是日本人的祖先从中国南方乘船来到了日本列岛。具体出发点不清楚。日本人的祖先大概遇到台风或暴风雨漂流到冲绳，他们在冲绳发现了非常珍贵的贝壳。当时在东南地区贝壳是作为宝物，当作货币使用的。于是漂流到冲绳的人们先返回家乡，重新带着家族、农具和种子迁徙到冲绳定居。迁徙过来的人们中一部分留在冲绳，一部分人离开冲绳移居到日本列岛的其他地方。《海上之路》的核心观点就是强国冲绳是日本人发源地，日本和冲绳共有同一个命运、同一个社会和同一个文化。《海上之路》由柳田国男从 1950 年到 1960 年写的九篇论文组成。这时期的日本虽然已签订了恢复独立条约，但只有日本本土恢复独立，美国继续占领冲绳。柳田针对当时的日本政治，在《海上之路》中提出冲绳是日本人的故乡，是日本不可缺少的一部分，间接地抗议和反对当时的日本政府把冲绳割给美国的政策。《海上之路》中没有一篇是直接触及当时的具体政治问题和社会情况的。这也是柳田文章的难懂之处，他的论文通常不明确表示自己想说的问题，而是交给读者的悟性理解。福田指出，柳田国男民俗学中虽然包括民间故事、传说和歌谣等口承文学领域的研究，但它们并不是中心。柳田主要研究了以人们行为为对象的民俗学。这一点与欧洲和美国民俗学不同，也和中国民俗学不同。尽管民间故事、传说和歌谣等领域的研究也很盛行，但没有停留在以上领域的研究。这是柳田开创的以研究人们行为作为民俗学中心的日本民俗学特征。[①]

3. 福田亚细男的《柳田国男民俗学》

福田亚细男的《柳田国男民俗学》由"柳田国男的生平与民俗学"、"方法和历史认识"、"持续家的愿望与父母子女"、"劳动的女性与祈求神灵的女性"以及"庆典与日常生活"等内容构成。其中"柳田国男的生平与民俗学"、"方法和历史认识"两章的内容在福田的上述两本著作中已详细评述过。福田总结之前的柳田国男研究指出，研究柳田国男的论著非常多，其中多数为论述柳田国男的思想和认识，把他定位为近代日本杰出的思想家之一。多数研究者把民俗学研究内容当作理解柳田国男的思想和认识的来源。福田尖锐地指出，之前的柳田国男研究没有从柳田的民俗学研究与民俗事象之间的关联的角度把握和探讨柳田民俗学思想。另外，在多数研究者那里柳田国男的研究变得神圣化，而缺乏批判性的探讨。至

---

① 《民俗学者柳田国男》（日文），第 33 页。

今没有人把作为一个研究者的柳田的研究与具体民俗事象、文献史学和其他领域的研究成果联系起来进行比较探讨。福田说："为了创造新的民俗学研究水准，不能教条地学习柳田国男的研究方法和内容，而是把他当作批判的对象来学习。再三指出柳田的局限性也是为了这个目的。"①

该书中福田评述了柳田国男的民俗学研究成果，包括柳田对日本人祖先信仰的研究，对日本女性在家庭、社会文化和信仰中的作用与地位的研究以及日本人在非日常和日常生活中的饮食与服饰民俗的研究，从而尝试把柳田国男当作一个民俗学研究者客观地理解。福田一方面感叹柳田学识的广博和想象力的丰富，另一方面发现了他研究中存在的问题。福田通过解读和分析柳田的民俗学研究代表性论著，如《先祖的话》《婚姻的话》《巫女考》和《妹之力》等，在阐释他的论著之间的相互关联性的过程中发现柳田国男思想中存在的自相矛盾的问题。福田指出："柳田国男的论著虽然局部结构完美，但缺乏整体的完整性。因此，依据柳田的论文不能重构出日本社会史。虽然选取个别的社会要素，讨论其单线变迁，发现作为变迁出发点的原型是民俗学研究努力的方向，但是从个别要素建构整体也应该成为民俗学的目标。柳田的研究中有这方面的努力，但没有成功。民俗学中也不可缺少阐明构成社会文化的相互关联的各种要素的整体变化的研究。因此，必须从柳田失败的经验中吸取教训。本书虽然指出柳田国男的论述的结构中存在的很多问题，并提出严厉的批评，但是这种批判是以肯定柳田国男的伟大为前提的。"②

在该书的第三章《持续家的愿望与父母子女》中，福田解读柳田国男《明治大正史世相篇》的第九章《持续家的愿望》和《先祖的话》，评述了柳田国男关于日本人以祖灵信仰为背景的持续家的希求和愿望的研究。柳田认为，日本人的幸福观不满足于此生的各种欲望和愿望的实现，而认为他们最大的幸福是死后成为祖灵接受子孙祭祀，最大的不幸是不能成为祖灵得不到祭祀。因此，对日本人来说，家是必须持续的。家不仅是活着的人生活的场所，对死后的人来说也是必不可少的。福田指出，柳田之前虽然不少研究者指出家的超时代的持久性，但他们是把家作为社会制度或政治制度来研究，没有从家的内部充分论述家为什么是超时代的存续

---

① ［日］福田アジオ：《柳田国男の民俗学》（日文），吉川弘文馆 1992 年版，第 248 页。
② 同上书，第 249—250 页。

的希求。柳田超越前人的社会性研究，从日本人的家的内部即精神世界——祖灵信仰的视角阐释家的持续性存在的内因。柳田根据日本人的盂兰盆节和正月仪式阐释祖灵信仰。柳田认为，日本人的盂兰盆节和正月同样是祭祀祖灵的仪式。这两种仪式的特征是在家里临时设置盆架和岁神架，迎接并祭祀祖灵。祖灵不光是被子孙迎接和祭祀的对象。祖灵访问子孙被子孙祭祀从而获得幸福的同时，也给子孙以幸福。日本人信仰的田神和山神的本质也是祖灵。日本人认为，到了春天山神从山上下来变成田神，保护农作物丰收之后，秋季结束时又从田地回到山上成为山神。另外，柳田认为，日本人信奉的氏族神灵也是祖灵。柳田国男有力的根据是两墓制。两墓制指日本人死后埋葬肉体和立石碑的地方不同。通常把死者的肉体埋葬在村外寂静的山阴或谷里，在村里寺庙境内或房宅后面修建石塔或石碑。柳田认为，这是日本人灵肉分离观念的体现。柳田认为，两墓制是古老的遗存，是阐明日本人古老的祖先观和祖先祭祀的重要民俗。而福田敏锐地指出，两墓制的分布与柳田的周圈论相矛盾。单纯根据柳田的周圈论分析，两墓制的民俗现象并不古老。柳田没有触及这些问题，他把两墓制作为表现日本人灵魂观的重要根据是不妥当的。柳田之后有的学者提出，两墓制不是古老的丧葬习俗，而是建立石塔习俗普遍化之后才产生的，是以近畿地区为中心分布的非常新近的墓制。并且其表现的灵魂观也不是古老的。

福田亚细男分"柳田国男与女性"、"日本婚姻史与女性"、"在家族生活中的女性"、"信仰与女性"和"作为文化传播者的女性"五个专题评述了柳田国男关于女性问题的研究。柳田一直重视女性在历史发展中的作用。他认为，民俗学的有些问题更适合从女性研究的角度去探讨。因此，他期待这个领域的开拓以及女性研究者的培养。但福田指出，柳田国男的女性认识有问题，并探讨了柳田国男在自己描绘的历史中如何定位和评价女性。他认为，应把这一问题作为今后的日本民俗学研究课题。柳田国男撰写众多关于婚姻的论文，表现出对日本婚姻史的极大关心。这些论文除了《入赘考》之外，绝大部分发表于1946年到1947年之间。柳田撰写关于婚姻史的一系列论文的社会背景和目的与第二次世界大战后的日本家族制度改革政策有着密切关系。福田指出，柳田国男的婚姻观念是以男性为中心的。在柳田的女性研究视角中女性是家庭或家族内部活动的中心，并在经营家庭方面起着重要作用。柳田的这一观点与他对婚姻史的理解相对应。他虽然高度评价女性尤其是主妇，但是他的视野局限于以男性为中心的社会中的女性的地位和作用。柳田指的主妇权是局限在家庭内部的有限的权力，而且与户主权有很大区别，明确反映了柳田国男的女性观念。福田认为，柳田如此热心地论述女性的活跃，尤其是主妇的作用之大具有对当代女性的批判或启发的意图。他描绘的理想女性形象是为家庭或家族的继承而努力的女性。柳田不是在社会活动中评价女性，而是在家庭内部活动或作用中评价女性。他恳切地希望女性起到保护家庭或家族的作用，并为此目的而进行女性研究。① 从柳田国男初期民俗学开始，女性在日本人信仰中的作用问题，成了民俗学重要的研究课题。福田介绍柳田国男关于女性与信仰的关系的主要观点，并指出其研究中存在的局限。福田指出，柳田没有撰写关于作为家庭或家族祭祀的承担者的女性这一重大问题的论文。还有，柳田没有论述职业巫女形成阶段她们是如何从家庭内部分离出来这一问题。因此，福田认为，柳田对女性在历史中的作用的认识是不完整的。柳田只是个别地强调女性的作用，没有整体把握女性。②

　　人们的生活中有着日常时间和节假日等非日常的时间。节假日等特别的日子人们穿着打扮和饮食与日常不同。柳田把穿着特别的衣服、吃特别的食物的日子与工作和劳动的日常或普通日子分别设定为非日常（hare）和日常（ke）两个概念来区分。（hare），日语，指非日常时间。（ke），日语，指日常时间。柳田的代表作之一《木绵以前的事》（1939 年）中具体描绘了非日常与日常的问题。特别是《饼、臼和擂钵》（1934 年）是明确说明关于非日常与日常生活的最初的论文。福田指出，柳田国男研究中关于非日常时间与空间的研究占绝大部分，关于日常时间与空间的研究极少。因此，福田认为称柳田民俗学为非日常的民俗学也不过分。

（二）川田稔的《柳田国男描绘的日本——民俗学与社会构想》

　　柳田国男思想史研究家川田稔著有《柳田国男的思想史研究》和《柳田国男——"固有信仰"的世界》等著作。川田稔在《柳田国男描绘的日本——民俗学与社会构想》中认为，柳田的学问和思想的特色就在于，他由日内瓦回国以后才真正开展了民俗学研究并提出背后起支撑作用

---

① 《柳田国男の民俗学》（日文），第 182 页。
② 同上书，第 195 页。

的其独特的社会构想。川田稔以探讨柳田的民俗学和社会构想为核心，通过论述柳田学的形成过程来描绘出柳田国男的学术和思想的整体印象。他在该著作中分"柳田国男的生平和学术"、"柳田国男的民俗学"、"柳田学的形成"和"柳田国男的社会构想"四章，探讨柳田民俗学和社会构想，并描绘出柳田国男民俗学思想的整体形象。柳田的民俗学是系统整理普通日本人的生活文化及其历史变迁，并力图使之明确化，其中他最重视的就是氏神信仰问题。川田稔指出，柳田认为氏神信仰是各种各样的民俗现象的基础，在民俗学研究中处于核心地位。这构成了日本人的宗教意识的最基本形态，与人们的思考方式、价值观和生存价值以及生命层面的意义定位甚至是内在层面的伦理意识都有着深层的关系。①

川田稔在第二章"柳田国男的民俗学"中以神灵观念、信仰礼仪和基础神话等方面整体地讨论柳田民俗学的核心氏神信仰论，并阐明了其学说的全貌。另外，还阐释了柳田民俗学的体系。川田稔认为，柳田的学问，在日内瓦之前和之后有着很大区别。学者们通常把日内瓦之前的部分统称为柳田学的初期，并把它和之后的学问相区别。初期的柳田学主要由农政论和民间信仰研究组成。这时期的柳田主要从农政论的视角把握农村和研究民间信仰。柳田在日内瓦之后的岁月里以农村和民间信仰的研究为基础，建构起了拥有独特方法和体系的柳田民俗学以及构成这一问题的背景的独特的社会构想。在初期的乡土研究中，虽然已形成了一些民俗学的观点，但柳田所认同的真正意义上的民俗学，是从收录在《青年与学问》中的论述才开始真正成型的。但从方法论意义上建立起体系，则是通过《民间传承论》和《乡土生活研究法》这两部著作。这一时期柳田经常把自己的研究学问称作乡土研究，但和大正时期的乡土研究相比，他的研究视角和方法都已经有了新的发展。川田稔批评认为柳田民俗学的形成和《远野物语》之间有着直接的联系的观点。他指出，大正末期以后的柳田，为什么不是从初期农政论的角度把重点放在经济领域来理解农村以及研究那些与民间信仰有关的事情，而是开始强烈主张有必要整体理解农民生活的整体形象以及把握农村生活的历史和现状。这一问题背后隐含着柳

---

① ［日］川田稔：《柳田国男描绘的日本——民俗学与社会构想》，郭连友等译，外语教学与研究出版社 2008 年版，第 10 页。

田在认识社会问题状况上的新发展。① 由于柳田的社会认识的新发展，意识到自己过去研究的视角和方法的局限性，从而探索新的研究视角和方法。柳田赴欧工作的几年时间里广泛阅读弗雷泽和马林诺夫斯基等人类学家们的论著，受到了很多启发。他引用人类学的方法，尤其是民族志的方法，来综合把握日本民众生活的现状和过去整体印象。日内瓦之前的柳田的民俗学研究主要依靠文献资料，而从欧洲回国后的柳田受到欧洲人类学的影响，发现从民间直接采集的资料。他采取细分资料采集的对象区域，以各个村落为单位的考察方法，然后全面普遍地调查这一地域居民的生活，把人们的生活、文化以及他们的精神作为一个整体来把握。在此基础上，他力图通过各地调查资料的比较来明确民众生活文化的事实和法则。这就是柳田从 20 世纪初的欧洲人类学中学来的方法。柳田用过去的学问积累，致力于把这些 20 世纪人类学的田野调查方法或现场调查方法运用到日本民众的社会和文化的研究中去。1922 年至 1923 年的旅欧体验为柳田民俗学的新方法，即从大正前期以前的乡土研究向作为新的乡土研究的民俗学方法论上的转变，赋予了决定性的契机。在那里他直接接触到了欧美人类学的新发展。通过正式的接触欧洲人类学的新潮流，他从方法论上找到了适合自身研究课题的一个重大线索。对柳田产生过重大影响的人类学家和社会学家中有功能主义人类学的代表性人物马林诺夫斯基和 20 世纪法国著名社会学家迪尔凯姆。柳田的藏书中有他们的主要著作，并留有柳田详细的注释。马林诺夫斯基是新人类学潮流的代表性人物，他确立了 20 世纪人类学的方法，即由掌握当地语言的专门研究者进行细致的田野调查，通过积累这些调查素材，系统性地把握居民生活和文化的整体。马林诺夫斯基的这一调查方法对柳田产生了巨大影响。笔者认为，柳田国男强调熟悉当地民俗文化和语言的同乡人才能调查和领悟心意民俗现象即民间信仰等精神民俗的观点与马林诺夫斯基的调查方法有关。川田稔指出："马林诺夫斯基基本关注点在于对现实存在的文化诸要素的功能性关联的统一把握问题，而柳田在此之外还十分关注人们生活文化的历史性变迁问题。"② 迪尔凯姆对柳田的影响涉及社会事实概念、集体意识论等诸多方面，其中最重要的是对宗教的认识方面。在柳田民俗学中，民间信仰问

---

① 《柳田国男描绘的日本——民俗学与社会构想》，第 82 页。
② 同上书，第 86 页。

题，即氏神信仰问题占据了最重要的地位。柳田笔下的氏神信仰，根据弗雷泽的标准来划分，与其说是宗教不如说更具有巫术的特点，而用迪尔凯姆的巫术与宗教的标准来划分，却可以归入宗教。柳田受到迪尔凯姆的影响，明确地把氏神信仰当作一种宗教来对待。他认为这种信仰对普通日本人的生存意义和价值观产生了强烈的影响，更对培养人与人之间的内在伦理意识有着重要作用。柳田把氏神信仰分神灵观念和信仰礼仪两个方面进行了论述。

1919 年，柳田虽然辞去了贵族院书记长官的职务，但他一直密切关注国际和国内政治动态，构想着日本理想的外交政策和国内政治经济政策。"柳田认为日本与中国应当在平等互惠的友好亲善关系中进一步深化人们之间的交流，并在各个领域展开合作。他尤其重视学术交流等文化层面的相互合作，并认为这才是日本国民的使命之一。"① 柳田从对外政策与国内政治、社会经济论与地域改革以及共同性与内在伦理形成的问题等三个方面，进行了理想的日本社会构想。川田稔指出，柳田民俗学是由其独特的社会构想所支撑的。

（三）新谷尚纪的《柳田民俗学的继承与发展——其视点与方法》

日本著名民俗学家新谷尚纪 1948 年生于广岛县，1971 年毕业于早稻田大学第一文学部。1977 年在早稻田大学大学院文学研究科专攻日本史学专业博士后期课程。现任日本国立历史民俗博物馆教授、综合研究大学院教授、社会学博士。他的著述有《生与死的民俗史》《日本人的葬仪》《两墓制与他界观》和《神灵们的原型》等。新谷尚纪对柳田国男民俗学思想的研究观点集中反映在他的《柳田民俗学的继承与发展——其视点与方法》一书中。

柳田民俗学的基本立场是阐明所有日本人的生活历史。新谷尚纪把柳田提倡、指导和实践的民俗学叫作柳田民俗学，把日本民俗学分为柳田民俗学与柳田之后的民俗学。由于两者之间存在着一定的差异，新谷尚纪分四个时期阐释柳田民俗学。第一期（1909—1919），柳田发现民俗，代表性论著有《后狩词记》《石神问答》《远野物语》《巫女考》《山人外传资料》和《毛坊主考》等。第二期（1919—1925），柳田辞去官僚生活，去

---

① 《柳田国男描绘的日本——民俗学与社会构想》，第 95 页。

日本东北和冲绳旅行，代表作有《雪国之春》《秋风贴》和《海南小记》等。第三期（1925—1935），柳田民俗学逐渐形成，所有努力的活动步入正轨的时期。这时的柳田与冈正雄和折口信夫产生了分歧。代表作有《蜗牛考》。第四期（1935—1945），是柳田民俗学的成立时期，标志性论著有《民间传承论》和《乡土生活研究法》。

　　读《蜗牛考》和《入赘考》就会知道，柳田民俗学的特征是：把从日本各地收集到的资料作为素材，通过比较研究解读民俗资料群的意义，力图重新建构生活在日本列岛上的人们的生活文化的历史。新谷尚纪著作的第一章"民俗学的过去、现在和未来"中分战争与柳田民俗学、宫田登的民俗学、民俗学的地位、旧民俗的消亡与新民俗的生成、民俗与调查五个方面论述日本民俗学的过去、现在的特征和未来的使命等内容。新谷尚纪指出，柳田民俗学没有正面对抗战争的现实，但柳田之后的民俗学对现代社会提示出更强烈的自立性与独立性。[1] 宫田登就是柳田之后的日本民俗学的代表性人物之一。宫田登民俗学的特征是：第一，继承柳田以来的日本民俗学；第二，继承柳田民俗学成果的同时，为民俗学的发展全力以赴，勇敢地开拓民俗学新领域；第三，不断重新思考和深化自己的论说。新谷尚纪把日本民俗学方法论的讨论分为以下两个时期：一是第二次世界大战后再出发期，从20世纪40年代后半期到20世纪50年代；二是高度经济成长期，从20世纪60年代后半期到20世纪70年代。新谷尚纪把前期的特点归纳为以下三点：第一，以和歌森太郎为代表的作为历史研究方法论的民俗学；第二，平山敏治郎主张把民俗学视野从文献史料扩大为其讲述的历史世界，但当时的民俗学者多数保持冷漠。遗憾的是民俗传承过程的实证性研究没有进展；第三，和歌森太郎和樱井德太郎接受石田英一郎提出的日本民俗学的目标就是研究日本民族的风俗等这一提议。力图继承和发展柳田民俗学的日本民俗学不得不承受着来自文化人类学等学科的巨大压力。在这种状况下，宫田登一个人主张民俗学的独立性。后期民俗学方法论的讨论是以对柳田国男的"方言周圈论"和"重出立证法"重新进行批判为中心展开的。这个讨论是以批判和否定柳田的方法论为目的，但没有在研究柳田的方法的基础上

---

　　① ［日］新谷尚纪：《柳田民俗学の継承と発展——その視点と方法》（日文），吉川弘文館2005年版，第32页。

开拓新的理论方法。这一时期研究对象多样化，在各种相关学科的影响下，都市民俗学和现代民俗学的学说广泛流行。虽然在人类学和社会学等相关学科的影响下，语言表述和文章结构得到革新，但极少关于民俗学的独立性和新的方法论的重要讨论。

为了再确认民俗学的意义和地位，新谷尚纪首先把第二次世界大战以来日本民俗学的方法论简约地整理为五个类型：第一，以重出立证法和民俗周圈论的解释为基本方法的柳田国男民俗学。柳田民俗学设定"民俗""常民"和"基层文化"等概念，力图阐明日本人的民俗文化的历史，生活中传承的习惯、技能和观念的历史变迁。第二，和歌森太郎和樱井德太郎接受文化人类学者石田英一郎的影响，认为民俗学是阐明日本人的心性、民族性、民族和生活文化的特质的学问。但他们没有提出方法论。与柳田国男强调传统生活及其变化的历史性相反，樱井他们的日本人的心性、民族性和民族的议论是超越历史阐明日本人的特质，两者之间产生了决定性的差异。第三，柳田民俗学的资料工作的基础是比较研究法，通过收集和分类民俗事象的情报资料来阐明民俗变迁过程是柳田民俗学的特点。与此相反，与柳田没有直接接触过的下一代民俗学家登场以后主张放弃比较研究法。代表性人物是福田亚细男。他们主张把村落等社会组织当作考察民俗的研究单元的传承母体，应该去理解传承母体对各组成部分具有一定的约束力并超越历史和世代而保持到现在的事实，因此应该分别分析传承母体中各种民俗事象之间的关联，从而阐明民俗的变化和变迁。这个方法的特征是不把不同地域社会中的民俗事象作为碎片化的要素从传承母体隔断，而是把不同地域社会中的民俗作为相互关联的积累个别的历史的展开过程。这个分析法叫作地域研究法。他们主张把民俗学作为地域社会史的历史学的一个领域。第四，主张民俗学的方法应该是其对象、方法和课题的相互关联的整体。以民俗为对象的研究视角和分析方法，必须同时运用历时的研究视角和共时的研究视角。这是新谷尚纪等民俗学家的立场。由于民俗是传承的，同时拥有一定的历史深度，因此，天生就具有不变性和可变性的，研究视角兼顾两者，必须包括历时的研究视角和共时的研究视角。这一类型的民俗学的特征在于不把民俗学仅仅看作历史学的一个领域。第五，随着日本社会20世纪60年代以后产业结构的急剧变化和都市化，广大农村社会发生了巨大变化。因此，极其有必要开拓对应时代变化的民俗学的新方法论。即随着高度信息化社会的实现，当传统的民俗文化急剧变化和消失，在现代社会新的民俗文化生成的动向相继问世，与大都市圈等流动性高的社会为传承场所的新的民俗文化的生成和变迁相应对，民俗学者们被迫寻求完全新的民俗学方法论的开拓。那个被期待的新方法论就是第五个类型。新谷尚纪认为，信息化与国际化中，在日本各地村落社会、家族、亲族和个人生活各自流动化的现代社会，民俗的分析方法应该立于动态的视点。①

新谷尚纪指出，设定地域差和地域性两种问题和研究方法是从研究和对象的关系性看，基于以下两种状态。前者是以一定文化要素为对象的归纳研究，可以说是从文化外部分析的研究。与此相反，后者是以一定地域社会为对象的归纳研究，以有关社会中语言和观念等固有文化逻辑的发现为目标的，可以说是文化内部的研究。前者是概括论性的研究视角，后者是现场论性的研究视角。新谷认为，柳田国男的比较研究法即重出立证法虽然被福田批判否定，但具有重要意义。20世纪70年代以后，柳田方言周圈论也受到了众多批判和否定。但新谷尚纪曾用方言周圈论的方法整理和分析过日本两墓的称呼。他认为，关于柳田提倡的语言和习俗的周圈论性的分布的解释法的有效性，还有充分讨论的余地。

（四）伊藤幹治的《日本人的人类学的自画像——柳田国男与日本文化论再考》

日本著名人类学家伊藤幹治1930年生于东京都。1953年国学院大学大学院文学科硕士毕业。国立民族学博物馆名誉教授，文学博士。他的著述有《稻作礼仪的研究——日琉同祖论的再研讨》《柳田国男——学问与视角》《冲绳的宗教人类学》《家族国家观的人类学》《宗教与社会构想》《赠与交换的人类学》和《柳田国男与文化国家主义》等。

伊藤幹治在《日本人的人类学的自画像——柳田国男与日本文化论再考》中设置"为了认识日本文化""民族学与民俗学的过去与现在""民俗文化的原风景""民俗文化的多样性""近代日本与被创作的民俗文化""大众消费社会文化和人类学自画像的前途"等七章，论述了柳田国男与日本文化论。民族学和民俗学都是认识文化的一种方法。通常

① ［日］新谷尚纪：《柳田民俗学の継承と発展——その視点と方法》（日文），吉川弘文馆2005年版，第63—66页。

认为，民族学是认识他文化的方法，民俗学是认识自己文化的方法。在日本成立民族学和民俗学的历史并不长，民族学和民俗学是于1934—1935年分开独立的。日本民族学会1934年11月成立，1935年1月《民族学研究》杂志创刊。1935年7月31日到8月6日，在日本青年馆举办纪念柳田国男六十周岁的日本民俗学讲习会，成立日本民俗学会的前身民间传承会，创刊机关杂志《民间传承》。柳田一国民俗学理论框架的形成和成熟，与1930年民族国家的框架有着不可分割的关系。在柳田文库中有很多从19世纪后半期到20世纪前半期的以欧洲民俗学为中心的诸学科的文献。柳田通过这些文献，尽量把欧洲民俗学的成果吸收到日本社会及其文化的研究中，努力建构一国民俗学。《民间传承论》是明示柳田一国民俗学思想及其理论框架的划时代的著作。经世济民和自我反思是贯通柳田一国民俗学的两个并列理念。这两个理念在柳田的思想中像是两个车轮。1999—2000年编的《日本民俗学大辞典》（上、下二册）中，民俗学概念发生了巨大变化。福田打破自民俗学成立时作为前提的"民族"的框架，把民俗学的对象从民族文化或基层文化替换为日常的生活文化。福田摆脱柳田国男一国民俗学以来作为民俗学成立前提的民族国家的框架构筑，力图建构现代民俗学。这意味着民俗学这一学问的转型。福田主张用"日本列岛"这一地理空间置换柳田一国民俗学成立当初作为前提的"民族国家"，把民俗学从"一国民俗学"转换为"日本列岛民俗学"。并重视民俗文化超越时代传承的"个别地域"，强调地域民俗学。福田以打破民俗学现状和展开新的民俗学为目标，针对柳田初期一国民俗学提出以下四个问题：第一，放弃重出立证法的客观主义民俗学。第二，提出了日本列岛上的住民不是单一民族的观点。第三，通过个别地域的恢复权力，能够建构新的民俗学。第四，通过新的历史认识，有民俗学再生的可能性。福田把阿依努民俗置于日本民俗学中应有的位置上，扬弃了柳田国男一国民俗学这一用语和探究民族性和民族文化的目的。

伊藤干治认为，与冈正雄和大林太良的日本民俗文化形成论相比，柳田的民俗文化的历史过程论缺乏系统性。柳田虽然对各个民俗文化进行了周密的实证研究，但几乎没有综合和体系化。这是因为柳田比理论体系更加关心实证研究和假说的建构。柳田的民俗文化过程论是以未完成的状态结束的。他提示的民俗文化的可变性、创造性和连续性三个原理是将来的民俗文化的历史过程的研究的关键词。① 伊藤幹治把柳田国男的"自我反思"的一国民俗学当作人类学的一种言说方式来论述。他认为，柳田提出一国民俗学与其生活时代的国内外的社会历史背景有着密切关系。柳田决定建构一国民俗学的时期正是极端民族主义和国家主义盛行的昭和初期。在巩固一国民俗学理论基础的《民间传承论》中柳田把民俗学目的规定为"自国民同种族的自我反思"，指日本国民、日本民族自我考察自己的文化。一国民俗学的提出体现了柳田国男思想中强烈的国家、民族意识和感情。

（五）大藤时彦的《柳田国男入门》

大藤时彦 1902 年出生于日本山口县。成城大学教授。《柳田国男入门》由"柳田国男入门""柳田学的成立""柳田国男的民俗学与文学""关于《远野物语》""柳田国男与国语教育"、"柳田国男与冲绳研究""冲绳研究史中的柳田国男""折口信夫与民俗学""关于古代研究的两种方法——折口信夫与柳田国男""民俗学的范围""民俗与民族""民间传承的诸相""社会的变迁与民俗""常民阶层的人生观"等内容构成。笔者认为，民间文学研究在柳田国男民俗学中占有重要的地位，但在柳田民俗学研究中很少论述其民间文学研究。大藤时彦设"柳田国男的民俗学与文学"章节，分"远野物语"、"昔话研究"、"说话文学"、"故事家"、"宗教起源和读者"六个部分专门讨论了柳田国男的民间文学研究思想。《远野物语》作为日本最早的口承文学采集资料，既是民俗学的珍贵文献，同时也是文笔优美的文学读物。大藤时彦认为，民俗学是与文学相通的学问。民俗学者采集观察民俗时必须具备文学家的直接观察力。因此，杰出的民俗学家同时也是文学家的例子很多，如德国的格林、日本的柳田国男和折口信夫等。② 有些学科的研究对象比较清楚，但规定民俗学研究对象较为困难。柳田国男把民俗学研究对象分为三部分。三部分中第二部分称为口承文艺或民间文艺。柳田国男关于口承文艺的研究成果众多。其中有民间文学理论著作《口承文艺史考》《民间故事备忘录》

（《昔话觉书》）、探讨民间故事与文学关系的论著《民间故事与文学》（《昔话与文学》）等。另外，还有论述传说理论问题的《传说论》等论著。

（六）室井康成的《柳田国男民俗学构想》

室井康成 1976 年生于东京世田谷。国学院大学文学部文学科毕业。国学院大学大学院文学研究科日本文学专业博士，综合研究大学院大学文化科学研究科日本历史研究专业博士后。先后在蔚山大学、千叶大学、早稻田大学和立教大学讲授民俗学课程。自 2008 年任千叶大学地域观光创造中心特任研究员。著述有《柳田国男·作为主题的"日本"》和《民俗学的想象力》等。

室井康成著《柳田国男民俗学构想》① 是一部系统探讨和论述柳田国男民俗学构想动机和理念的专著。该著作由"序言——本书的性质与目的"、第一章"《远野物语》是盛典吗？——围绕其'神话化'的言说空间"、第二章"柳田国男执笔《远野物语》的'动机'——围绕其农政论的关系"、第三章"面向同情与反省的同时代史——围绕柳田国男政治的'民俗'观点"、第四章"柳田国男与选举肃正运动——作为'政治教育'的民俗学的构想和破绽"、第五章"柳田国男与教育基本法——围绕'公民'观的形象与战后民俗学的构想"、第六章"培育'个人'的民俗学——围绕有关山口麻太郎的'政治教育'的实践及其意义"、第七章"不公正的'民俗'——关于柳田国男民俗学的实践与挑战"、"结论——民俗学是政治"九个部分构成。

室井康成在序言中没有用大量的篇幅概述柳田国男研究的学术史，而是简要地评述政治思想史学和民俗学视角下的柳田国男研究概况。他指出，在日本以柳田国男为题目的书籍堆积如山，但除了关于柳田国男生平和著作的解说之外，真正从民俗学的立场出发，整体上研究柳田国男学问的论著并不多。日本政治思想史学领域的学者们，最早较为系统地评价和研究柳田国男学术人生及其学问，并奠定了柳田国男在日本政治思想史上的崇高地位，代表性学者有桥川文三及其弟子后藤总一郎、川田稔、岩本由辉、藤井龙至和吉本隆明等。代表性著作有桥川文三著《柳田国

---

① ［日］室井康成：《柳田国男の民俗学构想》（日文），森话社 2010 年版。

男——其人与思想》（1977）、后藤总一郎著《柳田国男论》（1987）、川田稔著《柳田国男的思想史研究》（1985）、岩本由辉著《柳田国男》（1982）、藤井隆至著《柳田国男经世济民之学——经济·伦理·教育》（1995）和吉本隆明著《柳田国男论集成》（1990）。

从民俗学的角度研究柳田国男的著作中，室井康成对福田亚细男和古川健一的《柳田国男民俗学》（福田 1992 年，古川 2001 年）进行评价，尤其高度评价福田的专著。他认为，福田的《柳田国男民俗学》是柳田国男研究的入门书，是大学民俗学唯一的教科书，也是对柳田提示的民俗学的课题进行学理性评价的民俗学史方面的好书。同时他又批评福田，在该书中没有斟酌柳田学问的"动机"和"理念"，甚至几乎没有考虑柳田的"动机"和"理念"与民俗学的关系。① 室井康成批评日本民俗学界没有尝试探讨柳田国男构想的民俗学整体塑像，而只是围绕他提示的个别民俗事象进行学理性研究。可以说，这是对柳田国男著作的"圣经化"和柳田国男个人的神格化现象。

第一章，室井康成以柳田国男著作中最脍炙人口的《远野物语》为例，追寻其圣经化的过程。著者认为，围绕《远野物语》是"民俗学的金字塔"和"柳田民俗学的出发点"等言说事实上是，后来的人们主观的感受或解释累积的结果产生的一种"神话"，是远离柳田国男执笔动机的阐释。另外，著者还主张，作为正当评价《远野物语》的前提课题，有必要从柳田国男的农政论和近代化论的关系中解释和阐明柳田的执笔动机。

第二章，著者阐明了柳田国男执笔《远野物语》时的社会身份不是民俗学者，而是负责农业技术进步的日本近代化的先锋农政官僚，并探讨柳田国男社会属性与《远野物语》的关系。

第三章，著者考察被看作妨碍近代化的主要因素之一的风俗习惯，如何被升华为民俗概念这一点的同时，主张柳田构筑的民俗学的个性在于，根据研究主体的同情与反省，描述出同时代史这一点。

第四章，著者考察了确立柳田民俗学时，被推进的选举肃正运动的意义及其对民俗学的影响。选举肃正运动是指田泽义铺提倡的净化选举的国民运动，其目的是以培养具备自律性的"公民"为目标的"政治教育"

---

① 《柳田国男の民俗学构想》（日文），第 15 页。

的普及运动，这一点与柳田的民俗学理念是相通的。

第五章，室井康成阐明了日本战败后，柳田在其审议有关的教育基本法中，以围绕第八条"政治教育"中盛行的"公民"的文言议论为线索，尝试作为培养"公民"的民俗学，根据柳田个人的意气给予构想，接受时代的要求这一事情。关于柳田国男为何认为研究"民俗"是为了培养"公民"或者"政治教育"这一点，本章中提示了假说。

第六章和第七章，室井康成论述了柳田之后的民俗学未能继承柳田学问的本愿，即作为培养"公民"为目标的"政治教育"的民俗学理念，但在某种程度上忠实地斟酌柳田民俗学理念的有两位民俗学者，山口麻太郎和（kidaminoru）（原文中没有日语汉字）。尤其是 kida 与柳田的关系至今没有引起人们的关注。

结论部分，室井康成总结本书的内容，并提出对今后民俗学方向性的展望。

在本书中，室井康成通过追寻柳田国男民俗学构筑的轨迹，对其动机和理念进行考察和检讨，提出以下结论：柳田国男构想的民俗学的本来意愿在于"以政治民主化为轴线的社会改良"，民俗学具有作为"政治教育"的手段，把拥有前代思考的被称为"常民"的人们，培养成具备与近代化相应的自律性的"公民"，试图把日本社会改良为真正的民主国家的具有相当政治性意图的学问。柳田国男构筑的民俗学理念是使民俗学具有作为"政治教育"的功能，给日本浸透真正的民主主义思想。柳田国男是一位对现实社会的发展怀着极其强烈的关心的人，他对日本政府的近代化政策提出根本性的批判，并不断指出代替性的政策方案，提出另一个近代化路线的提案。柳田希求的不是"从上而下的近代化"政策，而是"从下而上的近代化"政策，因此有必要培养人们成为能够进行自律性的思考和判断的"公民"，也就是真正独立自主的人。①

室井康成通过对柳田构筑的民俗学动机以及理念的探索和研究，推测出民俗学是政治，民俗学研究者是政治家的结论。

---

① 《柳田国男の民俗学构想》（日文），第 265—266 页。

二　研究柳田国男民俗学思想的论文

家永三郎在论文《柳田史学论》①中，从史学的视角高度评价了柳田国男对史学的贡献。他指出，柳田对史学的主要贡献在于提出了完全新的方法论的提案，即发现了过去史学几乎没有想到的新的史料领域。既往的史学的资料是文献和考古学资料，柳田发现了民间传承或民俗资料。柳田把民间传承作为新的史料追加和活用的提案作为史学方法论具有划时代的意义。新的史料领域的追加意味着新的对象领域的追加。通过柳田的史学发现了既往的史学遗漏或忽略的广大的新世界。通过种种传承资料，柳田史学开拓了以往史学未开垦的广大世界，发现了过去的通史或特殊文化史忽略的莫大的史实。例如，读柳田的《日本的祭》《妹之力》《神道与民俗学》《新国学》等著作，便知道既往的神道史乃至宗教史无力阐明日本人的信仰史；读《口承文艺史考》《桃太郎的诞生》《民间故事备忘录》《民间故事与文学》和《民谣觉书》等著作，惊奇地发现过去的文学史忽略了祖先传承下来的口承文学的大部分内容；读《国语的将来》《每日的语言》《蜗牛考》和《方言觉书》等著作，痛感既往的国语史的不完整。

家永三郎指出，柳田的史学知识和功底超过专业的文献史家。柳田关于民俗资料的丰富知识不完全来自他自己的田野调查和采集，更是靠日本全国民俗学者们的协力。但他能够指导全国民俗调查和采集工作，并统揽其采集成果，说明了他强大的能力和卓越的才华。他渊博的知识不仅指知识的量大，而且指他拥有卓越的洞察力，整理和组织庞杂的知识，揭示隐藏的事实的天才能力。他拥有丰富的知识、敏锐的洞察力、卓越的综合能力和周到的历史感觉。所以他获得了巨大的成果。家永三郎认为，柳田身上学者的洞察力和诗人的直观浑然融合，把祖先的生活活灵活现地再现于世人面前。尽管家永三郎高度评价柳田史学即民俗学对史学的重要贡献，但他认为，只有以文献作为主要资料、以物质的遗物为副资料的史学才能占据中心位置，以民俗资料为主要史料的史学只充当其补充者。他指出，

---

① ［日］后藤总一郎编：《柳田国男研究资料集成》（日文）第 3 卷，日本图书センー，1986 年。

柳田史学的界限即是民俗资料的史料的功能的界限。柳田即使拥有再杰出的天才，也无法消除因资料的性质必然导致的方法论的界限。方法论的界限指民间传承是无论在何处都是现在的事物而不是过去的事物，然而历史学的对象无论在何处都是过去的事物这一根本的矛盾。[①] 民俗资料自身绝对不能指示实际年代。史学的对象是历史的发展。历史的发展指人类世界的实际年代的发展。史学不是对过去的史实的平面的认识，而是立体的认识。史学的生命一方面在于其实证性，另一方面在于实践的意志的如何，即思想的基础的如何。他认为，研究柳田史学的实践的意图是柳田史学论的最重要的课题。以上家永三郎评价了柳田史学在历史上的地位及其思想史的意义，并指出了柳田史学和史学的界限。

后藤总一郎的在论文《柳田学的形成——其思想与学问》中，以贫困体验、读书体验、旅行体验、官僚体验和记者体验五个方面阐释柳田国男思想的形成，以柳田学的理念、国学、欧洲自然主义文学、农政学和民俗学五个方面论述柳田国男学问的形成。后藤总一郎指出，柳田理念之一是历史性地阐明日本常民贫穷的原因。作为方法，从多角度阐明为了克服饥荒所发生的，以各种农耕礼仪为基础的信仰史。[②]

和歌森太郎在论文《柳田国男民俗学的进展与确立》中说："柳田国男是日本民俗学之父，伟大的前辈。"[③] 他在该文中指出，解读柳田国男撰写的《石神问答》，首先要了解柳田国男对生活在深山里的平民的热爱。其次要了解柳田国男对方言的关心。一直以来柳田力图通过各地区的方言的分析为窗口，观察日本常民生活的变迁。日本民俗学的特点是以采集民间传承、方言即民间用语，并进行相互比较为主要研究方法。另外，柳田国男民俗学的另一个特点是，通过民间故事和传说的比较研究，探究日本民众的原始信仰。

日本著名民俗学家折口信夫在论文《先生的学问》中指出，柳田国

---

①　[日] 后藤总一郎编：《柳田国男研究资料集成》（日文）第 3 卷，日本图书セソター，1986 年，第 134 页。

②　[日] 后藤总一郎编：《柳田国男研究资料集成》（日文）别卷，日本图书センター，1986 年，第 22—23 页。

③　[日] 后藤总一郎编：《柳田国男研究资料集成》（日文）第 2 卷，日本图书センター，1986 年，第 56 页。

男成为民俗学家之前是位杰出的经济史学家。① 折口信夫认为，除了民俗学之外柳田国男学问体系中最重要的学问形式是经济史学。柳田先生强烈关注常民生活的学问，可以说是广义的经济史学，也可以说是柳田自己的经济史学。柳田国男作为一位杰出的经济史学学者功不可没。但仅仅作为一个经济史学家不足以评价柳田国男的学问及其贡献。关于日本民众信仰即对神灵的信仰的发现和思考，把柳田国男引入了民俗学研究领域。折口信夫指出，读《乡土研究》《民族》和《民俗学》等杂志就会清楚，柳田先生为了发现神，撰写了所有的论文。② 折口信夫认为，柳田国男民俗学的目的是发现、阐释和探究与日本民众生活如此紧密相连的神的信仰。日本民众对神的信仰与日本民众日常生活融为一体，密不可分。笔者在这方面也有很深的体会。笔者在日本岐阜县农村学习生活的一年时间里，给我印象最深的也是日本人对神的信仰和日常生活的如此自然的融合。日本随处可见的与现代文明融合的神社和日本人的日常生活如此密切。折口信夫认为，柳田先生还对广义的历史和语言表现出了极大的热情。他也是杰出的历史学家和语言学家。折口信夫从历史学、语言学、经济史学和民俗学方面高度评价了柳田国男的学问体系。

石田英一郎在论文《日本民俗学的将来——关于人类学的关系》中指出了日本民俗学将来发展的两种途径。第一种途径是民俗学作为广义的日本史的一部分，属于史学部或史学科。日本民俗学有较强的作为对本民族的传统文化的回顾和反思之学的性质。这一点与日本的国学和神道学等有着相通的一面。柳田国男民俗学的主要目的是改造过去的日本史学。柳田国男本身更期望日本民俗学向着这一方向前进。第二种途径是石田英一郎提倡日本民俗学向着与广义的人类学相结合的方向发展。他指出，希望今后的日本民俗学者，至少一部分人选择与广义的人类学结合的方向发展，超越第一种途径的局限。柳田国男虽然更倾向于第一种途径，但柳田国男的民俗学思想深受泰勒、弗雷泽等西方人类学家的影响。日本民俗学的发现、开拓和丰硕的成果中包含着与人类学尤其是文化人类学和民族学共通的发展性的问题。他曾经证明过在柳田先生的关于日本民间传承的研

---

① ［日］后藤总一郎编：《柳田国男研究资料集成》（日文）第 2 卷，日本图书センター1986 年，第 80—81 页。

② 同上书，第 81 页。

究当中存在的很多比较民族学的发展的课题。① 石田英一郎提出，日本民俗学应该更加积极地尝试，在大学教育体系中找到自己应有的位置。即在文化人类学的学科课程中占据合法地位是日本民俗学最大的发展途径。我们努力的目的是确立立足于更为广泛的基础上的新的人类学教育制度。靠一个人的力量不可能成为精通广义人类学的全部领域的专家。但有可能也有必要懂得各自领域的研究成果和课题。不幸的是我们这辈的学者没有机会成为这种意义上的"人类学者"。但希望下一代学者中出现体质人类学者、考古人类学者、语言人类学者、民族学者、作为广义人类学者的民俗学者等新类型的研究者。

神岛二郎的论文《柳田国男与民俗学》把柳田国男的学问特点归纳为以下两点：第一，以综合的观察为基础。在这方面重要的业绩是《明治大正史·世相篇》。第二，他的学问是以庞大的事实作为基础的。这方面的重要成果是《综合日本民俗词汇》《民俗学词典》等。这是以柳田国男常年积累的资料卡片为基础，民俗学研究所的成员们共同执笔完成的。②

关敬吾在长篇论文《日本民俗学的历史》中，概述和评述了日本民俗学的历史，其中对柳田民俗学的评价具有重要的学术价值。该文主要分"民俗学研究的开端"、"民俗学研究的发展与分化"和"现在的民俗学研究"三个部分论述日本民俗学的历史。民俗学研究的开端部分中，概述了日本民俗学作为独立学科成立之前的历史，即民俗学产生的历史。关敬吾指出，民俗学研究开始于人类学研究。最早发表民俗学调查报告和研究等的杂志是东京人类学会创刊的《人类学会报告》。明治十七年（1884），东京大学理学部的学生坪井正五郎等创办了人类学会，1886 年创刊了机关刊物《人类学会报告》，并发表了有关民俗学调查报告和研究的论文。这是日本民俗学的开始。后来东京人类学会扩大组织，在全国各地创办多个人类学会。人类学会在东京举办了暑期讲习会，并趁这个机会组织了"土俗会"。根据会员的报告，举行了六次综合性的讨论：日本各地新年的风俗；各地赠答（互赠礼品）的风俗；地方年轻人在一年四季中认为

① ［日］后藤总一郎编：《柳田国男研究资料集成》（日文）第 3 卷，日本图书センター，1986 年，第 230 页。

② 《柳田国男研究资料集成》（日文）第 3 卷，第 389—393 页。

快乐的是什么；育儿习俗；有关日本各地方饮食的事实；各地年节中作为特色赞美的是什么等。在《人类学杂志》上发表有关民俗学研究论文的学者有山中笑、南方熊楠等。他们都是对日本民俗学的发展作出不可磨灭的贡献的学者。当时，神话研究较为发达。高木敏雄是代表性人物，他提倡创办日本神话学的组织，发表了《日本神话历史的概观》《日本神话学概论》。另外还发表了《羽衣传说的研究》《浦岛传说的研究》。高木敏雄的神话、传说的研究拉开了日本神话、传说和民间故事研究的序幕，同时成了与柳田国男合作创刊《乡土研究》的契机。

　　通过人类学会和土俗会的创立，风俗习惯和民间信仰的科学研究拉开了序幕。此后 1907 年柳田国男创立了以乡土研究为主要目的的"乡土研究会"，1910 年发展为"乡土会"。柳田国男等会员们都不是《人类学杂志》的民俗学研究者，而是对村落研究具有浓厚兴趣的作为地理、经济、社会和农政等学科的学者。乡土会主要进行农村村落调查。乡土会创立前后，柳田国男发表了《石神问答》《后狩词记》《远野物语》和《时代与农政》等研究成果。《时代与农政》虽然不是民俗学的研究，但对日本民俗学的内容和发展来说是不可忽视的成果。这里柳田国男指出了与日本民俗学发展有着密切关联的两个问题。第一，《石神问答》中研究的民间信仰问题与《后狩词记》和《远野物语》中的民俗志的调查问题；第二，比较研究方法。1913 年，在村落和传统文化研究中指出新的领域和方法的柳田和拥有羽衣传说、浦岛传说和其他研究成果的德语学者和神话学者高木敏雄合作创刊《乡土研究》，从此民俗学研究进入了第二个阶段。以《人类学杂志》为主要研究发表的机关的民俗学研究终于拥有了自己独立的发表机关，《乡土研究》杂志成了作为科学的民俗学的出发点。《乡土研究》杂志有"日本民俗志及地方志"的副标题。《乡土研究》的目的广泛，但以民间信仰、传说等民俗学研究为主。《乡土研究》的目的是以希求庶民幸福为意图，通过文献记录以外的传承的现实资料探求国民性，发现过去史学未曾发现的新的方法。柳田把村落作为有机体来进行观察和研究。《乡土研究》中处理了以下五个问题：一是民间信仰及其保持者巫女等的问题。二是神降临的问题，这是日本民族信仰的主要然而难以解决的问题。柳田之后的研究也是围绕着这个主要研究课题向前发展的。三是《乡土研究》后半的柳田的主要研究课题是以《柱松考》为开始的一系列的树木信仰问题。柳田国男关于树木信仰的研究发展为民俗学研究的重要课题。四是传说和民间故事的问题。日本民俗学先驱高木敏雄虽然在后来的民俗学研究中没有产生很大影响，但他的《日本传说集》成为传说分类的基准，对日本神话研究起了很大作用。五是村落发生的研究。

《乡土研究》停刊之后，1918 年折口信夫等创刊《土俗与传说》杂志，柳田国男、折口信夫和佐佐木喜善等学者纷纷发表论文，其中关于民间信仰的论文居多。但该刊还未对日本民俗学作出很多贡献就停刊了。这时，喜田贞吉创办了《民族与历史》刊物。这时期的柳田的研究以信仰有关的传说研究为主，如《独眼小僧》《作为史料的传说》和《烧炭的小五郎的事情》等论文。1920 年，柳田在日本东北、中部、九州和西南诸岛旅行，发表文学色彩浓厚的《海南小记》《雪国之春》和《秋风贴》等旅行记，迎来了日本民俗学的兴盛期。这时期日本民俗学的研究领域首先是民俗信仰的问题。研究方法是柳田国男归纳的研究方法和折口信夫演绎的研究方法。其次是农村的社会经济史的研究。再次是物质文化的研究。

1926 年，随着《民族》杂志的创刊，日本民俗学进入了新的发展阶段。《民族》刊物停刊之后，折口信夫等创刊了《民俗学》刊物。1928 年创办了通俗杂志《旅行与传说》。在《民俗学》刊物上没有发表过论文的柳田国男的具有划时代意义的民间故事的研究成果以及全国各地的民俗学研究者的调查报告多数发表在此刊物上。柳田国男领导该刊，记录和发表了大量的有关民间故事、婚姻、诞生与葬礼、民间医疗和玩具等方面的珍贵资料。《旅行与传说》是在日本民俗学史上具有重要学术价值的刊物。之后，柳田国男的具有划时代意义的《入赘考》《蜗牛考》和《关于葬制的沿革》等方法论的论文问世，有力地推进了日本民俗学的发展。《食物与心脏》《乡土生活研究法》和《民间传承论》的问世，奠定了日本民俗学的科学基础。

关敬吾根据内容把柳田国男的民间故事研究分为以下三个方面：一是小小孩的问题。《桃太郎的诞生》《海神少童》《瓜子姬》和《田螺富翁》等论文中都讨论了这一问题。二是《为民间故事采集者》和《民间故事的开头与结尾》等一系列的民间故事形式的研究。三是民间故事的本质论。基于以上的研究成果，柳田国男奠定了民俗学意义上的日本民间故事的研究的同时，推进了日本民间故事的搜集整理和研究事业。

1935 年成立"民间传承会"，刊行《民间传承》刊物。该刊作为

"民间传承会"的机关刊物一直持续到 1953 年。1935 年之后，民俗学研究得到急速发展，"民间传承会"为民俗学调查研究和普及做了大量的工作。在柳田国男的领导下，进行了著名的山村调查和海村调查。对战后民俗学界具有划时代意义的事件是"民俗学研究所"的成立。1947 年，柳田国男贡献出自己的藏书和全部资料，开设了"民俗学研究所"。关敬吾把这个时期的民俗学理论研究分为两个阶段。第一阶段是柳田国男的《乡土生活研究法》《民间传承论》和《国史与民俗学》的问世。第二阶段是第二次世界大战后柳田以外的民俗学者们的民俗学理论研究及对民俗学的批判。

关敬吾是这样总结日本民俗学研究的：1887 年在人类学的进化论学派的影响下日本民俗学发端，在 1913 年围绕《乡土研究》刊物，以日本传统文化研究为目的，逐渐有了科学研究的色彩。进入昭和年代（1925）后，民俗学研究得到重组，其研究范围扩大，进入了兴盛期，研究领域逐渐分化。到了昭和十年（1935），进行了以柳田国男为中心的有计划的调查，调查方法也逐渐变得精密，并制作了分类索引，无论在实证研究，还是理论研究方面都形成了民俗学作为独立科学的基础。战后创立独立研究所，培养了一批青壮年民俗学者，作为独立科学的民俗学迎来了民俗学研究的成熟期。但 1957 年柳田国男解散了民俗学研究所。[①] 通过关敬吾对日本民俗学的历史的总结和归纳，我们更加深刻地认识到柳田国男对日本民俗学史上的巨大贡献。

关敬吾在论文《海上之路——其介绍与今后的课题》中指出，《海上之路》是柳田国男从日本民俗学的立场探索关于日本民族源流的论文集。柳田国男的论文极其复杂，梳理起来难度很大。关敬吾认为，可以从下三个方面着手解读《海上之路》：第一，通过阅读论文，解读柳田国男对南岛研究的态度或方法。第二，掌握南岛文化的基本特征，发现本土文化中的哪些因素成分成为比较的对象。当然，南岛文化的基本特征，必须通过各种民俗的分析才能总结出来。同时，通过其基本特征，可以解读各种民俗如何被理解的状况。第三，了解《海南小记》以来，柳田国男南岛研究的方法或态度如何发生变化以及哪一点发生变化，是推进今后我们南岛

---

① ［日］后藤総一郎编：《柳田国男研究资料集成》（日文）第 4 卷，日本图书センター，第 169 页。

研究的重要的事情。①

《海上之路》中讨论的问题很多，但最核心的问题是日本人的祖先从哪个地方来到哪里，并迁徙到哪个地方这一问题。柳田国男以稻作和信仰问题为中心，详细分析了南岛与日本本土文化的相互关联。柳田国男通过南岛文化研究，提出了他的民俗学的重要的中心课题，即日本民族文化的起源和文化的传播问题。关敬吾指出，解决这一问题需要很多领域的学问的援助。民俗学如何发展柳田提出的课题的研究，这里存在很多问题。第一，能否增加新的论证资料也是个问题。第二，需要民俗学之外的其他领域的实证研究。第三，需要进行社会组织的比较研究。南岛亲族组织和家族组织的资料不充分，缺乏相互的比较研究。与其他文化相比社会组织变化缓慢，是比较研究的重要课题。第四，要弄清弥勒佛信仰等的发展过程。②

关敬吾的论文《柳田国男先生最初的印象》虽然比较短，但通过与柳田国男初次见面的印象以及先生对他的教诲，论述了柳田先生的治学风格和态度等具有很高学术价值的问题。关敬吾说，柳田国男和他第一次见面时，询问他们家乡是否有洗骨的丧葬习俗。洗骨习俗是指人死后三年、五年或七年，死者的亲族掘出埋葬的遗骨，洗好之后改葬的习俗。柳田和地方来的人见面时经常询问他们家乡和村落的风俗习惯。著名的《远野物语》就是这样诞生的。柳田很多研究成果都是由调查记录和文献记录催生的。

关敬吾高度评价柳田国男的《桃太郎的诞生》。他说，这些论文虽然用现在的学术标准衡量可能在方法论上存在很多问题，但它们通过民间故事生动地描绘了日本人的精神生活。在柳田的著作中也应该得到高度评价。同时，当时在欧洲的民俗学界也很少有这样的研究。③ 关敬吾回忆说，他读了柳田先生的《桃太郎的诞生》之后，对民俗学产生了兴趣，并再次访问了柳田国男。他虽然已经记不清与柳田先生的谈话内容，但清楚地记得先生送给他一本泰勒的《原始文化》，并嘱咐他一定要认真读。

---

① ［日］后藤総一郎编：《柳田国男研究资料集成》（日文）第5卷，日本图书センター，1986年，第318页。

② 同上书，第324—325页。

③ ［日］后藤総一郎编：《柳田国男研究资料集成》（日文）第6卷，日本图书センター，1986年，第41页。

《原始文化》是人类学史上纪念碑式的著作，在日本民族学界和民俗学界的影响极大。关敬吾说，柳田国男的外国民俗学和人类学的理论知识非常广博，尤其是读过几次弗雷泽的《金枝》。另外，柳田国男还嘱咐关敬吾一定要读芬兰的科隆的《民俗学方法论》。科隆是芬兰的科学民俗学的创始者，也是芬兰民间故事的历史地理方法的树立者。《民俗学方法论》中极其详细论述了他主张的学术方法，他的方法作为欧美民间故事研究的一种主导性的方法拥有众多的支持者。关敬吾指出，柳田国男的民间故事研究与科隆的研究不同，而是与泰勒的研究方法更接近，研究目的也与泰勒类似。科隆的方法与方言研究近似的地方多。科隆提出了民间故事从某一个中心点放射性地传播的假说。柳田国男也在论文《蜗牛考》中，提出了语言从一个中心地区周圈式地向外扩展的论说。科隆 1926 年出版了《民俗学方法论》，而柳田 1927 年发表了《蜗牛考》，提出了方言周圈论。虽然不清楚柳田多大程度地参考了科隆的理论，但有趣的是科隆和柳田得到了几乎相同的结论。柳田国男一方面再三劝告关敬吾认真阅读外国学者的优秀著作，另一方面却强烈反对用外国学者的理论研究和分析日本民族文化。他一直以来努力寻求和树立日本式的方法，并提倡用日本式的方法研究日本文化。那么是否有必要掌握外国研究方法，这是与日本民俗学今后的发展密切相关的问题。虽然柳田国男以日本民俗文化为研究对象，但他阅读了很多关于人类学和民族学方面的外国学者的著作。

笔者认为，柳田国男的民俗学实践，证明了他反对直接用外国理论研究日本文化的主张。他提倡在吸纳外国理论方法的基础上，探索出适合日本文化的研究方法。柳田国男的方言周圈论、民俗的三部分类法、民间故事的完形和派生分类法等都是在吸取世界民俗学理论方法的基础上，通过对日本民俗文化的分析和研究提出的日本式的同时也是柳田国男式的理论方法。这也是柳田国男的伟大之处。

第二章

国内译介和研究柳田国男
民俗学思想述评

日本民俗学之父柳田国男建构了民俗学理论体系，创建了日本民俗学。他的民俗学思想不仅在日本学术界具有崇高的地位，而且对中国民俗学也产生了重大影响。中国民俗学界早在 20 世纪 80 年代就开始译介他的民俗学民间文学论著。

一　国内译介柳田国男民俗学思想评述

国内译介柳田国男民俗学民间文学思想的工作，自 20 世纪 80 年代开始，就取得了一定的成果。柳田国男《传说论》《民间传承论》和《乡土生活研究法》等民俗学民间文学理论经典著作先后被翻译成中文出版。柳田记录的民间故事集《日本昔话》和《远野物语》的中译本也相继问世。另外，福田亚细男研究柳田国男民俗学思想的重要著作《日本民俗学方法序说——柳田国男与民俗学》和川田稔的《柳田国男描绘的日本——民俗学与社会构想》的中译本也得到出版，在很大程度上促进了中日民俗学的思想交流。但我们目前译介的柳田国男著作和研究柳田国男的论著只是相关论著中极小的一部分。

（一）对柳田国男民俗学论著的译介

《传说论》①是第一部柳田国男著作中译本。中国著名民俗学家张紫晨先生在《传说论》中译本序言中概述该著作里柳田国男对传说概念的界定、传说与民间故事以及传说与历史等问题的论述，并对《传说论》做了简单评价："总之，柳田在这部《传说论》中，提出了一系列重要问题，为民间口头文艺学在日本的发展奠定了一个基础，其深入的研究精神和科学态度是值得赞许的。特别是在传说研究史上，这部著作更是一个少有的开创的工作。"②

柳田国男于1938年整理和补充自己在日本民俗学讲座上发言的系列发言稿撰写了《传说论》。《传说论》是日本第一部系统论述传说概念、传说与民间故事、传说与历史、传说与民间信仰的关系以及传说形成、演变和流动等活形态特征的著作。《传说论》问世之前，日本民俗学界对传说概念的理解不统一，大致有广义和狭义两种认识。广义，指的是把所有自古以来的传承，包括口头传承的说谭以及较为奇特的信仰及习俗，都看作是传说。狭义，是只指示其中的一部分，即仅限于一国之内发展起来，分布各地，广泛流传的有情节的故事才叫传说。学界具有逐渐统一于后者的倾向。柳田讨论的正是这个狭义上的传说。他把民间传承分为有形文化、语言艺术和"心意现象"或"信仰传承"三个部分。并将传说置于第二类和第三类中间，使之具有一种桥梁、沟通作用。

《传说论》的主要学术价值在于初次界定和规范传说的定义，系统论述和划清容易混淆甚至一直以来含混不清的传说与民间故事、传说与历史、传说与民间信仰的关系，为进一步认识和研究传说奠定了理论基础，并为传说学的形成提供了理论体系。柳田国男的《传说论》不仅极大地影响了日本民俗学界，并在中国民俗学界也产生了重要影响。在中国民俗学界影响很大的众多学者在自己的著述中引用和评价了柳田国男的传说学思想。

笔者认为，在20世纪80年代译介传说理论体系较为周全的《传说论》，对中国传说理论的形成具有重要学术价值、现实意义和借鉴作用。

---

① ［日］柳田国男：《传说论》，连湘译，中国民间文艺出版社1988年版。
② 同上书，"序言"，第16页。

20世纪80年代至90年代问世的中国民间文学概论类著述中对传说的论述比较简单、粗略，大致以传说的简单定义、传说的内容、分类以及传说的艺术特色或艺术价值四个方面进行概述，缺乏对传说概念的学术界定和规范以及与其他民间文学种类之间的联系和区别的系统论述。著名民俗学家张紫晨在《民间文艺学原理》中评价柳田的《传说论》："传说研究史上独树一帜，较早地提出了狭义的传说与故事体裁的区别及其特征，加强了民间传说可信性的特征。"① 万建中在《民间文学引论》中多处引用和借鉴柳田国男关于传说与民间故事的区别和相互转换关系以及传说所反映的民众的历史观念等方面的精彩论述。万建中评价柳田国男关于传说与民间故事区别的论述"比较本质的层面，揭示了传说和故事的差异"②。

除此之外，钟敬文主编《民俗学概论》第十五章第三节《日本民俗学》中归纳和介绍了日本民俗学创建者柳田国男的主要学术活动、学术成果和学术思想。如下归纳了柳田主要学术活动：（1）1913年，柳田与高木敏雄共同创办了日本第一个独立的民俗学刊物《乡土研究》。（2）1925年与冈正雄、石田干之助共同创办了《民族》双月刊。（3）从1933年9月起，每周四在家里举办学习会，为学生讲授《民间传承论》课程。（4）1946年，柳田把自己的书房和大量藏书提供给研究者，建立民俗学研究所。提到的重要著作有《后狩词记》《远野物语》《石神问答》《蜗牛考》《民间传承论》《乡土生活研究法》和《国史与民俗学》等。重要学术思想和理论方法中提到了方言周圈论、一国民俗学思想、重出立证法和民俗资料的三部分类法。③

张紫晨在《民间文艺学原理》中介绍柳田国男的日本民间故事比较研究方法，即同一个民间故事在日本国内不同地区流传过程中发生的变异因素和相对稳定的部分的研究。④ 乌丙安在《民间文学概论》中简单介绍了柳田国男民间故事的完形和派生二分法。⑤ 林继福在《解释民俗学》中也通过关敬吾编著，王汝澜和龚益善译的《民俗学》间接介绍了柳田国

① 张紫晨：《民间文艺学原理》，花山文艺出版社1991年版，第15页。
② 万建中：《民间文学引论》，北京大学出版社2006年版，第172—173页。
③ 钟敬文主编：《民俗学概论》，上海文艺出版社1998年版，第452—463页。
④ 《民间文艺学原理》，第14—15页。
⑤ 乌丙安：《民间文学概论》，春风文艺出版社1980年版，第119—120页。

男三部民俗分类方法。①

近几年以来，值得庆幸的是柳田国男民俗学理论经典著作《民间传承论》《乡土生活研究法》《妖怪谈义》中译本的问世和研究柳田民俗学思想的经典著作福田亚细男的《日本民俗学方法序说——柳田国男与民俗学》以及探讨日本现代民俗学理论与方法的论文集《现代日本民俗学的理论与方法》中译本的出版，给中国民俗学界打开了一扇了解柳田国男和日本民俗学理论和方法的窗口，为中日民俗学思想的交流和相互促进提供了前所未有的平台。在日本民俗学理论著作的译介工作并不活跃的现状下，翻译出版日本民俗学经典之作极大地鼓舞和推进了国内柳田国男民俗学和日本民俗学研究。尤其是王晓奎、王京和何彬翻译的《民间传承论与乡土生活研究法》中译本的问世，具有重要学术价值和现实意义。

《民间传承论》和《乡土生活研究法》是完整地阐释柳田国男民俗学理论的著作，它们的相继问世标志着柳田民俗学理论体系的形成以及日本民俗学理论方法的成熟。从出版时间看，《乡土生活研究法》晚于《民间传承论》，但从内容的形成看，正好相反。前者形成于 1931—1932 年，而后者形成于 1933 年秋后。比较两者所论述的内容，《民间传承论》是在《乡土生活研究法》的基础上产生，并标志着柳田民俗学理论的进一步体系化和完善。《乡土生活研究法》前半部分即总论中，详细论述了民俗学与文献史料的关系、获取民俗资料的方法以及研究特色、欧洲民俗学以及日本民俗学的历史沿革和现状、民俗学的新课题等理论问题。后半部分详细论述了有形文化、语言艺术和心意现象三部民俗分类的诸事项。这部分内容与《民间传承论》大致重复。《民间传承论》是整理柳田国男于1933 年 9 月至 12 月给弟子们讲授的课程内容和 1930 年的讲演稿《民间传承论大意》出版的。该著作中柳田提倡以民间传承代替民俗，原因之一是日语中民俗学和民族学的发音完全相同。《民间传承论》中柳田国男首先系统阐释了一国民俗学思想："首先确定一国民俗学，为将来的世界民俗学打下基础，为这项工作的人们提供训练。"② 其次，他论述了民俗学与人类学的区别和相似点。他指出："民间传承的采访和土俗调查之间

---

① 林继富、王丹：《解释民俗学》，华中师范大学出版社 2006 年版，第 103—104 页。

② ［日］柳田国男：《民间传承论与乡土生活研究法》，王晓奎、王京、何彬译，学苑出版社 2010 年版，第 18 页；《柳田国男全集 28》（日文），筑摩书房 1990 年版，第 268—269 页。

的差异中最需要注意的是前者以自己国家为对象，而后者是旅行者、客居者对异民族所做的观察和调查。两者都是以直接调查的方式，从生活中寻取资料，在这一点上它们是一致的，但是民间传承可以调查到精密细微的心理现象，土俗学①调查却只能得到概况见闻性的资料。作为民俗学成立的前提，我们曾提出必须是本国人从事研究，其中一个原因就在于此。"②再次，他指出了史学的局限，即缺乏对人类无文字时代的社会生活以及广大民众日常生活民俗的记录的事实，并提出民俗文献资料的比较研究方法，即重出立证法。另外，柳田国男在《民间传承论》中还系统论述了对民俗资料以及文献资料进行记录整理的几种方法、获取资料的采集方法、民俗资料的分类方法、分类标准、编制索引的方法以及生活诸项、语言艺术、传说与说话和心意诸现象等事象。《远野物语》和《日本昔话》的译介，对了解柳田国男搜集整理日本民间故事和传说方面作出的贡献具有重要学术价值。

（二）对柳田国男民俗学思想研究的译介

日本著名民俗学家福田亚细男研究柳田国男民俗学理论思想的著作《日本民俗学方法序说——柳田国男与民俗学》中译本的问世，对中国民俗学界更加系统地认识柳田民俗学理论体系和了解日本现代民俗学家们对柳田民俗学的继承和批判现状，具有重要学术价值和理论指导意义。中国民俗学奠基人之一钟敬文先生曾经高度评价福田亚细男和宫田登批判地继承和发展柳田民俗学思想："日本从 30 年代到 60 年代，在三四十年的时间里，柳田国男的民俗学一直占支配地位，可以说，当时整个日本民俗学的发展都是在他的指挥棒下进行的。到了 70 年代，形式有了变化。比较年轻一代的学者，如福田亚细男和宫田登教授等，不满足于三四十年来柳田先生已取得的巨大学术成就，而是继续发展，有所革新；但不是'革命'。所谓不是革命就是说，他们不是全盘否定前辈的学术成就，而是在他的基础上，根据社会现实发展的需要，往前走；从大量新发现的民间资料和严密的学术论证出发，对柳田国男的学说提出批评、修改的意见。这

---

① 土俗学，《广辞苑》解释为民俗学与民族学分化以前的称呼。

② 《民间传承论与乡土生活研究法》，第 37 页；《柳田国男全集 28》（日文），筑摩书房 1990 年版，第 298 页。

就既保持了日本民俗学发展的连续性，也增添了日本民俗学的学术活力。"①

　　福田亚细男在《日本民俗学方法序说——柳田国男与民俗学》中分《民俗学方法论的课题》《历史与民俗学》《民俗学方法》三篇，对柳田国男民俗学的目的、研究体制和他提出的资料操作法，即重出立证法、方言周圈论等民俗学研究方法进行深入周密的分析之后，作出客观的评价，并进一步提出有关民俗学研究的理论方法的思考。用福田自己的话说："本书各篇中都提到了柳田国男，以对其方法进行的讨论和批评为主要内容，是希望能通过这种形式，改变认为柳田国男与民俗学完全可以画等号，继承柳田国男的论述和思想便是民俗学这一错误倾向，客观评价柳田国男在民俗学中的位置。也许可以说日本民俗学百分之百都出自柳田之手，但并非柳田所有的论述和主张都属于民俗学的范畴。柳田的确是伟大的，也许没有他就没有今天的日本民俗学。然而日本民俗学绝非柳田民俗学。日本民俗学在其起步时有幸拥有了柳田国男，并且通过他的努力形成了初步的体系。应该从中学些什么，今后又该向何处去，是我们肩负的责任。……本书的目的在于通过指出柳田对民俗学方法的说明之中存在的问题：提示今后展开理论探讨的线索，绝非对柳田的全盘否定。"②

　　福田尖锐地指出柳田国男的民俗学研究方法以及研究体制上存在的问题：第一，柳田的资料操作法，即重出立证法不能说明民俗现象的变迁；第二，重出立证法的柳田民俗学对保持着个别民俗现象的传承母体缺乏重视，仅视之为民俗偶然得以传承的场所，也就是说仅仅把个别的乡土视为手段。

　　川田稔在著作《柳田国男描绘的日本——民俗学与社会构想》中，分《柳田国男的生平和学术》《柳田国男民俗学》《柳田学的形成》《柳田国男的社会构想》四章，探讨柳田国男民俗学的核心问题民间信仰及其背后起着支撑作用的他那独特的社会构想。柳田把民俗文化分为有形文化、语言艺术和心意现象三个部分。其中，柳田最重视心意现象，即民间信仰。氏神信仰是日本人最普遍的信仰。柳田认为，"氏神信仰是各种各

---

　　① ［日］福田亚细男：《日本民俗学方法序说——柳田国男与民俗学》，於芳、王京、彭伟文译，学苑出版社 2010 年版，"代序"，第 1 页。
　　② 同上书，第 249—250 页。

样的民俗现象的基础，在民俗研究中处于核心地位。这构成了日本人的宗教意识的最基本形态，与人们的思考方式、价值观和生存价值以及生命层面的意义定位甚至是内在层面的伦理意识都有着深层的关系。"① 大塚民俗学会编《日本民俗事典》中解释氏神是指古代社会中氏族成员祭祀的一个氏族的神灵。随着祭祀氏神的集团的历史变迁，现等同于地域保护神或出生地神灵，其信仰内容多种多样。② 《柳田国男描绘的日本——民俗学与社会构想》中译本的问世，促进了认识柳田国男所描绘的日本人的氏神信仰的神祇观念、信仰表象、信仰礼仪、柳田民俗学的体系和方法论的形成及其背后的政治论、社会经济论与地域改革思想、共同性与内在伦理形成的问题等社会构想。

铃木岩弓著，赵丽华译《柳田国男的学问救世思想与祖先祭祀观》中指出，柳田国男的视角是建立在柳田国男学问救世思想即追求实证，追求真正科学的学问观点基础上的两种观点的并存。即第一种观点是作为提示资料的学问应尽量保留原来的价值判断，积累事实。与此相对，柳田的另一个观点是对所收集的资料实行价值判断，使之重现于历史的洪流中，去探寻其固有的初始状态。该文作者认为："柳田国男不单单只是一位学者，也是一位社会改良的舆论引导者。"③ 在《先祖的话》中，柳田将供奉的对象扩展到了旁系的死者，主张没有生育就死了的年轻人也应该得到供养。该文作者认为，这是一个对时代提出的崭新的建议。根据这一理论，柳田完全有可能把将来死者供养的基础放在"同龄人""交友圈子"这样的社团里，从而拓展了社会民俗学的研究范畴。④ 笔者认为，译介铃木岩弓的论文，对了解柳田国男的学问救世思想及其祖先信仰研究背后的社会改良政治理想具有很高的价值。

野口武德著，郭崇林和傅勇译《柳田国男与日本民俗学》中，分柳田国男与日本民俗学、日本民俗学的内容即柳田民俗学的方法、基本概

① ［日］川田稔著：《柳田国男描绘的日本——民俗学与社会构想》，郭连友等译，外语教学与研究出版社 2008 年版，第 10 页。

② ［日］大塚民俗学会编：《日本民俗事典》（日文），弘文堂 1972 年版，第 63—64 页。

③ ［日］铃木岩弓：《柳田国男的学问救世思想与祖先祭祀观》，赵丽华译，《东南大学学报》（哲学社会科学版）2000 年第 2 卷第 3 期。

④ 同上。

念、研究范围与目的两个部分概述和介绍了柳田国男民俗学。① 该文的译介对 20 世纪 90 年代的中国学界提供了初步了解柳田国男民俗学的平台。今村与志雄的论文《鲁迅、周作人与柳田国男》（赵京华译）中通过周作人关于乡土研究者柳田国男的回顾，阐释鲁迅和周作人兄弟二人对柳田国男的学问及其著述的仰慕和所受的影响。早在 1913 年柳田国男、高木敏雄等创刊《乡土研究》之初的日本民俗学的草创期，周氏兄弟便对柳田国男的整个学术活动寄予很多关心。周作人对日本民俗学的关心范围是广泛的，不限于对柳田国男的《远野物语》与佐佐木喜善所著的《听耳草纸》的介绍。他非常钦佩柳田的学识与著述，他几乎收藏了柳田国男的全部著作。作者指出，周作人把柳田国男的民间传承研究的著述，作为了解日本国民具体的情感生活面貌的途径，其中尤为以国民的宗教即民间信仰为关注的重心。周作人认为，柳田国男的著作《日本之祭事》（又译为《日本的祭日》）等著述给他的益处很大。② 作者认为，鲁迅和周作人相比，据目前掌握的资料，几乎没有提到过柳田国男，也没有接受过柳田的直接影响。但鲁迅在中国以自己独特的方式做了与柳田国男的事业精神相近的工作，并传诸后人，继往开来。可以从鲁迅和柳田的著作中寻找一些类似的事例，作些简单的比较。③ 该文的译介，使中国读者了解到柳田国男民俗学思想，通过中国知识分子思想的深刻影响，对中国民俗学产生的重要影响。

日本学者小熊诚在论文《作为自省之学的中国人类学——费孝通与柳田国男的学问及方法》（祁惠君译）中，论述和比较中国人类学家费孝通和日本民俗学创始人柳田国男的学术思想和方法的异同，"费孝通和柳田国男分别在中国和日本的现代化进程中开拓各自学问的方向。对他们来说，做学问的目的是与进行本土社会研究密切相关的。费孝通和柳田国男分别试图确立学问的时代背景已经和当下的情况有所不同"④。西方的

---

① ［日］野口武德：《柳田国男与日本民俗学》，郭崇林、傅勇译，《黑龙江民族丛刊》1994 年第 1 期。

② ［日］今村与志雄：《鲁迅、周作人与柳田国男》，赵京华译，《中国现代文学研究丛刊》1992 年第 1 期。

③ 同上。

④ ［日］小熊诚：《作为自省之学的中国人类学——费孝通与柳田国男的学问及方法》，祁惠君译，《开放时代》2009 年第 3 期，第 58 页。

社会学或人类学则与费孝通和柳田国男有很大的不同。西方人类学主要对他者进行调查研究，而费孝通和柳田国男都是通过本土即乡土社会进行调查和分析，指出本国的社会问题。该文作者指出，费孝通以"乡土"为对象，以"同情"来自省的学问方法，其实与柳田国男的学问方法有相通之处。柳田国男早期并不将自己所从事的学问称为民俗学，而是称为"乡土研究"。柳田国男的学问是"救世济民"之学。小熊诚指出："20世纪30年代的中国农村和日本农村，都在近代化过程中受到世界经济危机的打击而走向萧条。中国知识分子费孝通与日本知识分子柳田国男面对同样穷困的农村现状，都认为应当通过学问来拯救民生。"① 费孝通与柳田国男都以"乡土"为研究对象，都曾致力于唤起人们去正确地认识构成本土社会与文化之基础的农村。他们认为，仅仅是导入欧美的科学和知识，并不能解决亚洲国家面临的问题。两人学问的目的和希望解决的问题虽然相同，但方法有所不同。柳田国男虽然把自己的学问定义为"救世济民之学"，却没有提出具体的法律和政策建议。而费孝通则是在他的著作中，直接阐述解决问题的对策。该文的译介对中国读者了解柳田国男"救世济民"思想具有重要价值。

岩本通弥在《以"民俗"为研究对象即为民俗学吗?》一文中指出："柳田并不是像以往的'民俗学'那样以'民俗'为对象的就称之为民俗学，而是通过方法论来试图与之区别。大概柳田所忌讳的是像这样把'民俗'作为对象来处理所带来的诸多问题。换句话说，是如何看待'民俗'概念的问题……"② 作者认为，柳田的民俗学具有折口信夫、南方熊楠、中山太郎等学者的民俗学所不具备的特色。正如大多数人所指出的那样，乡土研究是以关心眼前的生活疑问为出发点的。柳田是把关注当下社会问题的乡土研究和作为学问的民俗学区分使用的。和歌森的把民俗作为研究对象来界定民俗学的这一观点，主要由东京教育大学的学者们继承发展下来，把资料化的工作引向精确、客观的方向发展，并且在1970年以后发展出了传承母体论或地域民俗学等。柳田去世后，以福田亚细男为代表的传承母体论开始批评他的方法论是中央集权，这一派主张通过对现实

① 《作为自省之学的中国人类学——费孝通与柳田国男的学问与方法》，第63页。
② ［日］岩本通弥、宫岛琴美：《以"民俗"为研究对象即为民俗学吗——为什么民俗学疏离了"近代"》，广岛琴美译，《文化遗产》2008年第2期。

中数不清的民俗（生活、文化）的调查，抽取出有限的研究对象，并将其视为固定化的民俗资料。而根据这些选择出来的民俗重构历史世界，以此作为民俗学的目的。通过调查手册的制定，以此大量生产出的同一规格的市町村史民俗编，这种做法始终把资料的客观性（等于形式性）放在重要的位置。虽然具体的区分判断标准有所差异，结果还是民俗学者以自身的价值判断其是否属于民俗。岩本通弥指出，日本民俗学本来把自身规定为研究当下之学，但在今天却疏离了"近代"，其原因在于战后的"民俗学"把"民俗"当作客观材料来看待，视民俗为研究对象，致力于通过提高材料的精确性、客观性，尝试把民俗学科学化。这种取向与柳田国男追求的民俗学并不相同。① 岩本通弥批判以民俗为研究对象的民俗学，主张民俗学应该返回到柳田国男提倡的不是以民俗为研究对象，而是通过民俗进行研究，在这样的基础上进行讨论，并有必要开始从当下的日常中确立自身的定位这一观点。该论文的译介，为中国民俗学者和广大读者了解和掌握福田亚细男之后的柳田国男研究的新思想构筑了平台，推进了国内柳田国男民俗学理论研究。

桑山敬己著，西村真志叶译《柳田国男的"世界民俗学"再考——一个文化人类学者的视角》中，作者以人类学的视角梳理柳田的世界民俗学构想，论述它对今天的文化人类学所具有的意义，并从批判的角度探讨了柳田世界民俗学的构想所蕴含的问题。柳田国男在《民间传承论》中谈到民俗学首先一国民俗学，为将来的世界民俗学打下基础。后来一国民俗学引起了学界各种争议。目前，人们主要把它和日本的民族主义、殖民主义关联起来进行讨论。相比之下，柳田世界民俗学并没有引起后人的关注。桑山敬己指出："柳田原来构想的世界民俗学是通过一国民俗学所得出的知识进行比较和综合的范畴。"② 柳田的意图是外国人无法理解民俗文化的深层，即心意民俗，所以首先由本地人来研究，之后各国拿出自己的研究成果进行比较。柳田构想的世界民俗学与比较民俗学不同。对柳田而言，乡土研究、一国民俗学和世界民俗学三者处在同一个层面上。所谓从乡土研究到一国民俗学是指，对各种乡土研究进行比较和综合，进而重构单一的日本民俗学。所谓世界民俗学指，试图把这种国内比较和综合

---

① 《以"民俗"为研究对象即民俗学吗？——为什么民俗学疏离了"近代"》。

② 王晓奎、何彬编：《现代日本民俗学的理论与方法》，学苑出版社 2010 年版，第 49 页。

的工作扩大到国家之间，将其适用在整个人类社会。

　　桑山敬己指出，柳田确立一国民俗学的主张中隐藏着他的一种信念，即只有生长在其中的人才能理解本土的民俗文化，外国人则无法理解民俗文化的深层，柳田的这种主张一贯存在于《青年和学问》《民间传承论》和《乡土生活研究法》之中。对外国人的日本研究，柳田似乎怀有相当的反感和敌意。桑山敬己认为："就其政治背景而言，柳田这种对外国人的敌意可能受到了当时逐渐强化的日本民族主义的影响。就其学术背景而言，与之密切相关的一点则是柳田把语言视为民俗调查的关键所在，并对此给予了重视。"① 桑山认为，柳田的世界民俗学构想又是被近代霸主西欧排除在外的日本，为了在国际上确保话语权所做的一种尝试。柳田世界民俗学的构想是一种国际性知识的对话的"平台建设"的提案，其中富有启发意义。柳田世界民俗学最大的问题不在于"一国"，而在于他的只有日本人才能理解自己的民俗这一主张。如他在《青年与学问》中提出："即使有一大堆外国人进行他们所谓的观察，这不过是盲人摸象。"（《柳田国男全集》四，筑摩书房 1998 年版，第 160 页）他所说的理解可能不是指认识层面上的理解，而是指一种心灵的共鸣或情感投入的能力。柳田的这种主张，一方面让柳田在日本研究领域中享有相对外国人而言的优势；另一方面，又让他在乡土研究中陷入了相对乡土人而言的劣势。而柳田并没有意识到这一问题。桑山敬己认为，以国家为单位思考学问仍然有意义。假如柳田的民俗学中存在致命的错误，那么，它并不是存在于以国家为研究单位的民俗学思想，而在于他的一门学问仅靠本地人便可成立的主张。②

　　桑山敬己通过以上分析，提出以下结论："虽然柳田提出了叫作世界民俗学的宏大构想，却使它半途而废，后来采取了否定性态度。我们或许可以说，这是因为柳田生活在民族主义盛行的近代日本，无法抗拒了解和拥有本土文化的欲望，而他又没有具备实现这一构想所必不可少的'心灵的开放性'。"③《柳田国男的"世界民俗学"再考——一个文化人类学者的视角》的译介，对国内学者了解柳田特色的世界民俗学的构想以及

① 《现代日本民俗学的理论与方法》，第 55 页。
② 同上书，第 74 页。
③ 王晓奎、何彬编：《现代日本民俗学的理论与方法》，学苑出版社 2010 年版，第 76 页。

存在的自相矛盾有着重要的学术价值。

近几年来，诸如《乡土生活研究法》《民间传承论》《日本昔话集》《远野物语》和《日本民俗学方法序说——柳田国男与民俗学》等柳田国男民俗学思想及其研究论著的中译本的问世，向国内学术界展现了柳田国男关于民俗学的思考，并为国内学术界提供了前所未有的解读柳田国男民俗学思想的平台。在此基础上产生了不少研究柳田国男的有分量的论著。

二　国内研究柳田国男民俗学思想评述

目前笔者读到的研究柳田国男民俗学思想的著作有两部，专门研究柳田国男民俗学思想的论文十几篇，涉及柳田国男民俗学的论文十几篇。

（一）研究柳田国男民俗学思想的著作

孙敏的专著《日本人论——基于柳田民俗学的考察》是国内第一部深入、缜密地研究柳田国男民俗学思想的专著。该专著中，分"柳田国男其人与柳田学""基于生活习俗的柳田日本人论""基于社会组织的柳田日本人论""基于民俗信仰的柳田日本人论""基于'新国学'的柳田日本人论"和"柳田日本人论的特征及其历史定位"六章，通过柳田国男对日常生活习俗、社会组织和民俗信仰等民俗现象的研究的考察和分析，系统论述了柳田国男的日本人论即关于日本人和日本文化的思考和研究。① 日本人论是兴起于日本近代，成熟于第二次世界大战后的一门学问，指综合性、整体性地研究日本人国民性和日本社会、文化的学问。本尼迪克特自完成《菊与刀》之后，把文化人类学引入日本人论，使日本人论拥有了科学的理论指导，这使日本人论成为一门真正意义上的学问。孙敏指出，柳田国男的日本人论具有鲜明的个性。日本人论多为直接在"自我"和"他者"之间进行日本人身份的建构，而柳田国男则是侧重于从"自我"的内部进行建构，两者只是方法的不同，其目的是一致的，都是对日本人在世界上的身份进行建构和认同。该书作者认为，柳田国男是个不折不扣的日本人论者，民俗学只是他实现日本人论的方法。该文基

---

① 孙敏：《日本人论——基于柳田国男民俗学的考察》，社会科学文献出版社 2013 年版。

于这种认识，从民俗学的角度考察和分析柳田国男日本人论，探讨柳田国男所描绘的日本人形象和日本人论领域提出新的研究方法即民俗学方法的重要性，揭示其内外比较中建构日本人身份，并重视从内部进行民族文化认同建构的日本人论特质。即以"他者"和"自我"的对比为背景，站在"自我"的立场上建构日本人论的"自我"视角。作者根据研究方法把日本人论分为社会学派、心理学派和民俗学派三种研究派别。其中柳田国男是民俗学派的代表人物。① 该书以民俗学的视角对柳田国男日本人论进行系统研究，将日本民俗学导入日本人论的视阈，从而进一步拓宽和深化了日本人论研究。

该著作中把柳田国男民俗学纳入日本人论，从日本人论的视角组织、整合和阐释柳田国男庞杂的民俗学研究成果，自圆其说。作者大量阅读柳田国男的著作及研究柳田国男的论著，系统论述柳田民俗学体系的形成过程以及研究目的、研究对象，并考察、阐释和分析柳田对日本人日常生活习俗和文化如衣食住行、一年四季的节日、人生礼仪，社会组织如家族共同体、村落共同体、国家共同体，民间信仰如神的信仰、祭神仪式等民俗文化的研究，丰富和拓展了国内柳田国男研究领域，同时也促进了国内柳田国男民俗学研究。

王晓奎的著作《民俗学与现代社会》上编《柳田国男与日本民俗学》较为全面地介绍和论述了柳田国男在日本民俗学史上极为重要的地位。该著作第一章"柳田国男的生涯与学问"中，分"日本最小的家""读书与交友""移居与旅行""官僚生活""西洋之行""报人生涯""在野的学问""战后的柳田民俗学""柳田民俗学的评价""柳田民俗学的继承和发展""柳田国男在中国"十一个部分详细介绍了柳田国男的学术人生、学术组织活动、著述以及学问，并概述了以福田亚细男和新谷尚纪等为代表的日本民俗学家们对柳田民俗学的评价、继承和发展。另外还介绍了国内译介柳田国男著述的概况。王晓奎在《民俗学与现代社会》第二章"'一国民俗学'的建设"中，分"何为'一国民俗学'""人类学的局限""日本的优越性"和"'一国民俗学'提出的背景"四个部分，论述了柳田国男的"一国民俗学"思想及其建构，并指出："柳田国男'一国

---

① 孙敏：《日本人论研究——基于柳田国男民俗学的考察》，社会科学文献出版社 2013 年版，第 1—8 页。

民俗学'的产生和发展，是他生活经历和学术探求的产物，其中既有近代民族国家建构的文化民族主义的成分，也表现出借鉴西方人类学的方法创造日本自我了解、自我表象的话语体系的学术志向。不仅如此，柳田把自己的终极目标定在了探求人类共同发展规律的远景上。"① 该著作的第三章"'世相解说'之学与社会史"中，介绍柳田国男《明治大正史·世相篇》的主要内容和观点，并认为柳田国男开拓的世相解说的民俗学，实质是开创了东亚社会史研究的先河。同时指出，全面比较柳田民俗学和西方社会史的研究，从中找出差异和共同点的工作，尚未全面开展起来，并认为这方面的研究，对今后的民俗学视野的拓展、方法的提炼都有重要的意义。② 第四章"日本民俗调查的历史与方法"中，介绍了日本几次大规模的民俗调查的概况和已出版的调查手册，其中包括在柳田的策划和领导下，1934 年至 1937 年进行的为期三年的大规模的山村调查和 1937 年 5 月至 1939 年 3 月进行的海村调查。海村调查的全称是"离岛及沿海诸村的乡党生活的调查"。王晓奎译介了这次山村调查时，事先给调查员颁发的柳田国男拟定的《乡土生活研究采集手贴》100 个调查项目。第五章"日本民俗学的历史发展——以概论为例"中，介绍和分析日本三本有代表性的概论著作，即柳田国男和关敬吾编的《日本民俗学入门》、福田亚细男和宫田登编的《日本民俗学概论》以及佐野贤治、谷口贡、中入睦子、古家信平编的《现代民俗学入门》主要内容和重要论点，对日本民俗学的发展脉络进行了梳理。并与中国民俗学概论著作，即钟敬文主编的《民俗学概论》和乌丙安主编的《中国民俗学》，进行民俗和民俗学概念的界定以及民俗事项的分类的比较，分析中日两国民俗学现阶段问题意识的异同。王晓奎著作《民俗学与现代社会》上编《柳田国男与日本民俗学》主要有两个方面的学术贡献。一是比前人更加详细、系统地介绍了柳田国男的学术人生、学术组织活动和著述。二是以日本三部代表性的民俗学概论的比较分析为例，阐释了以福田亚细男、宫田登和佐野贤治为代表的日本民俗学家们对柳田国男民俗学思想的批判、继承和发展。

---

① 王晓奎：《民俗学与现代社会》，上海文艺出版社 2011 年版，第 79 页。
② 同上书，第 98—99 页。

（二）研究柳田国男民俗学思想的论文

钟敬文先生对柳田国男的乡土生活研究和一国民俗学等重要理论都发表过自己独到的见解。他对柳田国男以农村生活为研究对象的民俗学观点提出了如下意见："柳田先生确立自己的学说时，把它叫作乡土研究，或者民间传承，当时他没叫民俗学。这里面的意图很明显，就是他把注意力放在了第一次世界大战后的日本农村和农民问题上，这使他的民俗学的对象范围，是以传统农村为主的。作为一种开拓，他的工作非常了不起。但从科学整体的体系构架看，它肯定是不完善的。日本自出现城市到现在，已有很长的历史，难道这些都市就没有民俗吗？如果有，他们能和农村的民俗完全一样吗？答案当然是否定的。但柳田先生还没有解决这些问题。他其实也接触过这个方面，但他还是说，都市民俗学就是乡村民俗学的延伸，这就说明了他的学术兴趣和功力不在这个地方。现在大家学了民俗学，都知道，这种说法，从常识来讲，分明是不准确的。……因此，拿都市和农村相比，在人口和地盘上，虽然过去相差悬殊，把农村比作一个大指头，都市只是一个小指头。但大指头虽然大，却慢慢地变化；小指头虽然小，却代表了人类社会发展的一种方向。所以，理想的境界是，农村与都市，都要发展。农村不能总是落后，都市也绝不是农村的尾巴。像柳田国男这种农村一体化的观点，就不合适了。后来福田和宫田登教授等的研究，弥补了这一缺陷。"① 以上，钟敬文非常生动形象地阐释了农村民俗学与都市民俗学的当下关系以及未来发展趋势。并指出柳田以农村民俗为对象的民俗学研究观点的不足以及现代民俗学的研究对象和任务。

钟敬文先生对柳田一国民俗学主张也提出了以下批判意见："柳田民俗学的另一个特点，是主张一国民俗学。民俗学基本上是一国的。但由于人类生活的复杂性所决定，在'一国'的前提下，还有许多具体的问题需要讨论。比如，人们的生活经常要移动，在中国、日本和韩国各自'一国'的境内，就都有很多移民人口。他们随着历史上迁徙的足迹，把故土的文化也迁徙过去了；此外，还有别的政治上和经济上的往来等。仅从中国的情况来讲，就在两千多年前，与领邦韩国和越南等发生了很多密切交流，这已成为一种历史。那么，要研究中国的民俗（当然我们也强

---

① 《日本民俗学方法序说——柳田国男与民俗学》，"代序"，第2页。

调一国民俗学），对周边民族的民俗文化，就不好完全忽略了，这恐怕是
民俗史本身的一种制约吧。在日本，柳田国男先生主要研究大和民族。大
和民族是日本的主体民族。但就在他开展研究活动的 30 年代，日本也还
有自己的少数民族阿依努，中国旧译为'虾夷'，他们同样是日本国民，
柳田先生却不大重视这些。另外，在日本三岛以外的朝鲜、台湾，当时也
属于日本殖民统治的管辖地，直到'二战'时期，相互还在政治、军事
上存在一定的关系，柳田先生同样不大管这些。……福田教授等的研究，
视野就开阔多了，研究的结论也比从前更为精细。"① 以上，钟敬文对柳
田一国民俗学忽略少数民族和殖民地民俗文化研究的缺陷，提出了尖锐
批判。

张紫晨的论文《柳田国男和日本民俗学》中概述了柳田国男学术人
生、柳田民俗学形成的过程、柳田民俗学方法、柳田在不同时期发表的民
俗学重要学术论著、国内外学术背景、柳田创办的人类学和民俗学的学术
刊物以及学术组织和机构。张紫晨评价柳田："柳田先生以他不疲倦的精
力，活跃在日本民俗学界，如同一颗明亮的星在人们中间闪耀着。他以在
学术界的崇高威望，具有极大的吸引力。他所组织的著名的'星期四
会'，在日本民俗学史上是个极其重要的活动，成为民俗学界的学术纽
带。"② 张紫晨的论文《柳田国男和日本民俗学》，给中国读者提供了全面
认识和了解柳田国男孜孜不倦地追求学问的学术人生及其民俗学思想体系
的平台，并为柳田国男研究作出了重要贡献。

赵京华在《周作人与柳田国男》中如下论述柳田国男民俗学思想对
周作人的影响："两者虽为异国人，一生不曾谋面，但作为同处近代历史
转变期的东亚知识人，他们在通过民俗学来思考民间传统、现代化以及固
有文明传承等问题上，存在着诸多相通的认识，柳田之于周作人不仅仅构
成一种民俗学上的影响关系，而且还有一种深层思想精神上的共鸣关系
在。周作人曾把柳田视为给自己的思想体系之形成以绝大影响的少数杰出
的外国思想家之一。"③ 赵京华敏锐地指出，柳田国男对平民固有的日常
生活、民俗文化和信仰抱有深切关怀与理解，试图描述历来被排除在正统

①　《日本民俗学方法序说——柳田国男与民俗学》，"代序"，第 3 页。
②　张紫晨：《柳田国男和日本民俗学》，《江苏社联通讯》1983 年第 1 期，第 29 页。
③　赵京华：《周作人与柳田国男》，《鲁迅研究月刊》2002 年第 9 期，第 33 页。

史学之外的平民生活和历史，把民俗学视为民族自我反省的"经世济民"的学问而非判断野蛮文明与否以及传统批判的武器等思想，引起周作人的同感并间接地推动了其思想转变。柳田国男的民俗学，特别是把国家宗教与民间信仰区别开来，从民众的传统习俗而非正统历史记载来观察国民宗教信仰的思想方法，亦给周作人的研究带来了许多刺激与启发。柳田国男民俗学的核心理念是通过考察和分析民众的生活习俗、民间故事和传说等，以解读民众固有的信仰生活，阐释并重铸民族的文化传统。

邹明华在《传说学的知识谱系：解读柳田国男的〈传说论〉》中指出："通过对《传说论》的反复阅读和与有关文献的比较，我认为可以从传说的关系论和传说的本体论这两个范畴来系统地勾勒柳田国男的观点。他的理论贡献在很大意义上取决于他的研究方法，即利用对立范畴的张力来把握传说的复杂性的方法。柳田国男的传说学大致是由传说的关系论、本体论和他独到的方法论三个部分组成。这三个方面的成就不仅确证了这本小册子在传说学上的经典地位，而且也昭示着它对于民俗学乃至社会科学的更为广泛的学术意义。"① 该文中，作者高度评价柳田国男《传说论》中，作者不是站在历史学家的立场，而是站在研究当代民众生活文化的民俗学家的立场，对传说与历史关系的周详的论述，并较为客观地评述柳田国男《传说论》的理论价值。

成田育男和藤卷启森在《创造一个公民教育的空间——浅谈日本民俗学创始人柳田国男的公民教育》一文中，从公民教育的视角论述柳田国男民俗学最终目的，是提高广大农民和渔民为主的日本公民的素质和生活水平。作者敏锐地指出柳田国男的："乡土研究通过建立新的共同关系，朝着具有担负地方自治和国政的公民素质方向努力。"② 柳田国男的《青年与学问》是提倡公民教育必要性的一部力作。此书的第一部分以"公民教育的目的"为起点，论述了普通选举法的实施以及加强公民教育的必要性，其理论在当时的社会里发挥了重要作用。柳田主张，解决国与国之间的纠纷，不应该用武力，而应该通过讨论、说服、反省以和平解

---

① 邹明华：《传说学的知识谱系：解读柳田国男的〈传说论〉》，《民族文学研究》2003年第4期，第89页。

② ［日］成田育男、藤卷启森：《创造一个公民教育的空间——浅谈日本民俗学创始人柳田国男的公民教育》，《外国教育研究》2001年第28卷第4期，第9页。

决。这就需要作为政治主体的公民必须拥有正确判断和选择公平合理的道德准则的素质和能力。因此，只有加强公民素质教育，才能达到建立公平、和谐的国内和国际关系的目的，并实现全世界人的幸福生活。在这篇论文中，作者强调，柳田民俗学的学问，其实质是以公民教育为目的的学问。柳田通过总结自己本身成长的经验和日本乡土生活的研究，认识到农民自身的问题必须依靠农民自己来解决这一道理。他通过这种超越旧式村庄范围的研究，发现和产生了新的道德和研究协作的方法。这种超越旧式村庄范围的研究逐渐发展到作为公民必须要改革政治体制的新学问。这个学问就是为了国民和世界上所有人的幸福，每个人都要掌握各种专门知识，具备综合能力，也就是公民自身修养的学问。[1]

孙敏《柳田国男日本近代法西斯主义国家批判》一文，以柳田国男民俗学中祖神研究为着眼点，剖析柳田国男的祖神概念，解析柳田国男的天神地祇论，阐明日本国家神道通过政治权力将民众信仰拉入其体系底层的过程，从而探析了柳田国男对法西斯主义国家的批判。柳田国男通过实证性的民俗学研究对日本近代法西斯主义国家进行了猛烈的批判。柳田国男认为，日本的祖神分为本质完全不同的天神和地祇两种类型，日本近代国家通过国家神道将地祇纳入天神体系的底层，从而把日本普通民众拉入了日本近代法西斯主义国家体系，这是对日本民众信仰的歪曲和恶用。柳田国男对国家神道进行了抨击，从而对日本近代法西斯主义国家进行了致命性的批判。[2] 众所周知，柳田国男不仅是日本民俗学的创始人，也是极为重要的思想家。该文作者从政治学的视角分析柳田国男的祖先信仰研究，并认为柳田民俗学的意义不仅在于民俗学本身，而更重要的意义在于其背后的政治理念，即通过民俗学的研究对当时作为日本法西斯主义思想支柱的国家神道进行了强有力的抨击。

王京在《柳田国男的"山人"论》中，整理了柳田国男从初期民俗学三部曲《远野物语》《后狩词记》和《石神问答》开始的对山地及"山人"的关心，以及对"山人史"的构想，分析了柳田"山人论"展开的过程、理论背景、特色，及其与民俗学创立期的日本人研究、晚年关于日

---

[1] 《创造一个公民教育的空间——浅谈日本民俗学创始人柳田国男的公民教育》。
[2] 孙敏：《柳田国男的日本近代法西斯主义国家批判》，《国际关系学院学报》2012 年第 3 期。

本人起源问题研究的关系。①

荣颂安在论文《柳田国男史学思想初探》中说，柳田国男作为日本民俗学的创建者，在近代日本社会科学发展史上有着重要地位。该文作者从提倡"经世济民"的史学效用观、重视"常民"的历史主体地位、强调民间传说对史学研究的重要意义以及追求史学研究的内在个性化方向四个方面论述柳田国男史学思想，认为柳田的史学思想引起日本史学界的重视，并对日本史学研究产生了重要影响。② 柳田的史学思想伴随着20世纪60年代崛起的民众思想史这股史学新潮流，受到了日本史学界的广泛关注。而柳田民俗学正是以研究日本民众日常生活、社会生活和信仰世界史为主的学问。因此，柳田的民俗学研究方法给日本民众思想史界提供了充满活力的新的理论方法。从而使一部分史学家开始选择民众思想史作为研究对象，采取日本民俗学研究成果，研究日本民众的思想史。该文充分肯定了柳田国男民俗学及其史学思想对民众史新潮流，进而对当代日本史学研究所具有的重要影响与意义。柳田国男对日本当代史学研究的主要贡献体现在，他开拓了"常民"历史的新领域，拓展了日本史学研究的对象和领域。另外他试图突破传统史学方法论的局限，把民俗学的基本方法即调查研究方法引入历史学，在历史研究中广泛运用民间传说、民间故事等口头文学资料，为日本史学研究开启了一条新的途径，从而丰富了当代日本史学的研究方法。

荣颂安在充分肯定柳田史学思想对当代日本史学研究的影响和贡献的同时，还指出了其中存在的弱点和局限性。该文作者认为，首先，柳田的"常民"概念是缺乏政治和经济定性的含糊的概念；其次，柳田的"常民的历史"偏重于文化的因素，忽视了政治和经济的因素；再次，排斥了对历史研究有着重要作用的文献资料；最后，当他力图把民俗学方法导入历史学时，不顾历史科学的本身特点，忽视了历史年代的准确性。③ 该文是一篇较为客观地探讨柳田国男史学思想的论文。该文对国内读者了解柳田国男民俗学的史学思想及其对当代日本史学研究的影响和贡献具有重要价值。

---

① 王京：《柳田国男的"山人"论》，《大众文艺》2012年第4期。
② 荣颂安：《柳田国男史学思想初探》，《日本学刊》1992年第4期，第138—143页。
③ 同上书，第146—147页。

　　岳蔚在《柳田国男的氏神信仰论》一文中，分"先祖与固有信仰""固有信仰的展开"两章，阐释柳田国男通过对日本固有信仰的核心氏神信仰的研究，指出柳田试图从日本人错综复杂的众多信仰中，把潜藏于日本人内心和潜意识中的固有信仰挖掘出来，批判了作为近代国家政策背后的理念出现的神道。该文作者认为，柳田的固有信仰研究是通过对过去的日本人生活和信仰的剖析，启发后人能够创造出一个"民族和谐相处的，新型的社会结构"①。该文作者也是通过柳田国男祖先信仰研究，探讨其政治思想和理念。

　　徐瑞阳在《关于柳田国男常民思想变化的原因》一文中，探讨从 20 世纪 30 年代后半期，柳田国男常民思想从普通老百姓，扩大到包括天皇的全日本人的演变原因。②马兴国在 20 世纪 80 年代写的《日本民俗学的开拓者柳田国男》一文，大致介绍了柳田国男民俗学学术生涯、学术目的以及著述。③另外，还有笔者的两篇论文《柳田国男与日本民俗分类》和《柳田国男民俗学与重出立证法》。《柳田国男与日本民俗分类》中主要论述了柳田国男三部民俗分类法和福田亚细男、宫田登等民俗学者对三部民俗分类法的批判、继承和发展。《柳田国男民俗学与重出立证法》中主要论述了柳田国男重出立证法及以福田亚细男为代表的日本民俗学家对重出立证法的批判、继承和发展。

（三）涉及柳田国男民俗学思想的论文

　　涉及柳田国男民俗学思想的论文主要包括研究日本民间信仰、柳田国男对周作人的影响和日本赠答习俗等内容。

　　何彬的《日本民俗学学术史及研究法略述》④中，分日本民俗学简况、民俗的地域性研究、民俗志小史和地图与民俗研究等内容，梳理了日本民俗学学术史。其中关于柳田国男民俗学思想的概述占了绝大部分内容。该文中概述了柳田国男建构日本民俗学的过程以及初期日本民俗

---

　　①　岳蔚：《柳田国男的氏神信仰论》，硕士学位论文，河南师范大学，2011 年 4 月。

　　②　徐瑞阳：《柳田国男常民思想，に関する变化の原因》（日文），《语文学刊·外语教育教学》2013 年第 5 期。

　　③　马兴国：《日本民俗学的开拓者柳田国男》，《日本研究》1985 年第 2 期。

　　④　周星主编：《民俗学的历史、理论与方法》（上），商务印书馆 2006 年版，第 196—228 页。

学学科特点、学科简史、柳田国男地域民俗的认识和研究方法，即从方言周圈论到民俗周圈论以及千叶德尔和福田亚细男等民俗学家对周圈论的质疑和批判。该文较为清晰地介绍了柳田国男的方言周圈论。蔡文高的《日本民俗学百年要略》中也概述了柳田民俗学的形成、确立和发展及其研究方法。①

郭海红的博士学位论文《继承下的创新轨辙——70 年代以来日本民俗学热点研究》中，指出 20 世纪 70 年代以后的日本民俗学所涉及的是柳田时期的民俗学所没有关注或涉及的领域，即城市民俗学、环境民俗学、民俗文化多元论和"日常态·能量枯竭态·非常态"三态体系，同时又以某种方式与柳田的民俗学研究保持着传承关系。在近 30 年表现出了热烈的研究态势和强大的话语权。作者通过对以上热点领域进行学术史的分析和评述提出，它们在研究方法和理论体系上能够从一定程度上反映柳田前与柳田后的学科改变，同时也能从一个侧面折射出该时期学科发展的特点的观点。② 吴征的《浅议日本民俗学中的"常民"》中认为，历史传承的主体或者是民俗学的传承者才是柳田国男提出的"常民"的核心概念。③

陈赛的硕士学位论文《民俗文化视野下的周作人日本译作》的第三章"周作人日本民俗及民俗学译介的文艺旨趣"第二节"《远野物语》的译介的文艺旨趣"中指出，《远野物语》对周作人的影响有以下两个方面：一是树立了他通过广泛搜集资料来进行民俗学研究的理论体系。同时也让他获得了丰富的民俗知识。这一研究方法使他回国后非常重视歌谣和童话的搜集及方言的调查。以至于后来 1919 年热心参与和发起了北大歌谣征集活动。二是指示给了他民俗学里丰富的趣味。④ 显然那时候中国民俗学理论还未形成体系，因此，笔者认为，用理论指导换成"理论体系"

①　周星主编：《民俗学的历史、理论与方法》（上），商务印书馆 2006 年版，第 229—262 页。

②　郭海红：《继承下的创新轨辙——70 年代以来日本民俗学热点研究》，博士学位论文，山东大学，2008 年 10 月。

③　吴征：《浅议日本民俗学中的"常民"》，《黑龙江教育学院学报》2010 年第 29 卷第 1 期。

④　陈赛：《民俗文化视域下的周作人日本译作》，硕士学位论文，华东师范大学，2011 年 4 月，第 35 页。

这个词更合适。陈赛的论文在了解柳田国男对周作人的启示、日本民俗学对中国民俗学的影响方面具有重要学术价值。

石圆圆的博士学位论文《日本梦与中国乡：论周作人对风物的"寄情"书写》的第三章"回返和演绎：本土风物文学和风物文化的建构"第三节"诗性的民俗学：柳田国男的侧影"中论述了柳田国男对周作人的影响。作者认为，周作人在对民俗和国民的研究中，柳田国男是最亲密的引导者。在周作人的民俗学视野中，柳田之所以会有如此亲切的地位和备受崇拜，有以下两个方面的原因：第一，柳田"国民生活史"的研究与周作人国民忧患意识的切合，周作人从文化和国民建设的角度对日本先进学术的译介。第二，是柳田作为一个作家和民俗学者的双重身份。[①] 周作人在 1944 年写的《日本的乡土研究》一文中，比较完整地介绍了柳田国男民俗学思想。

张华的硕士学位论文《雅俗之间——论周作人民俗散文的审美追求》一文中，根据周作人对自己学识体系的自我评价"在知与情两面分别承受西洋与日本影响为多，意的方面则纯是中国的"指出，安德路朗的"遗留物"学说成为周作人批判国民劣根性的理论基础，那么柳田国男对其"情"的部分影响较大的则是日本民俗学理论，是周作人体察、理解民俗中体现出的愚昧落后民众心理的情感基础。[②] 周作人早在日本留学期间就开始关注柳田国男的民俗学研究。在柳田国男的《远野物语》等乡土民俗研究思想的影响下，介绍《远野物语》和佐佐木喜善的《听耳草纸》等民间故事传说集，20 世纪 30 年代周作人的民俗文化观发生了重要的转折，他的知识分子主体意识开始淡化，开始关注和同情民众生活，对民间文化产生了浓厚的兴趣。该文作者认为："安德路朗与柳田国男是周作人民俗文化观中的两条线索，前者是他研究民俗的理论基础，后者则使他获得了对民间的理解和尊重，让他对于民间、民众、民之愚昧与落后表现出一种体谅与宽容。"[③]

王珊珊的硕士学位论文《周作人民俗思想的调和性》一文第一章

---

① 石圆圆：《日本梦与中国乡：论周作人对风物的"寄情"书写》，博士学位论文，复旦大学，2011 年 4 月，第 54—55 页。

② 张华：《雅俗之间——论周作人民俗散文的审美追求》，硕士学位论文，福建师范大学，2010 年 3 月，第 14 页。

③ 同上书，第 15 页。

"周作人民俗思想的学术渊源及其调和性特质"第二节"日本柳田国男乡土研究与周作人的人间情怀"中，论述了柳田国男民俗学思想对周作人民俗学观念的重要影响。该文作者认为，对于周作人来讲，柳田民俗学思想恰好与其接触的西方理论形成一定程度的互补。作者指出："在柳田的影响下，周作人在坚持精神启蒙的同时，也开始注重民俗文化在民众生活中的情感机制，因而其民俗思想在科学的基调中更有了人间情怀。"[①] 以周作人和钟敬文为代表的中国早期民俗学家深受柳田国男民俗学思想的影响。

吴金桓在硕士学位论文《从小泉八云到水木茂——日本传统妖怪形象的现代变异》中，探讨柳田国男对日本传统妖怪形象的民俗学阐释，并客观评价柳田国男在日本妖怪学研究史上的崇高地位和承上启下的作用。作者指出："1936 年柳田国男在《妖怪谈义》中，从民俗学的角度展开研究，他认为妖怪是沦落到凡间的神。在他看来，妖怪是神在人间的变体。研究妖怪对民族历史及共同心理有重要意义。1939 年柳田国男编纂了《全国妖怪事典》，列出妖怪的名目，为日后妖怪学的演进奠定了基础。从此，妖怪学成为民间信仰研究的一部分。……他认为妖怪故事的传承和民众的心理与信仰有着密切的关系，应将妖怪研究视为理解日本历史和民族性格的方法之一。"[②]

周英的博士学位论文《日本儿童文学中的传统妖怪》绪论"日本传统妖怪的研究历史与现状"中涉及柳田国男对河童、天狗、雪女、幽灵、独目小僧等典型的日本传统妖怪的研究，并认为其中的许多观点至今仍有十分重要的价值。[③] 柳田把妖怪传说作为传说的一部分来研究，并认为妖怪传说不仅具有文学艺术价值，而且是研究日本民俗信仰的宝贵资料。通过柳田的研究，日本妖怪传说的价值凸显出来。柳田国男奠定了日本妖怪传说研究的基础。该文作者多处引用了柳田国男关于传说的论述。

阴慧丽在硕士学位论文《日本河童的变迁》第一章"先行研究"中

---

① 王珊珊：《周作人民俗思想的调和性》，硕士学位论文，吉林大学，2013 年 4 月，第 31 页。

② 吴金桓：《从小泉八云到水木茂——日本传统妖怪形象的现代变异》，硕士学位论文，东北师范大学 2011 年 5 月，第 7—8 页。

③ 周英：《日本儿童文学中的传统妖怪》，博士学位论文，上海师范大学，2011 年 4 月，第 5 页。

概述柳田国男关于日本河童的研究概况和主要观点。柳田国男是日本河童研究的先驱。他在《山岛民谭集》中的《河童驹引》、《妖怪谈义》中的《川童的话》和《川童的过渡》中提出"河童是由古老的水神沦落为妖怪"的著名观点。柳田认为，从前被人们崇拜和信仰的水神，随着时代的变迁，地位下降，变成河童，给人类带来灾害。[①]

李文博在硕士学位论文《日本妖怪文化研究》中涉及了柳田国男的日本妖怪研究。柳田国男在研究民间信仰的过程中发现了妖怪传说的民俗学意义。他在《妖怪谈义》中论述了妖怪与神的渊源关系，认为妖怪就是神的变体，是沦落在凡间的神。柳田指出，妖怪传说包含着丰富的信息，对研究民族的历史和心理有着十分重要的意义。作者认为，1939 年，柳田国男编纂了《全国妖怪事典》，囊括了日本绝大多数妖怪的名目，为以后的妖怪学奠定了基础，并丰富和拓展了妖怪学研究领域和视野。[②] 杨卫梅在硕士学位论文《中日两国鬼文化之比较》中，涉及柳田国男关于妖怪和幽灵的研究。[③]

王梦琪在硕士学位论文《现代日本赠答习俗的特征及其社会作用》中提到了柳田国男的赠答思想。[④] 李彦在硕士学位论文《从历史变迁看的日本赠答文化》（赠答文化指互赠礼品的习俗）中指出，最初研究日本人的赠答习俗的人是柳田国男，柳田在《民间传承论》中指出，赠答是以食物为主的交换，赠答本来的意义在于神与人的共食，也就是指人与神共同享受贡品。[⑤]

以上涉及柳田国男民俗学思想的论文，证明和体现了柳田国男研究广泛涉及日本民俗学各领域，讨论日本民俗学不能绕开柳田国男民俗学思想的事实。

子安宣邦著，赵京华译《东亚论——日本现代思想批判》[⑥] 中第八个

① 阴慧丽：《日本河童的变迁》，硕士学位论文，长春工业大学，2011 年 4 月，第 2 页。
② 李文博：《日本妖怪文化研究》，硕士学位论文，青海师范大学，2013 年 4 月，第 3 页。
③ 杨卫梅：《中日两国鬼文化之比较》，硕士学位论文，山西大学，2013 年 6 月。
④ 王梦琪：《现代日本赠答习俗的特征及其社会作用》，硕士学位论文，四川外语学院，2011 年 4 月，第 11—12 页。
⑤ 李彦：《从历史变迁看的日本赠答文化》，硕士学位论文，西安外国语大学，2011 年 4 月。
⑥ ［日］子安宣邦：《东亚论——日本现代思想批判》，赵京华译，吉林人民出版社 2004 年版。

问题"一国民俗学的成立"中，以"他并非一个旅行者""内部的观察者""崭新的'御国学'""投向平民日常的视线""以'国民'为主题的学问""'国语'的将来""投向方言的视线""一国语言学的成功""民族内在的心意世界"和"'固有信仰'叙事"等题目论述了柳田国男一国民俗学的研究视角及其特征。通过以上论述国内读者可以更好地解读和理解柳田国男一国民俗学思想。

　　佐野贤治著，西村真志叶译《比较研究——从乡土研究到日本文化论》中，作者站在比较民俗学的立场上，以柳田国男的论点为线索，对日本民俗学的现状进行探讨，进而提出今后可取的研究视角，以促使比较民俗研究的发展。文中指出，在民俗学领域"比较"一词主要被用在以下两个方面：一是叫作比较研究法、重出立证法的资料操作法；二是相对一国民俗学而言的比较民俗学。前者所谓的比较是从全国各地搜集同类的民俗资料，对此进行分类，通过类型之间的比较，纵向顺时地阐明民俗变异的方法；后者则是对日本民俗与异民族的民俗文化进行横向的比较，以探究日本人民族个性的方法论。① 柳田国男的民俗学研究方法主要是前者的比较研究法。柳田民俗学的目标是探究本民族的民族性，他所构想的比较民俗学具有如下含义：将本民族的民间传承作为素材，通过比较研究法，把握个别民俗的变异并阐明其性质，待各族的民俗研究者搜集和整理同类资料之后，对国内外的民俗进行比较，进而实现本民族民俗的相对化。然而，研究者在这种研究志向中，必须避免民族中心主义，不应对本民族民俗文化进行绝对化。② 该文中指出了目前民俗学界对比较民俗学概念的混乱运用状况，并如下阐释比较民俗学的概念：无论是在国内，还是在国外，比较民俗学意味着一种比较民族民俗学的方法论，它通过本民族、本文化与异民族、异文化的民俗比较，阐明本民族的民俗文化特征。作者认为，由于比较民俗学是一种方法、视角，因此称为比较民俗研究大概更合适。统一民族群体内部存在的民俗差异，叫作地域性的差异。作者把理解地域差异的基础上被提炼出来的民族性格，定义为"民俗性"；通过与其他族群的接触与交涉而被意识到的民族性格，定义为"民族性"。作者指出，民俗学的两种比较，即比较研究法和比较民俗学，是一种分别

---

① 王晓奎、何彬编：《现代日本民俗学的理论与方法》，学苑出版社 2010 年版，第 130 页。
② 同上书，第 136 页。

探求民俗性与民族性的方法。它还牵涉了民俗学与民族学之间的关系问题。如果只有前者的视角，我们有可能陷入偏颇的民族主义或岛国自大狂妄的思维之中。① 该文中作者较为清晰地阐释了比较研究法和比较民俗学两种比较方法的差异。该文帮助国内读者更具体地了解和认识柳田民俗学的比较研究方法与比较民俗学之间的差异，进而促使读者正确把握柳田民俗学的比较研究方法和比较民俗学方法。因此，该文的译介对理解柳田国男民俗学方法论方面，具有重要的理论价值。

矢野敬一著，西村真志叶译《记忆与祖先观念》中，从记忆的角度梳理柳田国男的祖先研究，并明确它所具有的意义。该文的研究角度比较特殊。

本章小结

近几年来，国内柳田国男民俗学思想的译介和研究工作取得了可喜的成绩。国内柳田国男民俗学思想研究主要有全面介绍和概述柳田国男学术活动和学术成果的研究、柳田国男日本民俗研究的整合和论述、柳田国男与中国学者的比较研究、柳田国男关于某一民俗现象的研究的评述、柳田国男一国民俗学思想的批判、柳田国男民俗学方法的论述等多种内容的论著。但关于柳田国男民间文学思想的系统研究较为薄弱。例如柳田国男关于日本民间故事和民间故事理论研究方面的论著众多，但国内目前缺少对柳田国男民间故事理论思考和日本民间故事研究成果的译介和研究。另外，关于柳田国男日本传说和歌谣的研究成果很多，但除了一篇关于柳田国男传说论的研究论文之外，系统梳理和评价其民间文学思想的论文还未问世。

---

① 《现代日本民俗学的理论与方法》，第 139—140 页。

第 三 章

柳田国男与日本民俗分类

　　柳田国男是日本民间文学和民俗学研究的奠基人，也是卓越的文学家和杰出的思想家。他的思想中民俗学和民间文学思想具有相当重要的地位。日本民俗学较为发达，早期日本民俗学又称为柳田国男民俗学。有形文化、语言艺术和心意现象民俗三部分类法在世界民俗学界具有重要影响，也是柳田国男民俗学的主要特点之一。他认为心意现象民俗资料的调查、研究，才是民俗学这门学问的最终目的。无论哪个民族或国家的民俗学研究，其最终目的都是研究和阐释那个国家的民族和当地人的心意现象。有形文化和语言艺术两个部分是为了达到调查和研究心意现象的阶段和过程。柳田国男的三部民俗分类法，奠定了日本民俗学作为一门独立学科的基础。日本民俗分类的发展，体现了日本民俗研究对象的变化。

　　民俗分类是根据某种统一规则和标准，对民俗事象进行归类和整理。对研究对象进行整理和分类是科学研究的基础，人文社会科学也不例外。分类，首先是根据比较合理的、统一的标准，整理过去的资料。其次是通过整理和分类资料，对以往的资料形成较为全面的认识，避免资料的重复和浪费劳动，有利于制定将来的搜集计划和目的。再次是合理的资料分类和有计划地搜集资料是学术研究的前提条件，也是学科发展的基础。因此，早在 19 世纪 90 年代开始，民俗分类问题受到各国民俗学者们的关注。由于民俗学者对民俗对象和民俗规则的认识的区别，以及分类标准的不同，世界民俗学者的民俗分类不尽相同。英国民俗学者最早尝试民俗分类。英国民俗学会于 1890 年出版的由高莫主编的《民俗学概论》对民俗事象的分类是：1. 观念和信仰民俗，包括迷信的信念和举动、自然物的迷信、树木百草的迷信、动物迷信、精怪、禁厌术、土医术、法术和占术、冥界生活的信条和一般迷信等；2. 旧传的风俗，包括节俗、礼俗、嬉戏和地方风俗等；3. 旧传的叙事谭，包括童话、英雄故事、趣谈、寓言、神话、叙事曲、民歌、地方传说和旧传等；4. 民间成语，包括韵言、母歌、谜语、谚语、诨名和方言等。这四类民俗事象中民间信仰和民间文学占的比例很大，没有包括占很大数量的有形文化，例如衣食住等最基本的民俗事象。英国民俗学家博尔尼（C. S. Burne）女士在《民俗学手册》中大致继承高莫的民俗事象分类观点，把民俗事象分为：1. 信仰与行为，包括大地和天空、植物界、动物界、人类、人工制品、灵魂与冥界、超人的神灵、预兆与占卜、巫术、疾病和民间医术；2. 习俗，包括社会制度和政治制度、人生礼仪、职业和工艺、历法和斋戒以及节庆、游戏和体育以及娱乐；3. 故事、歌谣、俗语，包括故事、歌曲和民谣、谚语和谜语、有韵的俗语和俚语。① 关于法国民俗学者塞比约的民俗分类，以下有柳田国男的介绍和评价，所以这里不再重复。

　　柳田国男的民俗三部分类法在世界民俗学界来说也很有特色，国内民俗学者介绍国外主要的几种民俗分类法时，都提到了柳田国男的民俗三部分类法。例如乌丙安的《中国民俗学》②、陶立璠的《民俗学概论》③、叶涛和吴存浩的《民俗学导论》④、林继富和王丹的《解释民俗学》⑤ 均提到过柳田国男的三部民俗分类法。但国内至今没有详细介绍和专门讨论柳田国男三部民俗分类法的论著。本章着重介绍和分析以柳田国男三部民俗分类法为代表的日本民俗分类法。

一　柳田国男的三部民俗分类法

　　柳田国男为了整理杂乱无章的采集资料（包括文献资料），阐明社会现象的变迁，并为更加清楚地规划将来采集的目的和计划等，根据民俗学

---

　　①　［英］查·索·博尔尼：《民俗学手册》，程德祺、贺哈定、邹明诚、乐英译，上海文艺出版社 1995 年版，第 4 页。

　　②　乌丙安：《中国民俗学》，辽宁大学出版社 1985 年版，第 9—10 页。

　　③　陶立璠：《民俗学概论》，中央民族学院出版社 1987 年版，第 43—44 页。

　　④　叶涛、吴存浩：《民俗学导论》，山东教育出版社 2002 年版，第 257 页。

　　⑤　林继富、王丹：《解释民俗学》，华中师范大学出版社 2006 年版，第 103—104 页。

者或研究者接近和了解民俗对象的自然顺序和行为，把民俗分为用眼睛看和记录的"有形文化"、用耳朵听的"语言艺术"和用心感受的"心意现象"三大部分。有形文化是最容易理解的民俗现象，是任何一个视力正常的旅行者完全可以看到并记录的民俗现象，因此柳田国男把有形文化又风趣地称为"旅人学"。了解语言艺术民俗现象要有语言条件和时间的限制，懂得当地语言的外地人或者旅行者必须在那个地区逗留一段时间，才可以记录自己听到的民谣、传说和故事等语言艺术，因此，柳田把第二部门的语言艺术称为"寄居者学"。唯独第三部的心意现象，是看不见、听不到的，是只能用心去感受和领悟的民俗现象，宗教信仰、价值观、道德观和思考方式等人的内心的感觉是旅行者和寄居者无法感受的民俗现象，只有长期生活在那片土地上的同乡人才能用心灵去感受和领悟它，因此柳田把第三部门心意现象称为"同乡学"。柳田认为，通过民俗事象的分类解决以下三个问题：首先，已有的资料得到较好的整理。其次，通过分类、整理和比较，清楚地了解自己从事的研究部门在整体学问中的位置。再次，总结以往的采集工作的得与失，了解以前采集进行得成功和不成熟的部门，使以后的采集者有效地继承前人的成果，有目的地补充前人的缺陷，避免走弯路和浪费学生劳动。笔者认为柳田国男在下面的一段论述中，明确地说明了他的三部分类法的理由、方法、原则、特点以及他对欧洲学者的民俗分类法的简要评价：

　　既往的分类也有不少。像折口信夫一样有自己独特分类的人也不少。我自己依据自然顺序试着提出了分类方案。即首先把眼睛看得见的资料作为第一部，把耳朵听得见的语言资料置于第二部，把最微妙的诉诸心意和感觉才能理解的事物放入第三部。采集工作一开始眼睛就开始工作了，而且远距离也能进行观察。村落、住家、衣服以及其他我们研究资料中靠眼睛采集的事物非常多。人首先要用眼睛看，其次就是用耳朵听，用耳朵听就必须走近对象。与前两者比心意的问题更加麻烦。我说第一部也可以风趣地称为旅人学，因为是顺便路过的旅人也能做到的部门。仿照这个把第二部也称作寄居者学，把第三部也称作同乡人学。另外，第二部正合口传这个词，所以我认为可以把第一部叫做身传，把第三部叫心传。虽然能附上各种名词，但是有必要从各部各自的内容来进行观察。第一部是看得见的，从生活中表现的这一点，也可以叫做有形文化，生活技术志或生活诸相。如果用英语的 social technology 指示这部的名称，我认为至少偏于一方。大概可以说与 Ethnography 相近内容的一般风俗习惯是第一部门的内容。第二部是包罗语言艺术或者口承文艺的全部。这是与眼睛观察的学问不同，相当程度上在当地居住一段时间，并且必须精通那个地区的语言，才能理解这个部门。这部门疑问百出，自然有必要与第三个部门有关联。第三部中也包括所谓的俗信等，这是只有同乡人、同国人才能理解的部门。这就是我认为的乡土研究意义的根本在于此的事情。我认为把这三部又称作生活诸样式、生活解说和生活观念也比较合适。

这样提出了纯属个人的分类，换个角度再看外国的分类，可能是因为英雄所见略同吧，发现他们的分类也与这个三部分类大体相同。容易意识到的自然的分类。看英国的（Miss C. burne）博尔尼女士《民俗学手册》第二版的分类，第一部是信仰和仪式（belief and practice）；第二部是惯习（customs）；第三部是说话、民谣等（stories，songs，and sayings）。虽然在顺序上与我的想法有变化，在划分的边界（标准）有出入，但是可以证明三部分类的基础相同。法国的赛比约（P. Sebillot）把民俗现象分为口承文艺（Litterature orale）和传承民俗志（Ethnographie traditionnelle）二部。把第二部又分成传承民俗志和民俗志的社会学（Sociologie ethnographique）两个部分。把前者分为非类（天、地、水、植物）和生类（动物、人、生、幼、婚、病、死）。后者中归入耕作、渔捞、烹调、建筑以及工艺、人际关系、娱乐等。但是其区别不明显。仔细看这分类，发现传承民俗包含了观念和心境，相当于我分类的第三部；民俗志的社会学是表现于外形中的事物，相当于我的第一部分类。但是这个分类没有理论的出发点。另外，有必要注意哪个部分里也没有包含宗教。

我相信自己三部分类的方案并没有越出常规。分为眼睛、耳朵、心三部是我一个人的意见。相信不能不说只有三部。这分类在量方面三部各不平等。第一部的范围非常广泛，并且分量也很重，我们想采集和希望的事物的大半都属于这部门。正因为第三部门的心意诸现象难于采集，所以采集量也是三部门中最小的。这三部分类犹如三层年糕一样从最下层的第一部门到第二部门、第三部门的顺次变小。这种分类虽然看起来有点奇怪，但因为根据内在的标准分类比分量的比例更合理，所以没有办法。如果把这分类用更加容易懂的方式表示如下：

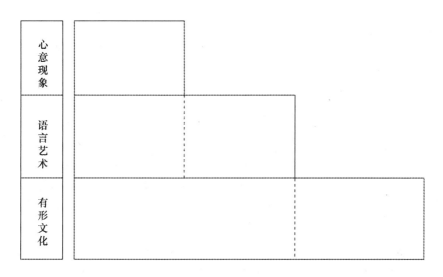

柳田国男三部民俗分类比例图示①

通过民俗分类示意图可以更加直观地清楚看到柳田三部民俗分类的三个部门之间量的比例并不相等。

在《乡土生活研究法》中，柳田国男根据民俗学者接近民俗对象的自然顺序把民俗事象划分为有形文化、语言艺术和心意现象三大部门，具体包括35个子项：

有形文化：包括居住、衣服、食物、获得资料的方法、交通、劳动、村落、组织、家、亲属、婚姻、出生、灾厄、丧事、年节、祭神、占法、咒法、舞蹈、竞技、儿童游戏与玩具（22项）。

语言艺术：包括语言创新、新词句、谚语、谜语、唱词、儿童语言、歌谣、说唱、民间故事（昔话）与传说（10项）。

心意现象：包括知识、生活技术、生活目的（3项）。

---

① ［日］柳田国男：《柳田国男全集》第28卷，《民间传承論》（日文），筑摩书房1990年版，第370—373页。笔者翻译。也可参阅［日］柳田国男著《民间传承论与乡土生活研究法》，王晓奎、王京、何彬译，学苑出版社2010年版，第84—86页。

　　柳田的民俗分类体现了当时日本民俗学的主要研究对象是乡土生活，即农民和渔民的生活。柳田国男的《乡土生活研究法》最重要的研究课题是寻找农民为什么如此贫穷这个问题的答案。他在三部分类中着重强调心意现象。他试图通过对农民的信仰、道德观、价值观和人生观等心意现象民俗的采集和研究，寻找农村经济落后、农民生活贫穷的根源。柳田国男民俗学的"经世济民"和"学问救世"思想的主要原因来自他的个人生活经历。日本的民俗学者如福田亚细男等人都曾经指出过这一观点。①

　　柳田国男 1875 年生于兵库县神东郡辻川村（现在的神崎郡福崎町辻川）。他父亲松岗操是一位在私塾教汉字的本村的知识分子。柳田是家中第六个男孩。他回忆自己生活经历时常常说，自己出生在"日本第一小房子"里。他五岁时，长兄二十岁，并当了本村昌文小学校长。关于长兄和嫂子婚姻生活的悲剧命运，他在《故乡七十年》中这样回忆：

　　　　我的长兄二十岁时从附近的村庄娶了媳妇。但是我家没有两对夫妻同时居住的宽敞的房子。因为母亲是严厉而坚强的人，更何况婆媳居住在同一个屋檐下，所以关系不好处理。就像"天上没有两个太阳"这个俗话一样，当时的婆媳争执中婆婆胜利了。仅仅一年左右的共同生活之后嫂子就逃回了娘家。哥哥因为这件事开始喝闷酒，家庭变得不安定。（略）

　　　　每当我想起哥哥的悲剧时，我常常想对人说"我的家是日本第一小房子"的事情。事实上，可以说我的民俗学的志向也根源于这个房子小的命运。②

柳田国男在《故乡七十年》中如下叙述自己对饥荒的体验：

　　　　说起饥荒，我自己也有遇到过那个悲惨的事情的经验。可以说那个经验是引导我研究民俗学的理由之一，必须根除饥饿这个心情是迫使我从事这个学问，并且成了进入农商务省工作的动机。

　　　　在北条町发生的明治十八年（1885）的事情。那是关于日本饥

---

①　［日］福田アジオ：《柳田国男の民俗学》（日文），吉川弘文馆 1992 年版，第 9 页。

②　［日］柳田国男：《定本柳田国男集》（日文）别卷三，筑摩书房 1985 年版，第 17 页。

荒的最后的事情。因为我住在离贫民窟很近的地方，所以自己目睹过。镇上有势力的商家开始"余源"，在两三家前建灶，为没有食粮的人们烧饭。人们提着茶壶去领取粥，想起来恐怕是几乎没有米粒的米汤。因为我记得那个情况持续了约一个月，所以大概是相当大的饥荒。我的母亲也很在意，严格要求我们不许吃让人羡慕的食物，可能是关照街坊邻居的关系吧，让我们也每天喝粥。①

20 世纪 20 年代日本经济本来不景气，再加上 1929 年 10 月在美国纽约发生的世界经济危机，彻底打击了日本农村经济。出口美国的丝绸和生丝是当时日本主要出口产业。美国经济危机造成日本丝绸和生丝不能出口，日本丝绸产业接连破产，大量工人失业，回到农村。蚕农卖不出蚕丝，农村养蚕业崩溃。失业工人回到家乡农村，使本来不景气的农村经济，陷入更加悲惨的状态。20 世纪 30 年代前半期占日本人口绝大部分的农民生活陷入极度贫穷、悲惨的状况。

柳田国男少年时代贫穷的生活经历、饥荒体验和当时农民生活的贫困，使他热衷关注农业政策。他于 1900 年从东京帝国大学法科大学政治课毕业后进入农商务省农务局担任农政工作。同时在早稻田大学当外聘讲师，教授农政学课程。他热衷关注农民问题，主张政府必须站在没有发言权的弱者群体农民阶层的立场上，思考和制定农业政策，并必须对应社会全体变化发展农业。但他的主张没有得到当时日本政府的理解和接纳，他的农政主张和活动受到了挫折。1910 年前后他离开了农政工作。因为有了农政工作的经验，所以他有了更为强烈的以学问研究为社会的进步和发展作出贡献的使命感，这就是"经世济民"和"学问救世"思想。

柳田国男在三部分类中格外注重第三部心意现象。他认为第一部有形文化和第二部语言艺术的分类与外国学者的分类大同小异，唯独第三部心意现象的分类是他提出的独特的分类法。而且他强调心意现象民俗资料的调查、研究，才是民俗学这个学问的最终目的。无论哪个民族或国家的民俗学研究最终目的就是研究和阐释那个国家的民族和当地人的心意现象。有形文化和语言艺术两个部门是为了达到调查和研究心意现象的阶段和过程。如果调查研究只停留于第一个阶段，即有形文化和第二部语言艺术的

---

① ［日］《定本柳田国男集》（日文）别卷三，第 23 页。

阶段，不能成为真正意义上的民俗学研究。因为，一个没有受过民俗学理论知识和田野调查训练的旅人，也能做到有形文化的调查。比如说旅行者完全可以用相机记录下衣食住等看得见的有形文化。懂得当地语言的人在某地区旅居、逗留一段时间之后，完全可以记录下在那个地区流传的民间故事、传说、谚语和谜语等听得见的语言艺术。只有心意现象是看不见、摸不着、听不见，只能用心去感受的民俗现象。只有当地人、本民族和本国家的人才能真正意义上用心去感觉和理解心意现象。因此，调查和研究心意现象相当难。在这一点上，柳田说民俗学是一国之学，他反对比较民俗学也是可能与这个心意民俗与家乡认知有关系。柳田国男所指的心意现象接近民间信仰或民间宗教。柳田国男把第三部门心意现象又分为知识、生活技术和生活目的三种。柳田认为，知识是仅仅知道的事情，以知识为基础，想方设法达到生活目的的"手段和方法"是生活技术。生活目的或人生最终目的是指人为了什么活着的目标。

柳田国男认为阐明心意现象是民俗学的最终目标。心意现象是关系到人们生存方式和思考方式的领域，形成价值观和伦理观的精神文化。心意现象的中心是信仰问题，信仰是包含善恶判断的人们的生存方式和思考方式的基础。柳田从固有的信仰这个意义上把这样的信仰叫作"固有信仰"。而且他认为，固有信仰的核心是以祖灵信仰为基础的氏族神信仰。这个氏族神信仰是完成培育制约人们日常生活行为的内心的伦理规范任务。柳田想通过氏族神信仰的原初形态及其变迁，阐明固有信仰的历史与现状。[①]　柳田所谓的心意现象相当于国内民俗学界使用的民间信仰这个概念。民间信仰是比较复杂的精神民俗现象，与看得见的物质民俗和听得见的语言民俗相比，民间信仰的调查相当困难。他者很难走近民众的信仰生活即内心世界。从这个意义上柳田把心意现象又称同乡人学，并强调同乡人的调查。

柳田国男早在 1935 年写成的《乡土生活研究法》中已经提出，中国、印度和日本这样一方面正在接受欧洲新文化，另一方面保留着传统文化的东方国家与欧洲各国不同。因此不能盲目地接受欧洲的理论和方法，必须探索出适合自己并解决本国实际情况从而与欧洲国家不同的新的调查

---

① ［日］佐野贤治、谷口贡、中込睦子、古家信平编：《现代民俗学入门》（日文），吉川弘文馆 2000 年版，第 75 页。

方法和理论。柳田国男的三部民俗分类法就是在他自己多年的研究和思考基础上，根据日本民俗现象的实际情况提出的与欧洲国家不同的独特的分类方法。

　　柳田国男特别强调第三部心意现象的调查和分析很难。由于心意现象不是看得见、听得到的现象，因此给调查带来了相当大的难度。尤其是群体心意现象的调查和分析极其难。必须通过仔细的、反复的观察、比较和分析，才能掌握调查对象的心意现象。柳田以心理学实验为例，指出对生物学可以做群体现象的心理学实验。但对人的心理现象的实验很难，尤其是群体心理或民族心理现象的科学实验几乎不可能。

　　柳田提出通过语言进行调查和比较研究是语言艺术和心意现象研究的主要方法之一。他主张对在农村、深山和海边村落的民间使用的语言即方言进行反复的调查和比较。他特别强调收集名词，尤其是无形名词。于1927 年柳田国男在《人类学杂志》上分四期连载了题为《蜗牛考》的长篇论文。论文《蜗牛考》中柳田国男提出了著名的方言周圈论。他在日本全国范围收集关于蜗牛名称的各种方言，从蜗牛的方言分布明确了表示蜗牛的词的变迁过程。通过表示蜗牛的词的变迁过程，发现方言的分布形态的特定形式。更重要的是通过方言的分布形态的特定形式，发现看不见、听不到的心意现象，即民间信仰的变迁规律。用柳田国男的原话说：

　　　　我注重语言采集的理由其实也在这里。把观察过一遍的事物放在相同的条件下第二次观察，尽管尝试说其范围是如此这般，但不敢确定两者是否想当然地保持一致。为了明白这个，必须把自己的印象具体化。其中，如果是第一部的有形文化，好像可以通过照相进行相互比较，但是因为第三部是无形文化，所以无法用类似的方法来进行比较和研究。与此对应的把每一个个别的印象具体化的手段，只能依靠语言。但为了通过语言进行比较，使语言成为正确而共通的共器（工具），就必须弄清楚语言的意思。因此必须明确语言在每个不同地方的异同，即必须调查指称某一个事物的词在什么样的地方的具体说法是什么（即这个词在不同地方的不同叫法是什么）。其中，首先要有详细的分类否则不能做到。如果分类的意义在这里，可以用这个分类的方法去调查看看，如果其结果不够理想，那个时候再调整分类，再尝试其他的途径也未尝不可。①

　　人的知识和观念很复杂。尽管语言可以表达人的各种知识、观念、感受和思想等心理活动，但用语言比较准确地表现自己的知识、感觉、观念和思想等内心世界是件很难的事情。因为语言的表达通常跟不上人的思维活动。与人丰富的内心活动、思想和复杂的感情相比，语言的表现力永远是有限的。柳田国男以表示颜色种类的语言和颜色种类的观念为例，说明了人的知识、观念及其表现的语言之间的差异。虽然通过语言采集人生观、道德观、信仰和思想等心意现象是比较好的方法，但仅仅采集少数几个例子不可能掌握语言所表现的知识和观念。必须通过采集很多例子，进行比较才能说明问题。

　　例如，日本人对颜色的想象力相当发达。同样的红色，其中竟有 35 种相互不同的颜色，茶色中也有秋叶的颜色、柿子的淡茶色等其他很多细微差异的颜色种类。总之，在脑子里很多颜色的观念是有相当细致的区分的。但表示颜色的语言往往跟不上人们对颜色的想象力和观念。所以人们头脑中很多颜色没有恰当的名字。我们通常说的颜色只有几种，即只有赤、橙、黄、绿、青、蓝、紫，包括深灰色、赤黄色、樱花色等名称最多只有三十种左右。不仅是颜色，声音也是同样。例如，更抽象的叫作"谢谢""高兴"或者"恭喜"的观念中也有很多微妙的差异。拿同样的"高兴"来说，也在耕种的"高兴程度"与孩子病愈时的"高兴程度"之间存在一定差异。还有"恭喜"也是，同一个词，在正月与婚礼以及晋升时表达的意义和心情存在微妙的区别。但形容词只有一个。②

　　这说明人的思维、观念和感情，在不同的语境中发生很多微妙的变化。但面对人的极其丰富、细腻和复杂的感情变化，语言的表达和形容却很有限。柳田国男举例说明通过如此有限的语言的调查、记录和分析，研究心意现象民俗即人的日常生活中复杂的心理活动、丰富的观念和情感相当困难。必须详细观察、分析和解释同一个词，在不同语境中的各种不同观念和情感的表达。因此需要高度集中注意力听，尽量收集一个词表示的

---

　　① ［日］柳田国男：《柳田国男全集》第 28 卷，《乡土生活の研究法》（日文），筑摩书房1990 年版，第 216—217 页。

　　② 《柳田国男全集》第 28 卷，《乡土生活の研究法》（日文），第 221—223 页。

多种意义和观念的例子，进行比较，才能较为准确地阐释用心感受的人的心理活动和信仰世界等心意现象民俗。这是柳田国男主张的心意现象民俗研究的主要方法之一。

二　日本现代民俗学对柳田国男民俗分类法的批评、继承和发展

日本民俗学家福田亚细男在著作《民俗学者柳田国男》①中主要从以下几个方面批评柳田国男的三部民俗分类法。首先，柳田国男三部分类的结构实际上不适合调查和记录。三部分类中第一部有形文化的数量比例最多。有形文化是柳田国男独特的术语，他对有形文化的理解与众不同。一般人理解有形文化这个词，把物质性的事物作为意象。例如想到民具，各种生活必需的食器、服饰或者农业用的农具等物质文化。但柳田国男理解的有形文化与此不同。柳田从看的行为民俗即视觉能够把握的角度理解有形文化，把婚礼、葬礼和年节等民俗现象都归入有形文化中。而且他分类的主要目的在于通过第一部有形文化和第二部语言艺术的调查和研究，达到只有同乡人才能感受和调查到的第三部心意现象的调查和研究。福田亚细男把柳田国男的第一部有形文化分为空间的民俗和时间的民俗两个部分。把物质文化归入空间的民俗，把在特定时间里举行的仪式，例如出生礼仪、婚礼、葬礼和其他各种节日民俗现象归入时间民俗。其次，柳田国男民俗学的特色是把调查和研究工作分离开来。根据柳田的三部民俗分类，尤其第三部的心意现象的同乡人的采集的强烈认同，虽然汇集到最想得到的高质量的资料，但并不意味着那些采集者可以研究这些资料。因为柳田认为，民俗学是从整个日本收集资料，通过比较从全国各地收集的资料来解答问题。所以只有能够从整个日本收集资料的人才能进行研究。还没有掌握计算机检索先进技术的 20 世纪 30 年代，资料共享是不可能的。基本上调查的结果都是以调查报告的形式汇集到柳田国男那里。调查在全国各地进行，调查者各自在自己生活的地方，进行详细的、质量高的调查。与此对应的研究是用重出立证法或周圈论等归纳比较研究方法，比较

---

① ［日］福田アジオ：《民俗学者柳田国男》（日文），御茶の水书房 2000 年版。

从全国各地获取的资料得出答案，能够进行这样研究的人限于有能力从全国集聚资料的人。这就形成了所谓调查和研究分离的分工。进行调查的是全国各地的人，研究的是柳田国男或者柳田国男身边的直系弟子们。再次，柳田国男的调查方法束缚了调查者的主动分析和思考。在柳田国男民俗学确立过程中为了收集好资料，举行了全国规模的山村调查。即于1934—1937年举行的山村调查。他东京的弟子们选择50个山村，在那里旅居20天举行了调查。根据柳田民俗资料的分类，这样的调查属于寄居者的采集。山村调查预先准备了100个提问，并印刷成《采集手册》。《采集手册》上写着调查者请不要任意加以解释，请把听到的事情按照原样写下来。因为是调查，也许调查者任意判断、任意解释是错误的。但实际进行调查的人应该最了解当地的风俗习惯和民间信仰。可是去当地进行调查的人却不允许对调查进行分析、思考和研究。这说明了进行实地调查的弟子们，并没有机会对调查进行思考、分析、解释和研究。写着调查结果的《采集手册》全部集中到柳田国男那里。并在他的指导下，归纳调查结果制作了《山村生活的研究》。

　　福田亚细男对柳田国男调查和研究分离的研究体制特点，进行了尖锐的批评。对柳田民俗资料调查的指导思想和方法提出了质疑。调查者拿着预先制定好的调查指南《采集手册》，完全按照《采集手册》里的提问要项进行调查。而且严格禁止调查者加以自己的解释、判断和分析。把调查对象说的事情完全按照原样记录下来，把调查结果汇集到柳田国男那里。这说明了从提问到调查结果的调查过程中，调查者没有进行思考、判断和分析的主动性。这样的调查结果不能发挥调查对象和调查者的主观能动性。因为调查者面对的不是机器或者物体，而是活生生的具有复杂感情和思想的人。他们面对不同身份的调查者，会做出不同的反应和思考。也就是说，同一个调查对象的答案不是完全没有变化的。因此面对一个有血有肉的调查对象，拿着一个预先准备好的调查指南是远远不够的。笔者曾经也在调查之前预先拟定过很详细的调查提纲。调查提纲在实际调查当中也起到了一定的作用。但实际调查过程中会遇到很多意想不到的问题，需要随机应变，也会临时增加很多提问内容。虽然调查时必须忠实记录听到的话和看到的事情，但整个调查过程当中调查者和调查对象是互动关系。尽管调查者竭力注意不影响调查对象的情绪，但免不了多多少少受到影响。调查者的提问方式、态度和身份都会影响调查对象的情绪和回答。因此田野调查或民俗调查过程中调查者不仅仅是被动的提问者，而是与被调查对象共同完成了整个调查过程。调查者实地调查时的思考、判断、随机应变和分析是调查报告和研究的珍贵资料。因此，笔者也认为调查和研究结合的研究方法是比较理想的。

1983 年出版的福田亚细男和宫田登编的《日本民俗学概论》① 基本沿袭柳田国男的民俗三部分类主张，把民俗现象分为空间的民俗、时间的民俗和心意的民俗三类。并在"特论"中进一步总括近几年民俗学界关注的话题，共立了 25 个项目：

1. 空间的民俗——家与宅地、家族生活、亲属与同族、村落的构成、耕地与生产、山与海的生产等。

家与宅地——家的盛衰、家的构成与继承、宅地与居住生活、家宅地与一户。

家族生活——大家族与小家族、长子或幼子继承制的形态、家长与主妇、服饰习惯与饮食习惯。

亲属与同族——两种亲属组织、同族与父母子女惯例、亲属与同族的交际惯例。

村落的构成——村境与世间、村落社会的构成要素、村经营的实际。

耕地与生产——耕地的条件与所有、种植的田与摘田、耕种旱田的诸形态、农具的发达。

山与海的生产——山与海的密切关系、狩猎与山上作业、渔业与渔民的生活、流动职业者的活动。

2. 时间的民俗，包括正月与盂兰盆节、农耕礼仪、出生礼仪、性别与年龄的秩序、婚姻礼仪、丧葬礼仪、坟墓与祖先祭祀等。

正月与盂兰盆节——从春分和秋分看的正月与盂兰盆节、年糕与芋头的象征、来访的神。

农耕礼仪——复活与丰收的礼仪、消除灾害的咒术、收获与新尝祭②、旱田农作物的农耕礼仪。

---

①　［日］福田アジオ、宫田登编：《日本民俗学概论》（日文），吉川弘文馆 1988 年版。
②　据大塚民俗学会编《日本民俗事典》解释，新尝祭是把新谷祭献给神的感恩的节日。这是农业在日本流传以来，在民间举行的一种仪式。国家统一之后，成为以天皇为中心的宫中祭祀仪式之一，日本天皇用当年新谷敬奉诸神并亲自尝食的祭祀仪式。明治时代把 10 月 17 日作为神尝祭，把 11 月 23 日作为新尝祭，作为国民节日。战后把新尝祭改为"勤劳感谢日"。

出生礼仪——出生的意义、生育神的性格、生育的忌讳与产房、从分娩到刚出生。

性别与年龄的秩序——儿童的集体仪式与儿童组织、青年组织、年龄集团与年龄阶梯制。

婚姻礼仪——配偶的选择、婚姻的理想状态、婚礼、新娘与娘家。

丧葬礼仪——关于丧葬、服丧的前后、丧葬的准备、送葬行列、服满。

墓地与祖先祭祀——墓地的诸形态、丧葬与造墓、灵魂祭祀与祖先供养。

3. 心意民俗，包括禁忌与祈愿、氏族神与氏子、神的显灵与技艺、萨满教与预兆、鬼魂附体、寺院与佛教、昔话与传说等。

禁忌与祈愿——民间信仰与禁忌、祈愿、禁忌的诸相、禁忌的结构、祈愿。

氏族神与氏子——氏族神、守护神、出生地神、氏子的性格、宫座①与讲、从祭神仪式到祭礼。

神的显灵与技艺——节日与技艺、神灵附体与技艺、神乐的采物舞、神态与假面舞。

萨满教与预兆——萨满教、神的启示礼仪与巫俗、预兆与占卜。

灵魂附体——灵魂附体与民间的宗教者、家神、灵魂附体的世界。

寺院与佛——佛教民俗的成立、祖先祭祀与佛教、寺院的年节与民俗的基础、民众中的佛教系信仰。

昔话与传说——语言游戏、讲往事、村的传说。

4. 特论，包括人口流失与民俗的变形、都市的民俗、冲绳的民俗、民俗的调查与记录、民俗学研究方法等。

人口流失与民俗的变形——民俗改观的诸要素、人口流失与都市化、民俗的变形消失与文化遗产保护、民俗变迁的，民俗学，今后的课题。

都市民俗——都市化与民俗、日本的城镇、城镇的民俗、大都市与民俗。

冲绳的民俗——冲绳文化与地域性、冲绳村落社会的性质、冲绳的信

---

① 宫座，日本中世纪村落的祭祀组织。属于村内特定家族，将其他村民排除在外，用特权运营、管理和维持神社的祭祀活动。以近畿地区、中国和九州为中心发展起来的。

仰和宗教的性格、民俗的变化。

民俗的调查与记录——何谓民俗调查、民俗调查的方法、民俗的记录方法。

民俗学研究法——民俗学的研究法、民俗研究的课题。

福田亚细男和宫田登的民俗分类中，"空间的民俗"和"时间的民俗"两部，基本与柳田国男的第一部"有形文化"相对应，第三部"心意的民俗"与柳田国男的第三部"心意现象"大致对应。福田和宫田登的民俗分类中，把柳田的第二部中昔话与传说等语言艺术归入"心意的民俗"。首先，《日本民俗学概论》虽然基本沿袭了柳田国男的民俗分类主张，但概括日本现代民俗学界关注的热点问题及其最新研究成果、民俗学研究方法等，设立特论给予介绍和分析，体现了日本民俗对象以及研究课题的变化和发展。这是福田和宫田登对柳田民俗学的继承和发展。其次，《日本民俗学概论》中，对 25 个民俗现象做了系统、详细的归纳、介绍和分析，是对柳田国男民俗学思想和他的三部民俗分类主张的概论化、通俗化和具体化。《日本民俗学概论》分类细致，层次分明，理论知识容易掌握和便于操作，可以当作指导民俗学调查工作的指南。

佐野贤治、谷口贡、中込睦子和古家信平编《现代民俗学入门》① 中把民俗分为自然与民俗、神的民俗志、人与人的纽带、生与死、现代社会与民俗、国家与民俗六个部分。

1. 自然与民俗，包括自然观的民俗、生态系与民俗技术、服饰民俗与地域性、居住与世界观等。

2. 神的民俗志，包括神与佛——民俗宗教论的开展、灵魂的技能者与社会、神的启示与艺能、人神信仰等。

3. 人与人的纽带，包括"村落"社会的结构、"家"与血缘幻想——围绕父母和子女的"纽带"的民俗思考、"内在的因素"与"外在的因素"、女性民俗等。

4. 生与死，包括日本人的生死观、生存的意义与劳动观、孩子与老人的任务分配、死的民俗等。

5. 现代社会与民俗，包括人口流失与村落的再生——地域社会的变

---

① ［日］佐野贤治、谷口贡、中込睦子、古家信平编：《现代民俗学入门》（日文），吉川弘文馆 2000 年版。

化与民俗变化、都市的场所、治疗的民俗、移民的民俗——从物质文化看的日本血统移民的民俗等。

6. 国家与民俗，包括传统教育与近代教育、青年与国家、生活改善与民俗的变形、战争与民俗等。

我们用表格比较日本民俗学的主要几种分类法，就能更清楚地看到日本民俗学形成、转型和发展过程中民俗研究对象的变化：

著者	著作名称	民俗分类
柳田国男	乡土生活研究法	有形文化、语言艺术、心意民俗
折口信夫	《日本文学大辞典》"民俗学"条目	周期传承（岁时活动）、仪式传承、语言传承（歌谣、诵词、说唱、故事）、行为传承、造型传承、艺术传承
关敬吾	民俗学	共同体及其结构、生产与习俗、日常生活与技术文化、信仰与生活
和歌森太郎	日本民俗学	常民生活的基础、常民的日常生活方式、人生礼仪、年礼、民族文化的母胎
赤田光男等	日本民俗学	社会传承、经济传承、礼仪传承、信仰传承、语言传承、艺能传承
福田亚细男、宫田登编	日本民俗学概论	空间的民俗、时间的民俗、心意的民俗
佐野贤治、谷口贡、中込睦子、古家信平编	现代民俗学入门	自然与民俗、神的民俗志、人与人的纽带、生与死、现代社会与民俗、国家与民俗

我们通过表格比较发现，不同时期学者对民俗研究对象的分类各不相同。柳田国男依据调查研究者接近民俗对象的自然顺序进行了分类。折口信夫从传承的角度进行了分类。关敬吾的分类突破柳田国男的三部民俗分类法，把重点放在社会习惯、日常生活上，提出了社会组织与物质文化。① 和歌森太郎的分类也注重日常生活民俗，接近关敬吾的分类。赤田

---

① ［日］关敬吾编著：《民俗学》，王汝澜、龚益善译，中国民间文艺出版社1986年版，第4页。

光男的分类接近折口信夫的分类，但范围更广。关于福田和佐野贤治等民俗学者的分类前面已分析，不再重复。

柳田国男的民俗分类法，尽管后来受到以福田为代表的日本民俗学者们的批评，但奠定了日本民俗学作为一门独立学科的基础。柳田国男的三部民俗分类法的问世，标志着日本民俗学作为一门独立学科，建构了自己的一套田野调查、整理资料和科学研究的理论方法。柳田国男的有形文化、语言艺术和心意现象三种民俗分类法及其调查方法，奠定了日本民俗学的基本调查方法。尤其是他对心意民俗调查的强调，在日本全国掀起了一股乡土生活调查热，从日本全国各地搜集到了很多珍贵的农村生活的民俗资料。由于长期生活在当地的同乡人参与了调查，调查的质量高，搜集到的资料学术价值高。福田虽然批评柳田国男的有形文化、语言艺术和心意现象三部分类法中存在调查和研究分工、不适合实际调查、记录的问题。但他还是基本肯定和继承了柳田国男的三部分类法。柳田国男和福田的民俗分类中村落生活民俗占主要内容。他们以农村和渔村的传统民俗研究为主要对象，他们的分类中村落生活占据了绝大部分内容。

佐野贤治等编的《现代民俗学入门》走出柳田国男的三部民俗分类法的影响，提出了新的民俗分类体系。佐野贤治等现代日本民俗学者创建与柳田国男三部民俗分类法完全不同的民俗分类体系，主要有以下原因：

首先，随着日本经济的发展，以农村人口占绝大多数的日本传统社会结构发生了很大变化。作为过去民俗学的主要调查、研究对象的传统农村生活民俗，从现代日本人的生活中逐渐消失或变迁。面对民俗研究对象的变化和消失，日本民俗学者积极地思考和探索民俗学新的研究范畴、分类体系和研究方法。到20世纪60年代后半期，日本社会经济高速增长，产业化、都市化的浪潮波及全国各地，日本传统村落社会发生了很大变化。农民放弃务农进入公司上班的人也越来越多。随着农业的机械化，解放农村劳动力，农业失去共同劳动的必要性，传统农业的相互合作性衰退，作为生产组织的传统村落解体了。面对现代日本农村生产方式、生产组织和日本社会结构的变化，民俗学者们不得不重新思考民俗学的研究对象。据日本国情调查，1970年都市人口比例占53.5%，都市居民人口已超过了日本全国人口的半数。这意味着民俗学不能撇开人口占多数的都市居民，讨论民俗文化。日本现代社会结构的变化，急需日本民俗学研究对象的转型。日本民俗学从20世纪70年代后半期开始，提倡都市民俗研究，进行都市民俗调查。佐野贤治等编《现代民俗学入门》中的地域社会的变化与民俗变化、都市的场所、移民的民俗、生活改善与民俗的变形、战争与民俗等民俗现象的分类，体现了日本现代民俗学者面对民俗研究对象的变化的积极思考和研究成果。该书中认为，日本都市民俗研究中大致有以下两种研究视角。一种是试图从都市居民生活中发现村落社会传统的民俗。另一种是阐明村落社会中看不到的都市民俗。现在的都市民俗研究是第一种研究倾向强，第二种研究还有很多有意思的课题未做。① 到了《现代民俗学入门》时日本民俗学研究对象从村落社会生活转为日常生活民俗。

　　其次，由于柳田对日本民俗学的巨大影响和领导地位，1962 年他的逝世给日本民俗学带来了很大危机。甚至有人怀疑柳田国男去世之后，日本民俗学面临着生死存亡的危机。失去具有绝对主导地位的学术奠基人和领袖的日本民俗学界，从学理上积极思考学科的生存、发展途径和方法。20 世纪 80 年代以后柳田国男的弟子们相继去世，或从民俗学研究领域的第一线退下来，没有直接接触和接受柳田国男民俗学思想的新一代学者们成长起来。他们生长于日本经济高速发展、都市人口占全国人口多数、城市周边地区住宅日益扩大的现代社会变革当中。他们面临的民俗研究主要对象已经不再是农民、渔民的农村生活民俗文化，而是占全国人口多数的都市人的生活民俗。他们积极地修正和补充柳田国男民俗学范畴、分类体系和研究方法，重新探讨民俗学的学科地位和方法论问题，创建新的分类体系和研究方法。

① ［日］佐野贤、谷口贡、中込睦子、古家信平编：《现代民俗学入门》（日文），吉川弘文馆 2000 年版，第 6 页。

第 四 章

柳田国男民俗学与重出立证法

柳田国男是日本民俗学的奠基人，日本民俗学是以柳田国男为中心形成的。日本民俗学界习惯于把柳田国男提倡、指导和实践的民俗学称为柳田民俗学。柳田民俗学的基本立场是试图阐明普通日本人的日常生活及其历史文化变迁。柳田国男认为民俗学是产生于历史学，并从历史学中独立出来的学问。柳田民俗学的主要研究方法是历史研究方法，即重出立证法。重出立证法是通过对从全国各地采集获得的资料进行综合、归纳、分类和比较研究，阐释日本历史文化的变迁和发展。

日本民俗学之父柳田国男一生著述等身，他的民俗学研究理论和方法在日本民俗学界产生了长远的影响。他学识渊博，研究范围广泛，他的论说不仅在日本民俗学界产生了深刻影响，而且在日本文学、农政学、经济学和语言学界也产生了较大影响。评价他著述的成果层出不穷。日本学术界专门设立柳田国男研究会，并编辑、出版了《柳田国男事典》①，将其毕生的著述分为文学、口承文艺研究、日本语与方言、地名研究、柳田国男的思想、农政学、经济学、民俗学和人际关系等诸多方面，全面地介绍、评价他的成果。日本成城大学民俗学研究所设立"柳田文库、民俗学研究室"，科学地整理、分类柳田国男的藏书，于 2003 年刊行《柳田文库藏书目录》②。日本著名民俗学家福田亚细男评价他："这十几年间，

---

① ［日］野村纯一、三浦佑之、宫田登、吉川祐子编：《柳田国男事典》（日文），勉诚出版 1998 年版。

② ［日］成城大学民俗学研究所编：《柳田文库藏書目录》（日文），成城大学民俗学研究所 2003 年版。

柳田国男的评价日益提高，梳理和论述继承他的思想、理念和方法的论文和评价接二连三地登场。并由于柳田国男的影响，日本社会和学界对民俗学的关心也在日益提高，带有民俗学倾向的著书和论文相继问世。"① 何彬的《日本民俗学学术史及研究法略述》中说："柳田的民俗学论说对日本民俗学界及众多民俗学者产生了极大影响，一时被奉为至上理论。由于在民俗调查、研究和教学各方面，人们多以柳田理论为唯一经典，以致在其后数十年间，日本民俗学的主流一直被称为'柳田民俗学'。"②

一　柳田民俗学的形成

柳田民俗学认为，仅仅从解读文字记录的文献史学的视角无法解释清楚历史变迁。只有以普通人日常生活民俗事象作为资料，分析和阐明其意义的民俗传承才能阐释日本人的生活历史。

柳田国男自幼爱好文学，具有很高的文学创作天赋。他于 1897 年考入东京帝国大学法科大学政治科学习。他虽然不是学习文学专业出身，但作为文学青年，与同学一起开展文学活动，并发表短歌、抒情诗。他学习欧洲新文学，并创作新体诗，获得当时日本文学界的很高评价。1900 年柳田大学毕业，进入农商务省农务局工作，并在早稻田大学讲授农政学。1914 年任贵族院书记长。

柳田国男转变方向从事民俗学研究，与他 1908 年的两次个人生活体验有着密切关系。第一次体验是于 5 月 24 日至 8 月 22 日，他在日本西南地区九州做了为期三个月的调查旅行；第二次是他与出生于日本东北地区岩手县远野村的佐佐木喜善（笔名为佐佐木镜石）的相识。同年的 5 月到 8 月的长达三个月的调查中，他采访宫岐县椎叶村，以采集记录该村的狩猎野猪的古老习俗为中心，并查阅有关同村旧家流传的狩猎传书资料，1909 年写出了日本最初的民俗志《后狩词记》。同年 4 月在大日本报德会的内部杂志《斯民》上发表《九州南部地方的民风》，表达了自己对九州

---

① ［日］福田アジオ：《日本民俗学方法序说——柳田国男と民俗学》（日文），弘文堂 1984 年版，第 3 页。

② 《民俗学的历史、理论与方法》（上），第 196 页。

南部地区民俗的体验和感悟。柳田国男经早稻田大学学生水野叶舟的介绍，与佐佐木喜善相识。当时佐佐木喜善在早稻田大学学习。柳田国男每月择日邀请佐佐木喜善到家里讲远野的故事和传说。他忠实地记录佐佐木喜善讲述的在岩手县远野村流传的民间信仰、传说、故事和怪异谈等，于1910 年出版了《远野物语》。柳田国男在《远野物语》的前言中说：

> "这些故事和传说全部是跟远野人佐佐木镜石君听的。明治四十二年（1909）的二月开始，他每天夜晚都来我的住所，并讲这些故事，我记录下这些故事。镜石君是善于讲故事的诚实的人。我自己也不加减一字一句地按照原样记录。我认为远野乡里这类的物语有数百则。我们渴望听到更多。很可能作为国内山村比远野更偏僻的地方应该有无数的山神山人的传说。"①

用柳田国男自己的话说，《远野物语》是基本按照佐佐木喜善的讲述忠实记录了这些故事。《后狩词记》《石神问答》和《远野物语》是柳田民俗学初期研究的纪念碑式的著作。

另外，柳田国男放弃农政学，从事民俗学的社会原因是 20 世纪 20—30 年代中期，日本经济迅速恶化，再加上来自美国的经济危机的沉重打击，日本经济危机更加严重，尤其农村经济日益衰落，农民生活更加贫穷。柳田国男在日本农商务省农务局工作期间，目睹了当时日本农村经济的严重恶化和农民生活的悲惨现状。他深深同情农民的悲惨遭遇，并迫切地感到日本农业政策改革的必要性。他提出农业必须发展变化，农民必须依靠自己的创造与努力来提高农业的利润。他的农政主张没有得到当时日本农务局的支持和采纳。他对日本当时的农务政策深感失望，离开农务活动，开始了他的民俗学研究。柳田国男对日本农村经济衰退和农民生活贫困的深深同情，对当时日本农业政策的失望是他以后转入民俗学研究，并主张"经世济民"和"学问救世"的学术使命感，即学术必须为实现社会的进步与发展作出贡献的主要原因之一。

福田亚细男把柳田国男的民俗学分为初期和确立期。初期的民俗学主要以偏僻的山民生活文化为研究对象，试图阐释以刀耕火种和狩猎为主的

---

① ［日］柳田国男：《柳田国男全集》（日文）第 4 集，筑摩书房 2000 年版，第 9 页。

山民生活民俗和生产方式与其他平原地区农民的不同。主要研究山区民俗的地域特点及其历史变迁。初期的柳田认可民俗的地域性，并试图阐释其地域特点。他认为横的地域差距不能简单地以纵的时间差距代替。这是很重要的研究视角，也是在确立期的柳田国男民俗学中欠缺的观点。柳田民俗学的重要术语之一的"常民"概念的演变体现了他初期和确立期民俗学观念的不同。常民是指民俗的承载者，传承民俗的主体。初期柳田民俗学的常民概念具体指生活在山区的山民之外的平原地区的农民，是与山民对立的概念。他把"常民"概念设定在除了自己研究对象之外的平原农民。福田亚细男认为，初期的"常民"概念是作为空间的概念来使用的①。

　　确立期的柳田民俗学的研究对象主要是生活在平原地区的稻作民。1930 年以后柳田民俗学开始进入确立期。确立期的柳田民俗学的理解与初期比较发生了很大变化。这时期的柳田国男精读弗雷泽的《金枝》和摩尔根的《古代社会》等 19 世纪进化主义人类学派的代表作，深受其人类都经历相同的历史阶段的观点的影响。柳田批评把众多民族统统视为一个民族来讨论人类历史的观点和研究方法，并忌讳简单地与其他民族的民俗进行比较研究。他主张成立一国民俗学，强调日本的民俗学应该在国内进行比较和阐明历史。尽管如此，柳田国男的根本历史认识与进化主义人类学派是相同的，他只是把研究范畴限定在日本国内而已。他认为日本列岛内的各个民族都经历了相同的历史过程，因此地域差距表示着一种历史的过程。柳田国男在这一历史认识的基础上提出了重出立证法。

　　柳田国男在《乡土生活研究法》中界定的常民概念是村落中除了重要人物阶层和非农业人的"极其普通的百姓"，即普通农民阶层。这一理解基本代表了柳田民俗学确立期的常民概念。

　　柳田国男的历史认识的另一个重要特点是注重国学传统。柳田认为日本民俗学是本居宣长的国学的继承和发展。

　　分别写于 1934 年和 1935 年的《民间传承论》和《乡土生活研究法》是柳田国男民俗学思想形成和成熟的象征。《民间传承论》中主要论述了柳田国男一国民俗学思想、民俗志的观点、史学观以及民俗学与史学关系

---

　　①　[日] 纲野善彦、宫田登、福田アジオ编：《历史学と民俗学》（日文），吉川弘文馆 1992 年版，第 135—144 页。

的认识、乡土研究的意义、文献作业的准备、民俗事象的采集与分类、语言艺术、传说与说话和心意诸现象等民俗学理论问题。《乡土生活研究法》中论述了什么叫乡土研究、乡土研究与文书史料、国外民俗研究、日本乡土研究的沿革、新国学以及有形文化、语言艺术和心意现象等三部民俗分类等内容。《民间传承论》和《乡土生活研究法》是体现柳田国男民俗学思想的主要代表作。这两部著作中集中体现了柳田国男的民俗学研究目的、民俗研究的对象、民俗的分类和研究方法，并成为日本民俗学重要的理论著作。

日本民俗学家新谷尚纪在著作《柳田民俗学的继承和发展》① 中，如下分析了柳田民俗学的形成特征：

第一阶段的特征是民俗的发现。柳田国男作为农商务省官僚和国家精英，有机会接触、体验和观察日本列岛各地域、各阶层、各种职业的多种存在形态，即日本文化的多样性。1913 年他在 39 岁时创办《乡土研究》刊物，并在这个杂志上相继发表《巫女考》《山人外传资料》《毛坊主考》和《柱松考》等论文，关注那些不被人关心的民间的小神灵和下级宗教人士的活动。其中《年节记录》《妖怪谈》和《地名研究》等特约论文，是柳田民俗学的出发点。但这个阶段利用文献资料来做研究多，直接采集的民俗资料很少。这时期的柳田国男极其关注弗雷泽和高莫（George Gomme）的著作，并十分注意欧洲的人类学和民俗学的研究动态。

第二阶段的特征是柳田国男 45 岁时辞去官职，大正九年（1920）到东北和冲绳旅行。写了《雪国之春》《秋风帖》和《海南小记》三部著作。大正十年（1921）到大正十二年（1923），他作为国际联盟委任统治委员两次去欧洲旅行。拜见弗雷泽，直接接触和体悟欧洲学问，并受到了刺激和影响。

第三阶段是民俗学成立活动的正规化。以 51 岁的柳田为中心，以冈正雄等关心民族学和社会学的青年研究者为编委的杂志《民族》于大正十四年（1925）发行。该杂志本应成为民俗学研究的核心阵地，但柳田的目标方向和青年编委们不一致，柳田主张充实资料报告栏目，与此相反

---

① ［日］新谷尚纪：《柳田民俗学の継承と発展——その視点と方法》（日文），吉川弘文館 2005 年版，第 5—7 页。

冈正雄等青年编委希望多发表有锐气的论文。不久，昭和三年（1928）7月柳田辞去这个杂志的编辑工作。与冈正雄等西欧流派的民族学和折扣信夫等重视文献的古代学派的学风不同，柳田追求以眼前的民间传承为资料，试图阐释作为平民历史的柳田民俗学的独立性。不怕孤立的柳田抛弃妥协，在这个时期发表了《蜗牛考》和《入赘考》等论文，他以树立新的民俗学为目标孤军奋战。这时期的柳田还关注欧洲民族学的研究动态。

第四阶段是柳田民俗学的成立期，《民间传承论》的问世标志着民俗学作为独立学科成立。

二　柳田国男民俗学与历史研究方法

正如日本著名民俗学家关敬吾所评价的那样："柳田国男把民俗学置于历史科学之中，一贯采用了历史研究方法。"[①] 柳田国男认为民俗学是产生于历史学，并从历史学中独立出来的学问。他的《乡土生活研究法》《民间传承论》和《国史与民俗学》等主要民俗学论著中，贯穿着他对民俗学与史学关系的思考和历史研究方法。柳田国男把民俗学放在历史科学范畴里，用历史研究方法采集、整理、分类和研究民俗学。柳田说：

> 我们必须看到史学与民间传承的学问之间是相辅相成的。如果我们不依靠历史研究，也许不会懂得过去这样遥远的事情，而且为了认识到事物以及社会文化的变迁的痕迹而不得不浪费很多时间。我们通过史学懂得了事物的沿革。换句话说，也可以说民间传承之学也是依托史学的启示和指引而产生的。虽然今后我们很难从史学这片沃野中分离出来而独立，但是史学把我们领进杂乱无章、渺茫的前代知识的波涛汹涌的海里，撇开不管，可以说我们现在深受其害而正感到痛苦。因此，今天的民俗学是被迫去完成史学不能处理的事情的一种学问。[②]

---

① 《民俗学》，王汝澜、龚益善译，第3页。

② ［日］柳田国男：《柳田国男全集》（日文）第28集，筑摩书房1990年版，第343—344页；参阅［日］柳田国男《民间传承论与乡土生活研究法》，王晓奎、王京、何彬译，学苑出版社2010年版，第66页。

柳田国男指出，民俗学是在历史学的影响下产生、发展和独立的学科。并且民俗学是为了弥补史学中存在的缺陷，并解决历史学无法处理的问题而产生的学科。

（一）柳田国男评论史学的局限

柳田在《民间传承论》中主要从以下两个方面论述历史的有限性。首先，柳田认为，历史记载和文化遗迹只是浩瀚的人类历史中很小的一部分。据说人类有五万多年的历史，可是依据古埃及文明遗址，人类历史也不过是四五千年的历史，之前四万多年的人类历史却混沌一片。依据历史资料无法推测和判断无文字史料的历史。这是史学的局限和约束。考古学虽然弥补了一点历史的局限，但考古学以茫然的太古为研究对象，所以不可以说前景很乐观。因为人类绝大部分历史都是在无文字的状态下延续、发展和变迁的，所以仅仅依靠有限的文献资料追溯和探索人类古老文明和历史是很有限的，而口头传统即神话、传说、史诗等民间文学和民间记忆正好弥补了文献记载的不足。

其次，由于历史编纂者的历史观、价值判断和当时主流阶层的思想意识的限制约束，历史资料本身具有很大的局限性。关于平民百姓的历史资料，除了饥荒和农民起义几乎没有留下任何记载。用柳田的话说：

> 历史本来不像我们的足迹，历史不会无意识地遗留于后世。从孔子撰《春秋》的古时候开始，历史仅仅是史家认为值得留传后世、名垂史册的一小部分内容。因此历史是完全依据史官的判断选择。本来下层无文字阶级的生活就理所当然没有理由进入史官的选择。也可以说，史官从最初就怀着使历史的一部分成为无历史的意图。①

历史的编纂者一开始就根据自身的价值判断、政治需求和审美标准，对史料对象进行选择、整理、归纳和编撰。历史编纂者不会选择普通人和无文字阶层的平凡的生活。因此，历史文献中几乎没有占绝大多数的普通人或农民生活的历史记载。柳田在《民间传承论》中如下论说史学的有限性：

---

① 《柳田国男全集》（日文）第 28 集，筑摩书房 1990 年版，第 303 页。

　　我们认为历史是说明过去、解说今天的学问，因此对于那些怀着盲目的天真的疑问想倾听历史的人来说，历史相当有局限性。我们是不会满足于仅仅由史官选择范围的历史。今天的历史忽视的部分中，有我们想知道的历史，即存在自己说的史外史。像以前那样，满足于有限的学问，无论如何今后必须向这个史外史方向发展。人类复杂无限的生活的几千年的悠久历史，有必要好好觉悟。特别到现在被忽视的常民大众的历史格外是这样。可以说民间传承的学问是为了补充这个历史的缺陷而发起的学问。①

　　柳田国男批评了传统史学的局限性。传统史学一直忽视广大民众的生活历史。仅仅依据史官选择的历史记载，不能了解人类极其复杂而悠久的历史。柳田认为过去和今天的历史研究史料仅仅依靠文献资料，局限性很大，而民俗学正好弥补了历史资料的局限，也补充了历史研究方法。这段话既体现了柳田民俗学的历史研究方法论，也概括了他关于历史与民俗学研究方法的主要区别的看法。柳田虽然没有明确说史学与民俗学的研究对象不同，但指出了民俗学把研究视角转向过去和今天的史学一直忽视的普通人的历史。他号召自己的弟子和全国的民俗学者，搜集普通民众日常生活的民俗资料。柳田国男领导开展了日本民俗学史上几次大规模的民俗调查工作，最著名的是"山村调查"和"海村调查"。山村调查是日本民俗学科开展的第一次大规模的综合性民俗调查。这个调查活动的全称是"日本偏远诸村乡党生活资料收集"，从 1934 年 5 月到 1937 年 4 月，由 73 名调查人员分头展开同步调查。山村调查的具体调查方法是每个调查人员按照事先设定的、约百项的调查事项手册《乡土生活研究采集手册》，在乡村进行逐项问卷并记录村民回答的内容。这次调查成果被柳田国男编入 1937 年 6 月出版的《山村生活研究》。继山村调查之后，从 1937 年开始，用两年时间进行了"离岛及沿海诸村乡党生活调查"。此次海村调查原计划选取日本全国 30 个海村，由 11 名调查人员进行，因战争原因只调查到 14 个村庄就中止了。海村调查的具体方法与山村调查基本相同，调查结果被收入 1949 年刊行的《海村生活研究》一书。虽然这两

───────────────

　　① 《柳田国男全集》（日文）第 28 集，筑摩书房 1990 年版，第 305 页。

次调查活动后来受到了批评，但大量地收集了被历史文献忽略的日本农民和渔民的日常生活民俗资料，弥补了历史记载的局限性。

柳田国男对当时日本史学界存在着书库资料的杂乱无章现象提出了尖锐的批评，因为这严重地制约了学问的发展。他说：

> 广义的历史学者普遍为进资料库像进了迷宫一样的状况而感到烦恼。就今天的文献而言，近代记录的文献其实有相当规模的积累，似乎材料已经过剩了。就拿江户时代的文献来讲，江户前期和江户后期的文献在数量上有了巨大的差异，后期的文献比前期多出不止十倍。到了明治时代岂止是十倍，百倍都有了。在各种资料急剧增加的情况下，其管理方法却仍然是原来的老一套，这是必须要改变的。①

柳田国男指出，当前的史学和民俗学缺乏科学的资料整理和分类方法，而资料的科学整理和分类是一切研究工作的基础和开端。当前史学和民俗学研究领域的困惑不是资料的贫乏，而是资料的堆积和杂乱。他指出日本民俗学和史学界的当务之急不是搜集资料，而是合理地管理、分类和整理已有的资料即文库资料，并有效地利用文库资料。柳田国男迫切地指出日本民俗学和史学界资料的杂乱无章，严重地制约着学问发展的现状：

> 一方面这种资料的过剩让研究者容易产生饱和感。能力再强的人充分掌握这些资料也是困难的，于是就会满足于现状。而且面对其他方面的坦率的疑问变得迟钝。年轻的史学工作者甚至给人一种被资料牵着鼻子走的感觉。他们丢弃自己坦率的疑问和从少年时代起就藏在心中的疑问，似乎连反思都没有就被资料牵着鼻子走，我只能说万分遗憾。②

资料是一切研究的基础，研究工作离不开资料的收集、合理的整理和运用。但没有经过科学整理、归纳和分类的杂乱无章的资料，不但不能成

---

① 《柳田国男全集》（日文）第28集，筑摩书房1990年版，第342页。
② 同上书，第343页。

为研究的基础，反而严重地制约学问的发展。研究者很难充分掌握和运用无秩序的资料，容易被杂乱的资料牵着鼻子走。柳田国男根据记录的性质，把过去的资料即历史资料分为计划记录、偶然记录和采集记录三种。计划记录指按照事先的计划进行的记录。柳田国男说：

> 所谓偶然记录是阐明计划以外的问题时借来使用的文字资料，临时命名的名字，这是今天的史学利用的比较多的方法。①

柳田国男的这段话证明了他在 20 世纪 30 年代已经觉察出史学从主要采用计划记录开始转向利用偶然记录，即传统史学研究方法的转变。柳田国男认为："历史与民俗的本质差异在于是否采用这个偶然记录。"② 柳田国男说的偶然记录虽然存在偶然性、不精确、内容夸张甚至杜撰多的缺点，但偶然记录把过去的计划记录的主要对象从农民起义、历代诏书免征税和修水池等重要历史事件和历史人物的功绩等教条而乏味的记录转向活生生的平民百姓的日常琐事和市井杂事的关注和记录。虽然把偶然记录直接当作历史资料利用是危险的，有必要充分斟酌这个危险，但是偶然记录却给历史研究带来了空前的生机和繁荣。

（二）柳田国男与重出立证法

柳田国男民俗学的历史研究方法主要是重出立证法。重出立证法是柳田国男只在《民间传承论》中使用而在其他论著中都没有提到的特殊术语。从 1933 年 9 月开始，每周四上午柳田国男在家里给弟子们讲授《民间传承论》的课程，共讲授了 12 次课。他的学生整理课堂笔记，于 1934 年出版了《民间传承论》。这是日本人自己撰写的第一本民俗学理论著作。《民间传承论》的第三章《文字以前》第五节《我们的方法》中提出了作为柳田民俗学研究方法的重出立证法：

> 史学学者引以为荣，外部对史学的赞誉和尊重的理由在于史学研究对史料真伪严格鉴定标准，但这是伴随着所谓历史事件的一次性，

---

① 《柳田国男全集》（日文）第 28 集，筑摩书房 1990 年版，第 347 页。

② 同上书，第 352 页。

人根据无论何时只发生一次的过去的大事件，试图说明其周围的社会状态和时代特征，无论多么慎重地鉴别记录文献，也是无法安心使用。然而，由于没有其他方法，对繁杂的证据的批判带有随意性。不过，如果把我们收集的人生事实作为史料采用，省很多心思。例如，这个社会最大的事件，人吃饭、性爱等，过去重复数十亿次，目前也在到处实行。尽管没有那么多次，也必须有一年一次一代一回，这些都是展现在我们面前的每村的历史。我们说的重出立证法，极其可靠地取代了过去的对史料的严格鉴定的做法。①

柳田国男指出，史学研究是以一次性的过去大事件为历史资料，阐释其周围的社会状态和时代特征的。而民俗学研究是以普遍的、类型化的日常生活事件为历史资料，阐明社会变迁和时代特征。柳田明确提出这种民俗学方法就是重出立证法。他在《民间传承论》中说明："我们的重出立证法即相当于重叠拍照的相片。"② 另外，他在《民间传承论》中还进一步解释重出立证法是：

> 仅仅根据采集获得的资料的记述，达不到我们学问的目的。必要的不仅是各部分的记述或分析，而是其后应该进行综合。即便是采集虽然说如果不夸大精确，外行也能完成预期采集，但那是仅此而已。只有以比较研究为目的的采集才最有意义。比较是预想综合。对科学的期望最必要的方法。分类和索引都是为了比较方法。③

柳田强调通过对采集获得的资料进行归纳、分类和比较研究，阐释日本历史文化的变迁，这是柳田民俗学的历史研究方法，即重出立证法。重出立证法首先是以普通人普遍的、类型化的日常生活民俗为调查对象，其次是通过对调查获得的资料进行综合、归纳、分类和比较研究，从而阐释历史变迁。柳田民俗学的重出立证法不是单纯的比较相似性和差异性的研

---

① 《柳田国男全集》（日文）第28集，筑摩书房1990年版，第318—319页。参照了王晓葵等译《民间传承论与乡土生活研究法》，第49—50页。

② 同上书，第319页。

③ 《柳田国男全集》（日文）第28集，筑摩书房1990年版，第381—382页。

究，而是阐释社会历史变迁的比较研究方法。《蜗牛考》就是运用重出立证法的典范。柳田在全国范围内收集关于蜗牛的名称的各种方言，并对获得的方言资料进行排列、归纳、分类和比较研究，从蜗牛名称的各种方言的分布形态特征，阐释其变迁过程，并提出著名的方言周圈论。柳田之外最早使用重出立证法的恐怕是仓田一郎。他提倡把方言周圈论扩大为文化周圈论或民俗周圈论。第二次世界大战后日本民俗学界尤其普遍接受重出立证法，其中和歌森太郎的贡献显著。他在 1947 年刊行的《日本民俗学概说》等著作中，进一步解释了重出立证法和方言周圈论。

三 福田亚细男对柳田民俗学与 历史研究方法的评述

随着日本民俗学研究的深入，柳田国男的民俗学研究方法暴露出了它的局限性。柳田国男之后的日本民俗学家们逐渐超越他的影响，以批判的研究视角梳理和评价他的民俗学研究方法和思想。其中著名民俗学家福田亚细男较为全面、系统地整理和分析了柳田国男对民俗学与历史关系等问题的思考，并尖锐地指出柳田国男的历史研究方法即重出立证法的局限性。

（一） 对柳田国男历史观的评述

福田亚细男说："柳田国男，不是一开始就从事民俗学的。他需要历史。然而他理解的历史不是单纯的过去，那是理解现在，思考未来的历史知识。"[1] 福田亚细男从以下三点概括柳田国男民俗学的特色：首先是作为历史研究的民俗学；其次是"经世济民"，即为社会、为普通民众的民俗学；再次是极其重视语言的民俗学。柳田国男民俗学的主要研究方法是历史研究法。

福田亚细男简要地概括柳田国男对历史的理解和认识：

（1） 柳田国男格外强调社会现象的变迁，他认为，一切社会现象都

---

① ［日］福田アジオ：《日本民俗学方法序说——柳田国男と民俗学》（日文），弘文堂1984 年版，第 35 页。

在变化中，不存在任何不变和固定化的事物。现在的现象作为其变迁的结果存在。如果人类社会和人的生活不存在变化，今天也没有必要进行采集和记录。

（2）社会现象的变迁必然有其原因。

（3）个别事象的变迁过程是单系的展开。柳田国男说的不是全人类规模的单系发展，明显受到了19世纪进化主义的影响。把单系发展的框架限定于日本民族，在日本各地看到的事象偏差是表示其变迁过程的横断面。基于这个认识的资料操作法是重出立证法和周圈论。

（4）社会现象的变化、变迁不能以实际年代的时代来断代。每个个别现象的变迁都有快慢，因为现在作为横的分布从古代形态到新的形态齐全，所以全部事象以特定的组合存在。①

首先，柳田国男民俗学历史研究方法体现在村落史研究成果中。因为柳田民俗学的研究目的是寻找日本农民生活贫穷、农村社会落后的根源，所以柳田民俗学的主要研究对象就是村落社会和农民生活。他的村落研究的具体成果主要是，1923年的《乡土志论》、1929年的《都市与农村》、1931年的《日本农民史》、1932年的《分类农村词汇》和1936年的《地名研究》等。另外，他的理论著作《民间传承论》和《乡土生活研究法》中也涉及了村落史研究问题。《日本农民史》内容最完整，生动描述了当时的农民生活历史背景。福田亚细男认为，后来的民俗学村落研究并不活跃，只是调查报告多和罗列陈旧组织的说明文，几乎看不到真正的研究。村落研究方法的主流是通过重出立证法追求特定显现的原型与变迁。

（二）对重出立证法的批评

据福田亚细男的归纳，第二世界大战后柳田国男及其弟子们的研究方法发生了变化。从起源论的研究，转变为民俗词汇中心的比较研究。即柳田国男及其弟子们的研究视角从单一的历史变迁和起源探索，转变为从语言学尤其方言的角度，深入研究和阐释日本人的生活民俗和信仰世界。柳田国男在战时编集的《婚姻习俗词汇》《葬送习俗词汇》《禁忌习俗词汇》和《分类农村词汇》等民俗词汇资料基础上，进行了民俗词汇中心的比较研究。柳田国男的具体研究大致集中于信仰、日本语

---

① 《日本民俗学方法序说——柳田国男と民俗学》（日文），第36—38页。

和日文等问题上。福田亚细男从以下两个方面概括柳田国男民俗学的历史研究方法：首先，应该通过现在遗留的事实和传承人的行为阐释用文献史料不能说明的历史，即主张新的历史史料的发现；其次，把现在遗留的事实作为史料时，通过从各地收集到的资料进行综合比较，阐释变迁。这一资料操作法上的主张，是柳田国男学说的比较研究法或重出立证法。

福田亚细男认为，必须承认仅仅靠文献史料就从总体上阐释历史是不可能的。他对柳田国男民俗学的历史比较研究法即重出立证法提出质疑：用现在的遗留事实阐释历史，"收集叠加"的比较方法是不是唯一绝对有效的方法？另外，这种方法是否为阐明变迁起到作用？

福田亚细男以严密的逻辑推理、假设和精细分析，从学理上对重出立证法提出质疑：①对从全国各地收集的资料的整理和分类没有明确的标准。②更重要的是，假设重出立证法能给资料排列出一定的序列，那么其序列是什么意义上的变迁？即各种资料及其序列表示变迁的道理何在？换句话说，以横向分布说明纵向变迁的根据是什么？③假设即使作为比较资料的结果判明变迁，那样的变迁为什么发生，怎样才能阐明变迁的主要原因？是否能够设定民俗变迁的因果关系？④假设即使从资料的比较判明变迁，但是否能阐明那个变迁和其他民俗事象的变迁具有什么样的关联？或者没有必要说明作为复合民俗的全体的变迁，即社会变迁吗？⑤重出立证法能解答得出的变迁是什么？那个变迁与进步和发展概念有何关联？福田亚细男尖锐地指出，关于以上几点，以前民俗学几乎没有做出任何答复，恐怕做出说服性的解释也困难。即不得不说柳田国男的方法作为历史研究方法，还存在缺陷①。

关于柳田民俗学历史研究方法重出立证法为什么存在以上缺陷这一问题，福田亚细男从民俗学的学科特点和调查研究相结合的角度，对柳田民俗学重出立证法进行了深刻反思，并尖锐地指出以下两个方面存在的局限和缺陷及其根本原因。

1. 重出立证法的局限

重出立证法是指作为收集重叠的程序，首先从全国收集认为同种的资料，将其类型化。并比较各类型，排序列，将其作为变迁。于是，其研究

---

① 《日本民俗学方法序说——柳田国男と民俗学》（日文），第78—79页。

始终在全国范围进行。这样的处理方法，使资料离开传承的环境，作为类型中的一个事例处理。活形态的民俗事象成为无根之草、无水之鱼。因此，即使假设用重出立证法可以给排列种类一定的序列，阐明某种类的变迁，但它忽视了民俗的活形态和地域性特点。

福田亚细男尖锐地指出作为柳田国男的资料操作法重出立证法的局限性。重出立证法的局限是把活在民间的民俗现象从其传承的土壤"乡土"抽取出来，投入资料群中进行类比，淡化了民俗的地域性特点。福田亚细男批判柳田国男民俗学调查以采访知道旧事的老人为中心，过分重视老人零星、片断的记忆。其结果使人很容易误会，民俗学是听和记录老人头脑中记忆的学问。他还指出，采访与某事件有关的人，并进行记录是史学的史料收集方法之一，不是民俗学的调查。他认为，民俗基本是自古以来传承的事情，在特定社会里至今还保持着生命，即发挥着一定功能的诸现象，与只留在老人头脑中的记忆不同。①

福田亚细男以上一段话很清楚地指出了史学与民俗学研究方法的区别。史学研究对象是定格于过去的、死的东西。无论遗留着如何丰富的资料，它们之间没有连续性。史学资料收集面对的是无生命的文献资料或片断记忆。而民俗学调查是面对具有生命的、活在民间的、发挥一定现实功能的诸现象。民俗事象通过其传承者的行为和意识被制作、传承、相互关联和延续。而柳田国男的历史研究方法即重出立证法恰恰忽视了民俗的活形态和地域性特点，把存在于特定地域，并具有一定实际功能的活形态的民俗现象当作历史文献资料，把民俗从保存和传承的母体乡土生活中抽出来。并且基本按照事先设定好的调查项目，采访、提问和记录遗留在老人头脑中记忆的方法为中心，在全国范围内广泛收集资料，并通过对收集的资料进行排列、归纳、整理、分类，加以比较研究，阐释历史变迁过程。

2. 研究与调查的分离

福田亚细男说："柳田国男是旅行家，但不是调查者。"② 恐怕只有日本民俗学最初的出版物《后狩词记》算得上是柳田国男亲自进行的调查报告。柳田国男执笔的唯一的民俗志《北小浦民俗志》（1949）也不是他自己的调查成果。柳田国男没去过北小浦。这是根据当时正在进行调查，

---

① 《日本民俗学方法序说——柳田国男と民俗学》（日文），第82页。

② 同上书，第84页。

还没有写调查报告就去世的仓田一郎的调查资料写成的民俗志。柳田国男很少亲自到各地做长期调查。他建立了独特的研究体制——通过创办杂志，组织各地区的调查者。通过杂志，给全国各地的民俗学爱好者分配课题，并就这一课题从全国各地征求调查报告。杂志上刊登从全国各地寄送来的报告。柳田国男根据从全国各地收集的资料或调查报告，撰写论文发表。柳田国男众多论著的基础资料是全国各地无数调查者的报告。

福田亚细男批评柳田国男民俗学的重出立证法说，柳田把民俗调查和研究完全分开的同时，在人员分配上也把调查者和研究者明确区分开。在全国各地的地方调查者，拿着根据柳田国男的思考和价值判断拟定的《山村生活调查项目》采集手册和《民间传承》杂志上指示的调查项目等进行调查，从调查内容到调查方法和调查报告的完成，都不允许调查者加以个人的价值判断和分析。柳田国男的重出立证法限制调查者在从调查项目的制定到具体调查和调查报告的完成等全部过程中有任何自己的主观判断、主动思考和分析。地方调查者与研究工作隔开，他们虽然通过书信和杂志得到柳田国男关于调查技术方面的指导，但没有任何机会得到有关重出立证法资料操作法的任何训练。

福田亚细男说："柳田国男的民俗学在资料操作方法上，采取从全国收集资料的前提下可以进行研究的形式是事实上把能够研究的人限定于能够从全国收集资料的人。这与柳田国男超强的能力相互结合，研究几乎被柳田国男垄断。居住在东京，即使直接师从柳田国男的人也不是研究者。这些弟子们只是作为柳田国男见解的解说者存在，他们中间以独立的方法进行分析的人极少。归根结底，他们拿着根据柳田国男的判断和思考预先拟定的调查项目，到全国各地进行调查，回来后报告给柳田国男……直到柳田国男的晚年，他的弟子中才出现了独立的民俗学研究者。"①

总之，福田亚细男尖锐地批评，柳田国男民俗学历史研究方法即重出立证法虽然培养了众多民俗调查者，并从全国各地收集到了很多珍贵的资料，但把全国各地的调查者只限制在单纯地给自己提供调查资料的工作中，没有给调查者系统讲授重出立证法的资料操作训练和研究方法。而只有柳田国男自己可以对这些调查报告获得的资料，进行归纳、整理、分类和比较研究，并撰写论著。调查和研究相结合是民俗学的学科特点。柳田

① 《日本民俗学方法序说——柳田国男と民俗学》（日文），第86页。

国男作为民俗学学科的创建者和领袖人物，没有培养调查和研究相结合的训练有素的民俗学者队伍。而学者队伍的建设是一个学科发展最重要的因素。因此，可以说调查和研究工作的分开某种程度上制约了日本民俗学的发展。福田亚细男站在日本民俗学学科建设和发展的高度上，对柳田国男民俗学研究方法进行了尖锐的批判。

　　柳田民俗学认可探索人类历史文化变迁发展的资料不仅仅是被历史编纂者记载的文献资料，而更加丰富和具有生命力的珍贵资料，就活在人类尤其历史编纂者一直忽视的普通人的日常生活行为、语言和信仰当中。人类历史不仅仅是精英阶层的历史，而历代文献记载几乎成了重要人物的重大事件的记录。绝大多数普通人的生活和历史往往与历史文献无缘。柳田国男提倡，通过调查、记录和研究普通人的日常生活民俗事象，阐释人类历史、文化发展、变迁以及特征这一历史观和历史研究方法补充了传统史学观和研究方法的缺陷。即把普通人的日常生活民俗视为阐释人类历史文化变迁和发展的珍贵资料，并创建以阐释日本历史文化发展和变迁为追求目标的日本民俗学学科，这是柳田国男民俗学历史研究方法的重要贡献之一。

　　注重对资料的科学整理、分类和比较是柳田国男民俗学历史研究方法的另一个重要贡献之一。也是他的资料操作方法即重出立证法。虽然后来的日本民俗学家们从活形态民俗调查和研究的角度，对他的资料操作法或重出立证法提出质疑和批评。但柳田国男对资料的科学综合、整理、分类和比较研究的主张和努力为日本民俗学的成立及其以后的调查和研究工作打下了坚实的基础。资料的科学综合、整理和分类是一切学问的开端和基础。对资料的科学综合、整理和分类不仅是对过去资料工作的总结和梳理，更重要的是对将来收集资料和研究思路的整理和规划。

第 五 章

柳田国男民间文学研究

　　柳田国男既对日本民间文学的搜集整理、分类和研究方法有理论建树，又在日本神话、传说、民间故事和民间歌谣等领域出版和发表过诸多经典学术著作和论文。柳田国男研究日本民间文学的代表性著作有《桃太郎的诞生》《山岛民谭集》《民间传承论》《口承文艺史考》《日本传说名汇》《传说》《日本的传说》《作为史料的传说》《日本的昔话》《昔话与文学》《昔话名汇》《昔话备忘录》《民谣的今与昔》《民谣记录》《传承者》《讲述者》等论著。柳田国男的民间文学研究不仅奠定了日本民间文学的基础，而且对整个亚洲国家民间文学的研究也产生过重大影响。本章主要介绍和论述柳田国男日本昔话即民间故事研究思想和成果。

　　柳田国男从昔话概念的界定出发，系统论述昔话与传说、说话、世间话和童话等容易与昔话混淆的种类的微妙区别。柳田在阐释欧洲民间故事的分类方法不适合日本昔话分类的观点基础上，提出了日本昔话分类方法，并系统论述昔话与民间文学各个种类之间的关系。柳田国男在昔话概念和昔话分类方法等理论研究方面作出了突出贡献，而且对日本广为流传的《桃太郎》《瓜子姬》《开花爷爷》《撒灰的老爷爷》《一寸法师》《断舌雀》《猿蟹合战》和《蛇女婿》等常见的故事类型进行了深入、细致的具体文本分析。柳田国男的日本昔话文本研究方法主要是归纳和比较同一个类型的昔话在日本国内不同地区流传过程中的变异，并进一步阐释不同地区的文化传统和民间信仰的差异。

一　柳田国男的神话研究

柳田国男在《口承文艺史考》的序言中提到政治家、社会家使用的神话和学者运用的神话概念的不同，并介绍在日本最早使用神话术语的学者以及他们使用的神话概念与希腊神话的相似性与区别。柳田国男说：

> "《古事记》《日本书记》的神代卷等古代文献中记载了上古时期人们的生活传承，以本居平田为代表的学者们称其为传说，而把这些记载叫作神话的不是本居平田学派的学者们，而是《东亚之光》一类的大学杂志，尤其是高木敏雄等学者。这些人使用的神话这个术语当然是翻译过来的，而且主要是依据其内容上的一些相似性而命名为神话的，也许还没有弄清是否在方法和用途上都与希腊神话概念完全相同。"①

柳田国男从日本是否存在神话，神话在日本如何形成，以什么目的产生和存在等问题开始进行了讨论。他认为，日本曾经有过神话，甚至现代生活中也能搜集到神话的遗留和流传。学界公认神话的口传性和古老性。但神话在漫长的口头流传以及经过编纂者的修改、添加和删减之后的神话与以前家家信奉的神的信仰的心情不同。柳田国男说，不理清这个区别又增加新的用法的研究是无意义的混乱的研究，对我们的学问来说只能制造麻烦。

柳田国男肯定日本存在神话，而且现在也有遗留。他批评一些学者一开始就想否认日本有神话的说法。他认为，日本没有神话的观点是错误的。他说，神话学在日本有可能形成，除了有目的地记载的神话以外，在这个国家由神话派生的文艺化的其他民间文学资料也是很丰富的。柳田国男认为，神话虽然不是文艺，但与民间信仰、民间故事、传说有着密切关系，尤其传说与神话的关系更加密切。用柳田国男的话说，我们中间分布

---

① ［日］柳田国男：《口承文艺史考》（日文），《定本柳田国男集》第6卷，筑摩书房1985年版，第3页；《柳田国男全集》第8卷，筑摩书房1990年版，第9页。

着大量的传说，传说的传承方式不确定，在严格意义上不能归入口承文艺中。其存在与地区接连，传说必须有人相信。只是作为其基础的对神灵的一般性的信仰已经消失，把传说理解为真实历史的人占多数。因此，不允许把传说当作神话损毁后的遗留物。从这一点来说，在古代日本正史上记载的文本，或者本居平田学派的人们把其叫作传说的说法也许是正确的。总之，现在准确地叫作神话的研究对象已经从社会通常知识的表层消失了，只能间接地从所谓传说资料，探寻出神话的存在。① 柳田国男认为，神话虽然从现代生活的表层已消失，但在其他民间资料，如民间信仰、传说和民间故事中都能探索到其遗留和存在。

二　柳田国男对民间文学概念的界定

柳田国男在《口承文艺史考》的"口承文艺是什么"一章中通过讨论 28 个小问题来阐释了口承文艺即民间文学的定义。柳田国男介绍口承文艺这一术语的来源和界定，并以文艺的"文"字为例，探索文艺在日本固有文字中如何表述。他指出，日本中世纪的书籍中叫作"狂言绮语"的文字经常出现，并且其意义与我们今天谈的无文字的文艺基本相近。（ayakotoba）与绮语内容相近，甚至可以说相同。日语中的绮语、（ayako-toba）与口承文艺的意义相近，即口承文艺这个术语足以称谓绮语或（ayakotoba）。

柳田国男虽然说传统日语中有与口承文艺这个术语相同的词，但为了文学研究的便利，他还是建议统一用口承文艺这个术语。柳田接着谈到书面文学与口承文艺之间的密切关系。他说，不仅是日本，在世界上没有口承文艺是孤立存在的国家，也就说没有一个国家的口承文艺与用手写用眼睛读的书面文艺是相互脱离的。民众没有文字的时代或种族形成之后完全没有拥有书面文学的时间非常长。日本国民传承的最古老的民间故事之一，就是把记忆力出众的年轻女性背诵的事情笔录。直到建国 1200 年后，

---

① 《口承文艺史考》（日文），《定本柳田国男集》第 6 卷，筑摩书房 1985 年版，第 5 页；《柳田国男全集》第 8 卷，筑摩书房 1990 年版，第 5 页。

开始编修的汉文国史才记载了神话和许多和歌。^①

　　就像柳田国男所说，在人类没有文字的很长一段时期口承文艺即民间文学扮演了重要的角色。后来人们拥有了文字之后用文字记录了口耳相传的民间文学，如神话、传说、民间故事等。民间文学被文字记录之后变成书面文学和历史文献。书面文学和历史文献最初是从民间文学开始的。

（一）口头文学与书面文学

　　柳田国男在《读与背诵》中主要讨论了民间文学即口头文学与书面文学的关系问题。笔者首先说明的是口承文艺、口头文学和民间文学在本书中是完全相同的概念。口头文学与书面文学就像读与背诵两个词一样你中有我，我中有你。"读"一词也包含着背诵的意义。柳田国男指出，口头文学和书面文学两种形式的文学分成两条途径是最近的事情。西方有的学者认为，口头文学是未开化人的文学艺术，或者文明国家里缺乏教育的人们所喜闻乐见的歌或故事等。书面文学是被新学问恩惠的优雅阶级创造的作品。这种定义现在与事实背道而驰。与文字无缘的人们当然不能创作出用眼睛读的文学，但实际上不存在文盲完全不参与的文艺。对口耳相传的文学来说离不开识字的人们的深刻交往。在狭义地理解教育一词为识字的日本家庭里，没有经过口耳相传的文学的抚育而长大的人，在皇宫或平民百姓家里可以说一个都找不到。

　　柳田国男不赞成"口头文学是未开化人的艺术，而书面文学是接受新学问的优秀阶级所创造的艺术"这个定义。他主张口头文学与书面文学具有如读与诵两个词一样相互包容、相互促进的互动关系。他举例说明读与诵的关系。在他小时候有一位受人尊敬的不识字的年轻女性，他曾经有一次听她诵读本子，她的诵读极其易懂，她的讲解比任何人都好，她不仅会加注释，而且还监督四书或小学的通读，迅速地纠正其他人读错的地方。她具有如此惊人的记忆力和背诵能力。在日本，最古老的几个著名读本都是很长一段时间来被真正的文盲管理的。不识字的人诵读的《平家物语》，通过识字的人抄写永久地保存了下来。由此可见，柳田国男高度评价文盲艺人在没有文字或有文字的时代对书面文学和整个人类文明所作

---

　　① 《口承文艺史考》（日文），《定本柳田国男集》第6卷，筑摩书房1985年版，第9—10页；《柳田国男全集》第8卷，筑摩书房1990年版，第11—12页。

出的突出贡献。那些记忆力超常的艺人用口耳相传和背诵的方式传承古人留下的艺术，抚育后代，促进文学艺术发展。过去的背诵相当于今天的印刷复制。因此今天也是年轻人的记忆力受到尊重，存在口授成为学习的主要部分的想法的倾向。柳田国男说，口承文艺的范围、界限等至少在日本还没有明确。

（二）作者意识

柳田国男说，书面文学、作家和文盲不可能断绝交往。作者拿着笔和笔记本搜集口头演唱的民歌，吸收民间文学精华的例子很多。如短歌、俳句很难说是一个作者的创作，具有很多共通的类型和趣向。这主要是短歌俳句的作者必须遵守口承文学的约束，必须说大体古代固定的事情。

他认为，作者与背诵者或歌手和艺人地位很接近。或者想忠实地保存只言片语即原意或原来的样子，或者不断地增加新意，力图在古老的传承中增加时代特征。同时，他们都持有不能远离读者和听众期待的范围的相同态度。群众是作者，作者只是群众智慧的代表者这个古老的情形，至今到处可见。柳田认为把口头文学与书面文学两种文艺截然一分为二的想法未免有些过早。

（三）所谓读者文学

柳田国男指出，口头和书面两种文学最不可动摇的境界是读者层与作者的关系。即作者周围的听众和读者群是否干预文艺生产。今天的大众小说等，大众的趣味扭曲，变得无极限的复杂，作者迎合大众趣味，甚至大众趣味左右着作者的创作。他举个例子说，有个地方的乡村人都喜欢马，如果没有出现马，戏剧可能很快被淘汰。有一次在乡下演戏时，曾经有观众喊："出现马！"引起一阵骚乱，最后演员只好骑马上舞台。柳田国男举的例子虽然有些夸张，但说明了演出节目受到地方性的限制。文艺创作和演出受到当地观众的相对约束、影响和干预。无论是歌还是民间故事内容预先知道大概模式，虽然偶尔也会遇到喜欢增加新意的听众，但创作和改编都要在听众所允许的限度之内进行。如，神灵和佛的恩德灵验之前不能结束，《桃太郎》的结局必须是征服岛上所有的鬼，胜利归来。只有正确地传承才受到尊重和信任。

（四）采集与分类

柳田国男说，"口传"这个词是一切口承文艺的总称。口传有以下三点：首先，文字记录的文献完全没有保存下来或者文字记录存在错误时用口传来补充。文字记录和口传两种方式说明相同的事情时，相信口传的人很多。事实上文书的影响大。明治以来受欢迎的传说等深受广大读者喜爱。还没有文字只靠语言的时代，没有比口传更古老、更丰富的。其次，文字记录刚开始盛行时，只有一部分口传得到采集。再次，仅仅地域的写本传承中，没有力量统一全国的口传，后来流传的口传存在若干不纯洁的成分。

柳田国男指出，我们的事业必须从采集开始。但采集对谁来说都不是轻松的事情，需要长期辛苦和及时鼓励采集者的工作干劲。采集尽量从与记录没有关系的误解和混淆少的部分开始，首先独立地达到某种程度的推论，其次追求顺序，进入与书面文学的比较阶段。在许多国家这个阶段已经基本完成，迎来了文学史的研究。

柳田国男认为，开始系统的采集之后，才有比较研究的可能性。在各地区采集的二十年间的辛苦，就如无名作者背后的事业，日后利用采集资料的人应该记住他们的贡献。只有留下准确的记录，才能挽留在悠久的历史长河中放任自然流传，并且不久的将来就要消失的重要的民间传承。过去也曾经有过零星报告传说等口承的人，但是其目的与科学采集不同。他们主要怀着想把古老的传说变成新读物的强烈想法，凭借自己的兴趣与文才改编原来的传说。只有最近的采集，为了保留原意，明明知道偶尔有忘却或谬误，但因为这些口承是从古代保存下来的，所以不做补充。即把过去的民间传承原原本本地记录下来。就这样寻找现在的传承，二十年不算长，我们的本意是看到某一个特定时代的全国的横向面貌。平地和山区，海边和高原地区风俗习惯和民间传承各异。文艺等，在其发展的各阶段根据环境的不同确立顺序。①

每一个传承的分布区域都很广。制定详细的系统不难追寻其成长的路径，不过为了比较一种传承在不同地区的流传情况，必须进行精确的分

---

① 《口承文艺史考》（日文），《定本柳田国男集》第 6 卷，筑摩书房 1985 年版，第 21—22 页；《柳田国男全集》第 8 卷，筑摩书房 1990 年版，第 33—34 页。

类。基于题目有必要细致切分。由于存在从最初利用者是否能忍耐通览的烦恼的疑问,只好想办法做简便的索引。一种办法是根据口承文艺外形分类,这也是如果详细划分没有尽头。柳田国男说,根据民间约定俗成的名称首先制定八个或九个项目,根据情况还可以往下细分。这是为了方便外国学者根据这个区分再进行研究工作。当然,各部分之间是相互关联的。如果想深入了解或研究一个种类,也必须了解和研究其他种类,至少在前人的工作帮助下,省略一部分直接搜查的工作。所以采用这个分类法,并依据其分类想看到自古以来一个民族的口承文艺是如何形成外形进化的过程。这主要是为了给今后的采集者,尤其是对自己想记录民间传承的人们起到指导作用。对利用这个分类法或者进行讨论的人们,更进一步增加具体分类法,有必要从纵横两个方面准确化我们的资料。①

(五) 命名技术

给新事物和从国外引进来的新事物起名原则是通常采用民众喜闻乐见的,简单、明快的灵活语言,使民众通俗易懂。不需要说明就立刻领悟的幽默语言,立刻产生歌手或演员与听众之间良好的互动关系。这是口承文艺的一般法则。口承文艺及其表演者通常是感觉到群众的感受,代表群众说他们想说的话。柳田国男接着说促进语言创作的自然条件和自然环境。他认为,草木鸟虫和山水等自然环境对语言创作起着重要作用。他给我们推荐小野氏的《本草启蒙》一书中对草木鸟虫如何促进我们语言创作的论述。另外,他还通过调查沿河地区的民居和地名特点,证明山水等自然环境对语言尤其是方言的重要影响。柳田国男在《蜗牛考》中专门深入研究生活环境和生活习惯对方言的影响。

(六) 新语言与新句法

柳田国男以方言的构词、语法特点作为实例说明民众具有出色的创造语言的才能。他们表达词义的同时,更注重语音重叠,语音节奏美,读起来具有朗口、悦耳动听的效果。这是一种优美的语言。柳田国男知识渊博,从方言研究中探索出口承文艺特点。这些方言确实与诗歌具有一种共

---

① 《口承文艺史考》(日文),《定本柳田国男集》第6卷,筑摩书房1985年版,第22页;《柳田国男全集》第8卷,筑摩书房1990年版,第34—35页。

通性。这就是艺术。这些方言叫作艺术没什么不可以的。

方言在其他各种词语利用上也产生了很大影响。我们的歌谣和讲的故事还有谜语、谚语的词语，从大人到幼儿都被深深吸引。柳田国男的语言学功底很深厚。（他在文章中举了很多生动的方言例子，民众创作的脍炙人口，便于记忆，生动活泼的方言对日本国语的影响。）这些方言正是歌谣、谚语、谜语等口承文艺通常喜欢用的语言。正因为这些地方特色浓厚的方言，造就了口承文艺民众喜闻乐见和地域性特点。他没有堆积口承文艺理论，而是从方言的分析一步一步深入研究了口承文艺的具体问题。文中他还提到形成现在国语部分内容的方言当时都是民众口头创作的，现在不知道这些方言的创造者，也不存在著作权问题。

三　柳田国男故事学理论述评

《现代汉语词典》中对"概念"一词的解释是："思维的基本形式之一，反映客观事物的一般的、本质的特征。人类在认识过程中，把所感觉到的事物的共同特点抽出来，加以概括，就成为概念。"[1] 概念就是指事物基本特征或本质特征的概括。因此清晰的概念是正确引导人们认识世界和事物规律的理论工具。概念的界定是认识、分析和研究事物规律的理论基础。民间文学的认识、搜集、整理和研究工作同样离不开概念的界定。

（一）柳田国男关于民间故事基本特征的论述

日本的昔话（mukasi banasi）相当于中国民俗学界通用的狭义民间故事概念。为统一术语，本文中把昔话称为民间故事。柳田国男在《口承文艺史考》[2] 中对民间故事基本特征及其说话（setsuwa）、传说的相似性与差异性等民间文学基本概念和理论问题进行了深入探讨。柳田国男认为

---

① 中国社会科学院语言研究所词典编辑室编：《现代汉语词典》（第6版），商务印书馆2001年版，第418页。

② ［日］柳田国男：《口承文艺史考》（日文），《定本柳田国男集》第6卷，筑摩书房1985年版，3—150页；《柳田国男全集》第8卷，筑摩书房1990年版，第9—207页。

学者们直接使用从德国、法国和英国等西欧国家翻译过来的术语，即民间说话或学者创造的民谣等日本民众不熟悉的外来术语，在日本民间进行田野调查和搜集资料时遇到很多不便，并且达不到预期的调查效果。由于从国外直译过来的或本国学者创造的术语，不是日本民众熟悉的传统日本语，因此调查时民众会回答不知道、没有听说或回答不准确。柳田主张民俗学者使用民众熟悉的日语中固有的类似"昔话"等传统词汇，便于调查研究。柳田国男首先从田野调查的角度提倡民俗学者应该使用本国民众熟悉的传统术语，并从民间故事的开头叙述语言和结尾语的模式化或程式化的语言结构特征以及民间故事中叙述的地点、时间和人物等叙事文学的三要素的模糊性特点，界定民间故事的概念和特征。这也是民间故事与传说等民间文学其他叙事体裁的主要区别之一。他从以下几个方面论述民间故事的基本特征：

1. 柳田国男从日本民间故事的结构模式和特点分析民间故事与其他民间文学叙事体裁的区别。民间故事具有固定的、程式化的开头语言。日本民间故事通常是以（mukashi mukashi）"很久很久以前"、（mukashi no mukashi no sono mukashi, zitsuto mukashi no oomukashi）"很久以前的很久以前的很久以前，很久以前的很久以前"、（tonto mukashi）"完全以前"或（zatsuto mukashi）"大概很久以前"等开头语言开始。这是与民间文学其他叙事体裁不同的主要特点之一。柳田国男在《昔话备忘录》①中，举了相互之间具有微妙地域差异的 23 种开头语方言。

2. 柳田国男概括民间故事另外一个明显的叙事特征之一是故事结尾附加的程式化语句：（nani nani to nan katari tsutaetaru toya）"如何如何传说"或"听说从前有过"等固定语句。民间故事程式化的结尾附加语在不同的流传地区有着细微的方言差异。在东京及其附近地区的民间故事结尾附加语方言是"atsuta tosa"（itsuta tosa），意为"听说从前有过"或"从前听说过"。"tosa"这个词中包含"我也不肯定"的意思。在日本东北地区昔话是"atsuta zuon"或"atsuta tibu"。在九州地区一般是"atsuta gena"。故事讲述人为了告诉听者所讲述的内容不是亲身经历的事实，而是听别人说的故事，听者没有必要相信。这是讲述人对所讲述的故事不

---

① ［日］柳田国男：《昔话觉书》（日文），《定本柳田国男集》第 6 卷，筑摩书房 1985 年版；《柳田国男全集》第 8 卷，筑摩书房 1990 年版。

负任何责任的叙述方法或讲述方式。这是民间故事与传说的基本不同点。传说也是讲述古代的事实，所以也用"mukashi"或"oomukashi"（很久很久以前）这样的语言，但传说没有"如何如何传说"或"听说从前有过"这样的讲述形式。如果传说的讲述人用这种不负责任的讲述方式，听众不会将其当作传说来接受。在这一点上民间故事和传说的区别绝对不含糊。民间故事的讲述人和听众从最初就不想相信所讲内容是真实的，而传说的讲述人和听众则都相信。这种讲述方式和听众心态的不同是民间故事和传说的主要区别之一。柳田国男如下概括民间故事和传说的区别："昔话是讲述或叙事技术，传说是记忆。昔话是具有固定形式的文艺作品，传说尽量限于其素材的事实性。"①

3. 日本民间故事保存的特征之三是故意省略一些固定名词。如省略或模糊化故事发生的时间、地点和具体人名。民间故事讲述人不交代故事发生的任何具体时间、地点和人物。只是为了加深印象，说一些很模糊的时间、地点和人名，例如在很久很久以前，在某某地，有一位有钱人。没有固定的时间、地点和人物是任何民族的民间故事的重要特征之一，也是民间故事和传说的主要区别之一。另外，只有日本民间故事中强烈保存的形式，在民间故事结尾附加表示故事全部结束的程式化的固定短句。附加语虽然因地而异，但表示的意思完全相同。柳田国男在《昔话备忘录》中列记了各个府县的民间故事结尾附加的多种方言例子。最简单而且数量多的是"到此结束"（kore de osimai），或"这故事就这些"（hanashi wa kore dake）等意义的短句。附加以上短句的宗旨原本是传承者的宣言，表示自己听到、知道的故事就这些，说明自己没有夸张也没有隐瞒什么。

4. 日本民间故事还有一个重要的特征是至今保留着民间故事结尾语："恭喜恭喜了"（medetashi medetashi）和"一辈子繁荣兴盛了"（itigo sakaeta）。这无疑是所谓的本格昔话或一般民间故事，必须与以幸福的大团圆为结尾的结构相呼应的结尾语。从日本民间故事结尾语发现过去请人讲述故事，主要是以祈求主人一家老少平安、幸福、安康和家业兴盛为目的。后来民间故事的这一民俗功能逐渐弱化，民间故事的娱乐功能明显地强化，变成以兴趣为主的虚构故事。

---

① 《昔话觉书》（日文），《定本柳田国男集》第 6 卷，筑摩书房 1985 年版，第 348 页；《柳田国男全集》第 8 卷，筑摩书房 1990 年版，第 474 页。

柳田国男分析出民间故事基本特征之后，再进一步阐释民间故事与容易混淆的民间文学其他叙事体裁之间的异同。

（二）柳田国男关于民间故事与童话的论述

柳田国男通过逐一论述与民间故事关系密切的童话、说话、传说等叙事种类和民间故事的异同来界定和阐释民间故事的概念和范围。他首先从讨论民间故事与童话的区别开始。柳田国男指出，童话不是原本的日本语，而是先由近代文人引进和使用，然后用于学校教育，该术语才在日本迅速得到普及。他指出，在日本童话概念有两种解释。一种观点是给儿童听的所有故事都叫童话，柳田国男批评这样界定的童话概念，不严谨，并不像事物的名称。另一种观点认为，童话是一种作文，即与其说给儿童听，不如说是给儿童读的，重新创作的文学作品。柳田认可第二种观点。他认为，这样界定的童话概念与民间故事的区别很明显。童话即使形态类似于民间故事，并利用口耳相传的方式，也不用担心它会变成民间故事。只是创作童话的人，把日本民间故事称为日本童话或"原有的童话"的缘故，用同一个词语称呼两种不同的事物，从而混淆了民间故事和童话的概念。柳田指出，把格林兄弟的《儿童及家庭故事集》译为童话集，也许是童话和民间故事这两个概念混乱的根源。①

柳田批评把日本著名民间故事《桃太郎》和《断舌雀》视为童话的观点。他指出，除了特意作为儿童读物改写的带插图的红皮故事书以外，使用童话这一术语的国家只有日本。他不赞成民间文学界用童话这一概念。他从听众的角度甚至断言日本没有专门针对儿童或只有儿童参与的民间故事。②

《广辞苑》中对童话的解释是"为孩子创作的物语"。金田一春彦和池田弥三郎编《学研国语大辞典》中也解释童话是为孩子创作的故事。③《日本国语大辞典》中解释童话是儿童文学的一种体裁或类别，包括民间

---

① 《口承文艺史考》（日文），《定本柳田国男集》第6卷，筑摩书房1985年版，第64页；《柳田国男全集》第8卷，筑摩书房1990年版，第90—92页。

② 《口承文艺史考》（日文），《定本柳田国男集》第6卷，筑摩书房1985年版，第64—65页；《柳田国男全集》第8卷，筑摩书房1990年版，第92—94页。

③ ［日］金田一春彦、池田弥三郎编：《学研国语大辞典》（日文），学习研究社1981年版，第1383页。

流传的英雄故事、传说、说话和寓言等。尤其多为指儿童作家以童心为基调针对儿童创作的故事。童话是在日本明治时代的巌古小波（iwayasazanami）等先驱发端，大正时代通过《红色的鸟》儿童文学运动盛行起来的。①《广辞苑》和《学研国语大辞典》对童话概念的解释与柳田国男的观点相同。《日本国语大辞典》中对童话的解释虽然略微宽泛，但还是与前者的解释基本保持一致。《现代汉语词典》中解释童话是儿童文学的一种体裁，通过丰富的想象、幻想和夸张来编写适合于儿童欣赏的故事。②《广辞苑》和《现代汉语词典》中对童话的解释基本相似。这说明中国的童话概念和日本的童话概念的解释基本相同。

"Märchen"（童话）一词在德语中具有以下意义：没有空间和时间的约束；自然规律被抛弃；有神奇性和幻想性。③瑞士著名民间文学家麦克斯·吕蒂说，今天，童话已不再像从前那样广为流传，并在成年人当中讲述。但它依然是人们渴望得到的东西。它是孩子们不可缺少的精神食粮。艺术家和科学家们从中汲取创作的源泉。他说道："假如某种事物能够如此牢牢地吸引住和被如此极力地排斥的话，那么可以想象这种事物涉及的必定是重要的东西。对此可能引起种种争论。童话在儿童生活中所扮演的角色和在没有文字记载时数千年之久在成人的生活中所产生过的作用，都使我们更加确信了这样一种假设，就是童话是一种涉及人的特殊形式的文学创作。"④

显然，柳田国男站在人类拥有文字记载之后的今天的立场上理解、阐释童话，并对其进行界定。他对童话概念的界定是以划清日本固有的民间故事（昔话）与童话的界限为目的的。《广辞苑》和《日本国语大辞典》等权威词典的关于童话概念的解释和日本民间文学界对昔话的运用，都证明了日本民间文学界采纳和继承了柳田国男的观点。

中国古代没有"童话"这个名称，"童话"一词是 20 世纪初从日本直译过来的。据周作人说："童话这个名称，据我知道，是从日本来的。

---

① 日本国语大辞典第二版编辑委员会小学馆国语辞典编辑部编：《日本国语大辞典》（日文）第 2 版，第 9 卷，小学馆 2002 年版，第 1073 页。

② 中国社会科学院语言研究所词典编辑室编：《现代汉语词典》（第 6 版），第 1308 页。

③ 户晓辉主持的读书会，2010 年 5 月 10 日，中国社会科学院文学研究所民间文学研究室。

④ ［瑞士］麦克斯·吕蒂：《童话的魅力》，张田英译，社会科学文献出版社 1995 年版，第1—2 页。

中国唐朝的《诺皋记》里虽然记录着很好的童话，却没有什么特别的名
称，18 世纪中期日本小说家山东京传在《骨董集》里才用童话这两个字，
曲亭马琴在《燕石杂志》及《玄同放言》中又发表许多童话的考证，于
是这名称可以说是完全确定了。"① 周作人在《童话研究》《童话略论》
和《古童话释义》中对童话概念的阐释和赵景深的童话研究具有代表性。
周作人关于童话概念的意见，在很长时间内影响了中国童话研究领域，被
许多学者转述引用。童话概念的引进和使用在某种程度上反映了日本民俗
学对中国民俗学的影响。

（三）柳田国男关于民间故事与说话、世间话、传说关系的论述

　　日本民间文学中有着昔话（民间故事）、说话、世间话、物语和民话
等相近而又相互之间存在着细微差异的叙事文学概念和术语。柳田国男对
这些容易混淆的概念进行了细致的分析，并说明它们之间的密切关系和微
妙差异。关于柳田国男对民间故事的界定已单独列章讨论过。

　　柳田国男认为，说话与 hanashi 的范围基本相同，民间故事（昔话）
包括其中，也称为民间说话，关敬吾编的《岛原半岛民话集》等故事集
中的民话也是民间说话即民间故事的简称。柳田指出，昔话（民间故
事）、民间说话和民话是完全相同的概念，相当于中国民俗学界通用的狭
义民间故事概念。柳田国男认为有必要阐明说话这一词的意义以及与民间
故事的关系。他指出，"说话"在日本还没有成为普通语。除了少数专家
之外，其他人不怎么使用。柳田国男把"说话"限定于日本语的"ha-
nashi"，即口述耳听的叙述。叫做 hanashi 的日本语在近代其使用的范围
稍微变得广泛。这也许是受对应的汉字的"话"首先发生变化的影响。
总之，日本的"hanashi"原本指听，指一个人讲述，其他人默默地听，
听众只做回应。在这一点上与对话和辩论有着明显的差异。"话"的汉字
与这个字对应之前很长一段时间里用"咄"（totsu）字表示，或者使用
"噺"（hanashi）等词。"咄"和"噺"像中古日本文字。过去的人们已
感觉到创制特殊的文字来区别其意义的必要性。日语中有说谎（uso o
iu）和开玩笑（jiyoudan o iu）这个词，但没有"说昔话"（mukashi ban-
ashi o iu）的词语。在古代文献中找不到 hanashi 这一日本语。偶尔出现

---

① 转引自赵景深编《童话论集》，开明书店 1927 年版，第 57 页。

"话"字，但不读 hanashi，而是读 kataru。日本东北地区至今没有叫 ha-
nashi 的动词。昔话（民间故事）叫作 mugashi 或 mugashiko。把讲昔话叫
作 mugashi kataru。虽然标准语的 kataru 的用途范围逐渐变窄，在地方至
今使用范围很广。柳田国男认为，"话"的讲述（kataru）中原来也有多
数的参与和知识的共同性的意义。kataru 变化为名词，即物语（mono ka-
tari），昔话（民间故事）当然包括在其中。后来逐渐分化，用文字记录
用眼睛看的多为物语（mono katari），只有配合乐器有节奏地说唱的叫说
唱的故事（katari mono）。"嘶"这一词现在也变得古老，并且轮廓变得
模糊不清。与其沿袭它招来时常的纷乱，不如用现成的"说话"这一
词语。

　　换个说法，现在也认为"说话"与用标准语叫作 hanashi 的术语范围
大致相同。柳田国男提出，在 hanashi 的用法变得稍微松懈的今天，用说
话代替 hanashi，想尽量精确地使用。如果用"说话"替换以前的 ha-
nashi，就与民间故事（昔话）的关系相当明确。如果把说给伙伴们听的
故事叫作说话，民间故事（昔话）是其中一部分，只有开头部分加"很
早以前"（mukashi mukashi）等词语，每句附加"据说"（gena）等的说
话是民间故事（昔话）。并把它叫作民间说话。民话也是民间说话的简
称。总之，今天叫作说话的文类中包括非民间故事（昔话）或民间说话
的文类。

　　柳田国男说，进行民间故事分类之前有必要明确说话的种别。对发达
国家来说，民间故事的衰落是平常的事情。但民众喜欢听故事的本性未必
随着民间故事的衰落而退缩。没有自己读书习惯的人不能听民间故事时，
想听代替民间故事的故事。随着民众喜欢的民间故事纷纷发生变化，说话
也伴随着时代的需求相继流行和变迁。近代发生战争，连生活在乡下各个
角落里的人们也关心战争，返回家乡的士兵的见闻就变成各家炉边谈资。
随着报纸和杂志发行数量的增加，读报纸和杂志的人给不读的人讲故事。
这样，hanashi 的种类就变得多方面和复杂。

　　柳田把说话分为历史说话和报道说话。在村落祈祷集会夜晚叙述当地
旧事的叫历史说话。历史说话以一定的形式活在老人记忆中，这点与民间
故事相同。但听者和说者共同相信这是真实的，认为取笑和怀疑是无礼
的，这一点与其他民间故事不同。然而，其中时常夹杂着愉快而新奇的具
有批判传统的内容。说话越接近真相，其流传的效果就越大，这是与民间

故事的不同。随着文字教育的普及，报道说话取代了历史说话。报道说话逐日丰富多彩，瞬息万变。

民间故事衰落的主要原因不是书籍的进入，也不是讲述和听的时间的缺乏引起的，而是被说话的其他种类逐渐替代的。民间故事不是自然消亡的，而是被第二个叫作世间话的说话种类夺取了宠爱。柳田国男说："世间话也许不是学术术语，但是为了与包括世间话在内的民间故事区别开来，我使用了这个术语。在日语俗话中'世间'指的是不是自己的故乡的另一个地方，意味着与自己属不同的另一个群体。"① 从世间话这个词的字面意义推测，主要指从异乡传来的传奇故事或传闻。外出旅行者回到家乡后，给村里人讲述外乡的见闻。发生重大天灾地变和战争后，往往涌现出大量的这样的见闻者。经历战争或灾难的人回到家乡，给家乡人讲述自己的传奇经历和外乡的传闻。平时安静、寂寞的村落里的人们喜欢听他们讲述的传闻和传奇故事。奇闻逸事是世间话最丰富的仓库，也是引起我们炉边文艺革命的主要力量。

世间话最主要的特点是讲述形式自由，讲述者不用承担传闻的任何责任。我们感到滑稽的是，尽管允许如此自由地借用和复制，但某时代世间话的种类穷尽，从记忆深处引出陈旧的民间故事，改编并给它穿上新衣，像最近发生的事情一样讲述给别人听。说去年在某地方的河边有一位被狐狸骗的人，或某寺庙的和尚年轻时候的故事，或某村的富人运气开始好转等故事。世间话是说话的一种。世间话与民间故事相比，内容新奇、讲述形式自由，因此世间话逐渐代替了民间故事，同时，它又根据需要借用古老的民间故事类型，并重新改编，创编出新的世间话。

《广辞苑》中解释说话相当于 hanashi，即物语，是神话、传说和童话的总称。《现代日汉大词典》中的解释接近《广辞苑》的解释。高木立子在《东方民间文学概论》（第四卷）第十七章《日本民间文学》中如下区分日本民间故事（昔话）与说话："部分散文体的故事，很早就有文字记录，在古代已经文字记录化了的神话以外的故事，叫作说话，说话分成佛教说话和世俗说话，说话主要是国文学研究的对象。而近代以来在民间

① 《口承文艺史考》（日文），《定本柳田国男集》第 6 卷，筑摩书房 1985 年版，第 71 页；《柳田国男全集》第 8 卷，筑摩书房 1990 年版，第 100 页。

搜集到的口头传承的故事叫作昔话，是民俗学研究的对象。"①

柳田国男解释，日本民俗学界使用的民话、民间说话、民谭和昔话是完全相同的概念。昔话即民间故事是日本民众熟悉的传统词汇和概念，而民话是日本民众完全不懂的词汇和概念。从古代开始在日本语词汇中没有"民话"这个词，故事讲述人不但不用"民话"这一词，而且也听不懂。民话、民间说话或民谭是法语 contepopulaire 或英语 folktale 或德语 Märchen 的直译，外国人和学者用的术语，是昔话讲述人想不到的新词汇。

柳田国男说："分清昔话和传说的界限是调查者和采集者最必要的知识。"② 他指出与民间故事相比，传说最主要的特征是传说没有固定的形式。同一个地区流传的同一个传说，根据讲述人的不同，其长短、严肃性和滑稽程度都有所不同。在不同时间和场合，即使同一个人的讲述风格也会发生各种变化。而民间故事则不同，忘记了故事情节，可以省略一部分情节，但顺序和词句保持固定的模式，如果破坏了这一规则，民间故事就变成一般的传闻，即世间话。传说与民间故事的要点不同，传说不是我们所谓的语言艺术，而是实质的记忆。柳田认为，传说与民间故事不同的根本点在于，传说是与努力想表述出内容不真实的事情相反，无论如何让听众相信传说的全部，并努力使听众信以为真。即民间故事是以固定的形式和顺序讲述虚构的故事，而传说是以没有固定的自由形式，叙述真实可信的事情。但也有与民间故事界限模糊的一部分传说。就像以一定的说话形式，讲述各个村落的历史一样，世家的传说等也是，子孙后代以经过多年千锤百炼的词句，以一定的排列顺序讲述祖先的历史和传奇故事。这明显是传说的民间故事化。另外，为了使人惊奇和感觉有趣，仅仅模仿传说真实的形式，讲述自己丝毫也不相信的事实的人越来越多。这与世间话没有什么不同。这是传说的世间话化。历史说话化和世间话化的部分传说与民间故事很容易混淆。

柳田国男分析传说与民间故事的区别主要有以下三点：

---

① 张玉安、陈岗龙等：《东方民间文学概论》第 4 卷，昆仑出版社 2006 年版，第 8 页。

② 《口承文艺史考》（日文），《定本柳田国男集》第 6 卷，筑摩书房 1985 年版，第 72 页；《柳田国男全集》第 8 卷，筑摩书房 1990 年版，第 102 页。

（1）有人相信传说是真实的，没有人相信民间故事。（2）传说必须有一个固定的村落（场所）。而与此相对，民间故事任何时候任何场所都以"很早很早以前在某个地方"开始。（3）民间故事有模式化的词句，如果改变这个规则就会出错。与此相反，传说没有固定的形式，根据听众的情况长短不一。①

这样一来有两个问题值得我们思考。首先，既然传说和民间故事具有以上三个方面的不同，为什么调查者和采集者每次都把两者混杂在一起搜集、记录？其次，既然传说与民间故事不同，今后的民间故事研究者是否可以抛开传说不管？柳田认为，虽然传说与民间故事不同，但传说可以成为理解民间故事的相当有力的线索。所以，我们慎重避免混同两者的同时，不能简单地抛弃任何一方。

虽然传说和民间故事的传承形式不同，但其内容有着不可争议的相同性。省略民间故事的"很早很早以前"等固定的讲述方式，简单地说时，两者的类似性尤其明显，常常迷惑记录者把两者混同起来。举个例子说，越后的八石山，由于上古时代这个山上长了一棵比八石还要结实的巨大的大豆树，因此八石成了山的名称，这是传说。相传那个寺庙的门是用那棵豆子树作材料搭建的。在当地还流传的寺庙和皇宫缘起的传说，大概在其他地区作为民间故事来讲述。故事主人公被继母憎恶，继母把大豆种子炒了给他，他天真地种下。虽然只长出一棵豆芽，但却不可思议地迅速成长，成为一棵巨大的通天豆树。这是《兄弟俩》故事的一种或异常幸运故事的固定类型。

广为流传的弘法水或弘法大师井等传说，因为井这一物体还存在，并存在弘法大师最小的徒弟这一具体人物，所以人们当作传说相信它。在九州相传的萝卜河的故事等，由于那个地方没有萝卜，所以很难成为传说。那个地区民间常常讲述返老还童水的故事。即有一对贫穷的老爷爷和老奶奶，喝了这口泉水返老还童，变成年轻人。一个贪婪的家庭主妇喝了这个水，却变成了驴脸的丑八怪。这是返老还童水型民间故事。柳田国男通过具体例子，阐释传说和民间故事的另一个微妙区别，即传说必须有不可动

---

① 《口承文艺史考》（日文），《定本柳田国男集》第6卷，筑摩书房1985年版，第78页；《柳田国男全集》第8卷，筑摩书房1990年版，第110页。

摇的证据或纪念物。

柳田国男推测，某种传说和民间故事最初可能拥有共同的起源。后来分开，并以各自特定的形态传承和流传。今天只作为民间故事遗留的桃太郎的故事和瓜子姬的故事等，也许是传说的变异形式。同时，一方面在各地区流传的无数传说中，也存在着启发和暗示将来民间故事研究者们的很多因素。但绝不是所有的传说都是和民间故事诞生于同一个母胎的同胞兄弟。除了上述三点以外，传说与民间故事的不同点还有很多。其中民间故事走着一条消失、脱落和变形，大致趋于衰亡的路。与此相反，传说是古老内容日益稀少的同时，不断产生新的其他种类。到了近代传说增加了。这是由于民间故事是某个时代的文艺产物，而传说是属于相继产生的信仰现象。笔者认为，柳田提出传说与民间信仰的关系密切，这一点也是传说与民间故事的主要区别之一。通常民间故事与信仰的关系不大，民间故事往往体现了某个时代民间的伦理道德和审美观念。

首先，柳田国男通过分析日本民间故事的形式特征，概括和提炼出日本民间故事存在形态上的四个基本特征。其次，柳田国男针对日本学术界混淆说话、民间说话、民谭、民话和童话等口承叙事文学概念和术语的现状，提出学界应该统一使用日本民众熟悉的传统日语"昔话"这一术语，代替从外语直译过来或学者创造的民间说话、民谭、民话和童话等日本普通民众不熟悉的新名称。这样既便于调查和采集民间故事，又能统一学术术语和概念，为将来的民间故事研究和学术交流提供便利条件。再次，柳田国男阐明了难以划清界限的传说、民间故事和传闻（世间话）等口承叙事文学体裁之间的异同。柳田国男虽然不是最早研究日本传说和民间故事的学者，但他对日本传说和民间故事的研究已形成理论体系。笔者把柳田的民间故事研究归纳为理论研究、分类和文本或个案研究三个部分进行梳理。由于篇幅有限，关于他的民间故事分类和个案或文本研究留待以后梳理和评述。据日本著名民俗学家关敬吾的述评，高木敏雄是日本传说和民间故事研究的开拓者。但他的研究算不上是理论研究。他对民间故事的理论见解断片地包含在民间故事个案研究当中。他的传说和民间故事的研究没有形成理论体系。他认为，传说与民间故事的区别主要在于其内容是否有可信性，并认为童话是传说的变化形态。他的观点与格林兄弟的见解大致相同。①

柳田国男的故事学理论不仅奠定了日本民间故事研究的基础，而且对中国民间文学研究也产生了重大影响。例如钟敬文主编的《民间文学概论》中对传说的界定："民间传说是劳动人民创作的与一定的历史人物、历史事件和地方古迹、自然风物、社会习俗有关的故事。"② 该著作中对传说的定义也是在与民间故事比较的层面上界定的，并接近柳田国男对传说概念的界定。另外，万建中在《民间文学引论》中引用柳田国男在《传说论》中关于传说与民间故事区别的论说，论证传说与民间故事的差异。③

关敬吾的日本民间故事采集和整理的成果，实现了柳田国男对日本民间故事的远大设想和指导方案。他在柳田国男民间故事理论研究成果的基础上，通过自己多年的民间故事搜集、整理、分类和研究实践，凭借熟悉欧洲民间故事研究成果的优势，对柳田国男的故事学理论提出批判和补充，并建构了自己的民间故事研究理论体系。关敬吾通过对日本民间故事的开端语和结尾语的统计分析，证明了不是所有的日本民间故事都是以"很早很早以前"为开端和以"一生繁荣兴盛"为结尾的事实，并指出柳田国男关于日本民间故事程式化的开端和结尾语的特征不适用于笑话和动物故事。因此这一特征不能成为日本民间故事的基本特征。他认为，以时间、空间和表现形式等表面的形式上的特征作为区分传说和民间故事的界限标准还不够，必须综合更多的特征。他把民间故事作为一个整体，从民间故事的主题或内容、基本形式或情节结构，阐释民间故事的特征。他的比较民俗学视角的日本民间故事分类、理论研究和个案分析，丰富和发展了柳田国男故事学思想以及日本故事学思想。

笔者认为，柳田国男故事学理论统一和规范了日本民间故事概念术语，并对日本民间故事的科学搜集、整理、分类和研究提供了理论基础和方法论指导。在柳田国男的巨大影响下，日本民间文学界涌现出关敬吾、

① ［日］关敬吾：《关敬吾著作集 5 昔话の构造》（日文），同朋舍 1981 年版，第 146—147 页。

② 钟敬文主编：《民间文学概论》，上海文艺出版社 1998 年版，第 183 页。

③ 万建中：《民间文学引论》，北京大学出版社 2006 年版，第 172—173 页。

小泽俊夫、大林太郎、稻田浩二、伊藤清司、荒木博之、野村纯一、小松和彦和河合隼雄等不同学派的杰出的故事学家，他们在某种意义上超越柳田国男的一国民俗学视野，站在比较民俗学的立场上，引进和借鉴国外最新故事学理论和方法，以各自不同的视角和方法研究日本民间故事，并取得了显著成绩。

四　柳田国男与日本民间故事分类法

科学分类是对事物进行深入研究的开端。民间故事分类是民间故事研究必不可少的前提。著名故事学家汤普森曾说过："知识的每一分支，在成为严肃而周密的研究对象之前，对他进行分类是必要的。"[①] 日本民俗学奠基人柳田国男高度重视民间故事的整理和分类研究工作，他站在一国民俗学的立场上，对日本民间故事进行了系统整理和分类。他说，为了进行世界诸民族民间故事类似性的比较研究，有必要先确立各国共同的分类法。对于日本民间故事采集、整理和研究者，甚至想了解民间故事的局外人来说，分类都是不可缺少的程序。日本著名民俗学家关敬吾也说过："以什么样的方法把口承民间故事文本化，通过什么样的系统把庞大的民间故事资料整理分类，并使其容易检索的事情是极其必要的预备作业。"[②] 如上所述，故事学家们高度重视民间故事的整理和分类工作，但由于他们各自的研究目的和方法的不同，其民间故事分类方法也不尽相同。

（一）柳田国男民间故事分类法

柳田国男尽管受到了欧洲民间故事分类法和研究理论的影响，但他没有完全接受欧洲民间故事理论和阿尔奈－汤普森的民间故事分类

---

① ［美］斯蒂·汤普森：《世界民间故事分类学》，郑海等译，上海文艺出版社 1991 年版，第 496 页。

② ［日］关敬吾：《昔话の分类におけるタイプと构造》（日文），载《关敬吾著作集 3 昔话研究法と传说》，同朋舍 1981 年版，第 64 页。

方法。① 而是在整理和分析日本民间故事文本的基础上，追溯民间故事的产生时间、历史渊源关系和形成规律，并根据民间故事的形成规律和结构特征，对民间故事进行了分类。他的研究方法是历史研究法。他首先介绍与分析欧洲民间故事分类方法和民间故事各个种类之间的起源关系。阿尔奈把民间故事分为：动物故事、一般民间故事和笑话三种。柳田国男最初的民间故事分类，也是动物故事、本格昔话（一般民间故事）和笑话三种。动物故事中包括《猴子的尾巴为什么短》、本格昔话中包括《猴子女婿》、笑话中包括《旦九郎和田九郎》和《空中旅行》等故事。起初柳田国男接受了阿尔奈的民间故事分类方法。但是，后来到了《昔话采集指南》中，民间故事分类变成完形昔话和派生昔话二分法。柳田国男在《口承文艺史考》的"昔话、传说和神话"章节中论述民间故事、传说和神话概念的异同，并系统阐释了日本民间故事的两大分类理论和各个种类之间的关系。

柳田认可民间故事种类中一般民间故事、动物故事和笑话三种分类和笑话是近代的产物，按照产生的时间顺序排列笑话应该排最后的观点。关于动物故事和一般民间故事哪个更古老这一问题，故事学家们大多坚持动物故事在产生时间上更为古老的观点。而柳田国男提出："如果动物故事和一般民间故事不是同一个时间产生的，那么我相信第二种，即一般民间故事先产生。"② 多数学者认为动物故事比其他两种民间故事产生早的理由有两个：一个原因是动物故事中鸟兽草木等动植物像人一样说话、思考和喜怒哀乐，所以觉得这是人类幼稚时期的产物。另外一个原因是至今在所谓未开化民族当中这类民间故事依然广为流传。柳田认为以上两点不足以成为否定一般民间故事比动物故事更早产生的理由。欧洲学者多为相信动物故事是最古老的口承文艺形式。柳田国男提出与此相反的观点："如今已判断证明在印度和埃及存在比动物故事更古老的一般民间故事（本格说话）的最复杂形式。从短而简单的形式发展为长的复

---

① 1910 年阿尔奈（Antti Aarne）在《民间故事类型索引》里提出"类型"（Type）概念，这是对芬兰和欧洲民间故事的分类、编目和登记。该索引后经美国民俗学家斯蒂·汤普森（Stith Thompson）的翻译、修订和曾补，出版了《欧洲、西亚及其民族所散居的地区的民间故事类型索引》。民俗学者们把该索引的分类和编排方法简称为"AT 分类法"。

② ［日］柳田国男：《口承文艺史考》（日文），《柳田国男全集》第 8 卷，筑摩书房 1990 年，第 120—121 页；《定本柳田国男集》第 6 卷，筑摩书房 1985 年版，第 85—86 页。

杂的形式是一般事物发展的规律。但这一规律不符合民间故事产生和发展的规律。近代的笑话体现了破碎的大物变小的道理。无论经历什么样的成长过程，都不会从所谓动物故事产生本格说话。"① 日本故事学界通用的本格昔话或本格说话相当于中国民俗学界通用的一般民间故事或普通民间故事。

柳田国男认为，民间故事大致体现出经历盛行时期之后逐渐缩短的倾向。尤其进入信仰和仪式的支持力量变得日益薄弱，消耗时间的新文化逐渐增加的时代，民间故事中相对不重要的部分自然逐渐游离，也许其严肃性与兴趣渐渐两极分化。至少近代笑话是遵循这样的步伐进化的。也许神话和文艺的界限是这样明确化的。柳田国男通过一般民间故事与动物故事结构模式的比较，提出动物故事从一般民间故事派生的主要观点，并指出所谓一般民间故事与其他两个种类之间有着相当明显的形式上的区别。一般民间故事叙述复杂、色彩丰富，更具体的特征是必须有幸福、愉快的结局。一般民间故事的主人公毫无例外都是非凡人物，深得神灵的厚爱，运气极好，获得意想不到的财宝，并克服各种毛骨悚然的灾难，完成一生的大事件，故事以大团圆的结局结束。

笑话和动物故事大部分以某日的遭遇或某一事件为问题，与此相反，完形昔话或一般民间故事则明显带有传记性，叙述从主人公的成长开始到子孙后代的繁荣昌盛。尤其是叙述重复的幸福婚姻，富翁的美丽女儿的入赘女婿，或神界的仙女自己送上门做主人公的妻子，把主人公的家境变得十分富有之后，返回神界。讲述这种类型的故事的目的，一定是描述和传说一个不平凡人物的生活经历，曾经把这样一位杰出人物作为元祖的，具有悠久历史的一个家族存在的想象。柳田国男通过比较一般民间故事和动物故事的叙述内容和结构模式，提出动物故事和笑话曾经是一般民间故事的一部分，是从一般民间故事分开独立出来的种类的观点。②

柳田认为，笑话和动物故事的形成很相似。笑话也是从一般民间故事

---

① ［日］柳田国男：《口承文艺史考》（日文），《柳田国男全集》第 8 卷，筑摩书房 1990 年版，第 120—121 页；《定本柳田国男集》第 6 卷，筑摩书房 1985 年版，第 86—87 页；《柳田国男全集》第 8 卷，筑摩书房 1990 年版，第 121—122 页。

② 《口承文艺史考》（日文），《定本柳田国男集》第 6 卷，筑摩书房 1985 年版，第 87—88 页；《柳田国男全集》第 8 卷，筑摩书房 1990 年版，第 123—124 页。

派生的。他指出其派生的古老原因有两个。一是压缩一部民间故事的长度，在很短的时间里讲述完。二是一般民间故事中适合日常生活中很短的闲暇时间里讲述的部分变成笑话。

柳田国男虽然提出与阿尔奈民间故事分类法不同的二分法，但他承认仅从一个国家的调查和研究探究民间故事的渊源是不可能的。如他提出的分类方案也是，确认适合世界所有的民间故事的实践之前，不允许这个方案成为今后不可动摇的标准。但在日本尚未出现抵触这一分类法的反证。他明确指出自己提出的民间故事分类方法不是适合世界各国民间故事的分类法，而是在日本民间故事的整理和分析基础上提出的分类方法。

柳田国男承认他的民间故事分类方法是在日本民间故事文本的整理和分析基础上提升的理论。所以他把研究范畴主要限定在日本民间故事范围内。他把日本民间故事大致分为相当不同的两个种类，即完形昔话和派生昔话两大种类。昔话，相当于狭义的民间故事。其一，欧洲人所谓的一般民间故事（本格昔话或本格说话），柳田把这个称为完形昔话。这类民间故事通常以主人公的成长开始，开端部分尽管稍微省略，但只有主人公的所有的愿望得到满足，所有的障碍被消除的结尾不变。这类民间故事具备了某个非凡人物的传记，或某个家族鼻祖的由来的叙述形式。其二，以某个时候的一件事或某个人的若干行为作为值得一提的话题的，笑话和动物故事（或自然说话）叫作不完形昔话或派生昔话。完形和派生两个种类的民间故事虽然存在以上不同，但除了讲述人的目的和故事核心之外，两者都具有以"很早很早以前"开始，以"就这些"（kore bagkari）结尾的形式，这点相似，即故事的开端和结尾形式相同。然而，完形昔话和派生昔话两者的差别相当明显。完形昔话有不可预测的部分，即故事情节复杂、头绪多。与此相反，派生昔话情节简单，通常不需要时间和想象力。柳田认为，派生昔话的种类大概包含在第一种完形昔话中。例如笑话只割断完形昔话的幽默部分，笑话与完形昔话相比，叙述方式夸张、幽默。柳田国男民间故事分类图表如下：

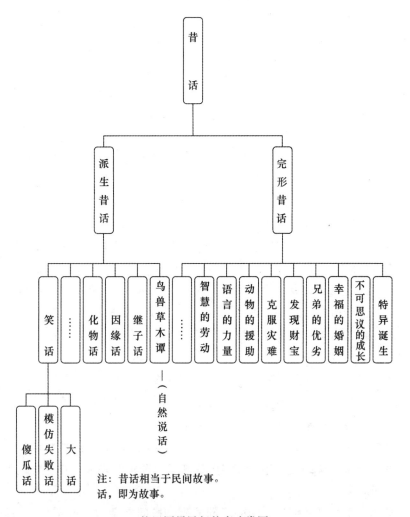

柳田国男民间故事分类图

　　完形昔话中包括故事主人公特异诞生、不可思议的成长、幸福的婚姻、兄弟的优劣、发现财宝、克服灾难、动物的援助、语言的力量和智慧的劳动等结构和类型的民间故事。派生昔话中包括鸟兽草木谭（自然说话）、继子的故事、因缘故事、化物故事（妖怪故事）和笑话等类型的民间故事。笑话中还包括说大话、模仿失败故事和傻瓜的故事等类型。

（二）完形昔话与派生昔话的关系
　　柳田国男认为完形昔话和派生昔话的根本区别在于完形昔话是讲述某

一个非凡人物从诞生到结婚的传记，而派生昔话叙述某个时候的某件事或某个人的若干个举动。以他的观点来看，派生昔话包含在完形昔话中。他又根据日本民间故事的故事情节把完形昔话和派生昔话各分为不同的几个种类。可见柳田国男民间故事的分类兼顾故事形式和内容。

柳田说，现代日本人虽然有着听民间故事的余暇时间和愿望，但已不满足于古老形式的民间故事。因此，以引发听众捧腹大笑为主要目的的笑话日益增多的同时，更多的新故事也流行起来。其中比较显眼的是狐狸、河童和天狗等的妖怪谈大致以世间话的形式流传。此类妖怪谈是古老民间故事和新话题的结合。例如，从克服灾难故事挑选出毛骨悚然的部分，使它演变成篇幅短的其他故事。另外，佛教人物的因缘故事等也是与此相同，也是从某一篇幅长的故事当中根据兴趣独立出来的。柳田指出，今天在日本流传的笑话大部分产生于日本，并已成为窥探日本人的机智、滑稽和固有趣味的民间故事。他把笑话分成说大话、模仿失败的故事和傻瓜的故事三种。柳田国男以日本东北地区流传的爱放屁的媳妇类型的故事为例，阐释说大话等笑话形成的过程。爱放屁的媳妇类型的民间故事与古老的《砍竹子的老爷爷》和《黄金的瓜》等民间故事有关。前者只是兴趣集中在放屁这一点上，最后发展到出乎意料的形式。或者可以认为迎合听众的兴趣，并向那个方向发展，于是变成笑话。在日本广为流传的父子在睡梦中放屁而赶走夜里来的强盗这一类型的民间故事也与其他很多侥幸成功的故事一样，只是成为当时无意识的举动产生了意想不到的效果的插话。讲述人和听众捧腹大笑的过程中逐渐成为夸张的故事，并最终成为独立的民间故事。

产生这样的以夸张为目的的民间故事，民间文学似乎有了新的飞跃。就像广泛流布于日本东西两端的《幸运的猎人》，在不同地区流传的过程中形成了地方特色。即各地区的传承者对故事情节进行了润色，并参与了该故事结构的形成过程。各地区的异文虽然有着各自的特征，但与古老的完形昔话或民间故事有着一脉相承的联系。以夸张为突出特点的说大话这类民间故事一时非常流行。流传至今的此类民间故事极其多，并富于变化。通过以上分析，可以探索说大话或吹牛故事形成的途径是完形昔话或民间故事中最初为点缀叙述和幽默而采用的插话，逐渐集中众望，这一部分成了独立的民间故事，即笑话的一个种类说大话故事。这也是笑话从完形昔话或民间故事派生的过程。说大话故事（日语叫 oobanashi）是以夸张为主要叙述技巧的笑话种类，是在现代生活当中广为流传的，只是以让听众捧腹大笑为目的的口头叙述形式。说大话故最重要的特点是夸张。流传至今的说大话故事数量很多，变化也多。

日本著名的邻居爷爷型的民间故事的后半部分是典型的模仿失败故事。柳田指出说大话故事或吹牛故事和其他种类的笑话最明显的区别是，吹牛故事是试图把信仰存在的时代谁都不能笑的事情变得可笑；而模仿失败的故事和傻瓜的故事是让以前虔诚的听众也变得喜欢边听边笑的过程。仅仅以笑为目的的完形昔话，伴随着明显的滑稽主题被夸张，也许违背了古人的本意。这是程度不同的问题。柳田举了可笑因素极少的《瓜子姬》的一个异文中也有天邪鬼化装为瓜子姬织布时尾巴耷拉下来这样的可笑情节的例子。《米福粟福》中继女粟福成为富翁的媳妇，骑在马背上，继母羡慕她，并让亲生女儿骑在木臼上的滑稽情节。这都是模仿失败的故事题材。

柳田认为，决定民间故事古老与否的标准是其内容，而不是形式。他推测，动物故事中动物说人类语言的幻想的类型反映了人类各时代的智能阶段。这个顺序好像又与完形昔话的成长并行。如果根据这个标准进行大致分类，可以分为鸟兽直接与人类对话的故事与动物一个人说话的故事两种类型，其中鸟类多，并在日本民间故事中尤为突出。日本民间故事《听耳头巾》《瓜子姬》《咔嚓咔嚓山》等中，讲述了鸟类的语言具有深刻意义和贤明的智慧这一道理。柳田指出，日本派生故事大致有固定的类型，主要是讲述伴随父子、母子和兄弟死别的思念和悲叹，限于极其特殊的事件，并且必须是死后变成某种鸟，说其最后的话。柳田认为，这无疑是与灵魂行走于天空中，并自由来往于人间的信仰有着深刻关系的幻想。

柳田国男明确指出，分类只是为研究方便归纳出来的人为的方法。对派生昔话以及其他不称为派生的民间故事进行分析，并按照其成长的顺序排列，是为了便于阐释民间故事沿革即民间故事变异史的思考。[1] 他认为，欧洲人所谓的民间故事或狭义民间故事概念比完形昔话概念的范围广。他说，完形指不是派生的，不是由民间故事的一部分分离独立出来的意义上，以"恭喜恭喜"为结尾的，讲述幸运的主人公的幸福故事。本

---

① 《口承文艺史考》（日文），《定本柳田国男集》第 6 卷，筑摩书房 1985 年版，第 105 页；《柳田国男全集》第 8 卷，筑摩书房 1990 年版，第 147 页。

格昔话或一般民间故事的全部归入柳田分类法中的完形昔话中。简单概括
完形昔话或一般民间故事的特征，结尾附有"恭喜恭喜"或"一生繁荣
兴旺"的语句，并详细描述以主人公成长到成家立业为基础的故事。其
中应注意以下三个问题：一是完形昔话中也有只讲述征服妖怪或一次依靠
魔法和智慧摆脱灾难或获得巨大利益，即只详细讲述一部分内容，省略其
他情节的情况较多。例如，着重讲述主人公特异诞生的民间故事，通常省
略主人公长大成人之后的故事情节。突出讲述主人公稀奇珍贵的婚姻的民
间故事，往往省略主人公诞生和成长的情节。总之，具有故事中心移动的
特征。因此，必须懂得完形昔话中也存在古老的样式和第二次创编的差
异。二是民间故事的某一部分独立之前，笑话、动物故事和冒险故事也不
仅仅是在一部长篇故事中全部集中起来，占据显著的位置，而是后来受到
已派生的故事的影响，各自替换新的模样。换句话说，从完形昔话派生的
民间故事，如动物故事、笑话和其他派生故事不是以当前的形式存在于完
形昔话或民间故事中，而是从完形昔话或民间故事中分离和独立出来之
后，在长时间的流传过程中，经过故事讲述人和听众的加工和润色形成目
前的形式。三是日本还有不能用柳田国男的分类方法进行分类的民间
故事。

　　柳田国男以广泛流传的邻居爷爷型民间故事为例，阐释了日本民间
故事的演变。该故事通过讲述坏心眼的邻居爷爷模仿善良的爷爷却惨遭
失败的故事，劝诫听众不能盲目模仿别人，不能随便嫉妒别人，不能贪
得无厌等。这是人们在现代生活中讲述邻居爷爷型故事的主要目的和教
育意义。但邻居爷爷型故事原来的意义与今天不同。柳田国男指出，该
故事原来的着重点在于，告诉人们民间故事的福运通常是冥冥之中有着
被指定的对象，福运不光是靠谦逊、亲切、正直和忠实等品德获得的，
而是上天赐予的，其他人无论如何也不能企图和希望抢夺的道理。邻居
爷爷型故事的意义尽管发生了变化，但某种程度上还是遗留着古老的
遗迹。

　　柳田国男的民间故事分类方法虽然基本站在一国民俗学立场上进行
的，但他对日本民间故事进行分类之前，熟悉 AT 分类法，并对其提出批
评。他指出，如果把分类法不仅作为一种研究手段，而是作为实体的一部
分，阿尔奈和汤普森提出的极其周密的排列法有些操之过急。他尤其批判
阿尔奈强调设立的巫术的和宗教的题目，疏远和隔离各民间故事之间的关

联，就连作为一时的方便方法也不能服人。① 他认为，研究民间故事，并
重新搜集民间故事资料是为了阐明巫术和信仰等人类精神层面上的诸事象
通过什么样的途径发展到现代文明这一点。如果分类不起这一作用，其价
值就不大。② 柳田指出，阿尔奈和汤普森尽管精心考察本国民间故事资
料，而且收集能够到手的所有民间故事集，试图建立适合世界民间故事
的分类方法，但由于新的民间故事不断出现，尚未进行民间故事搜集的
地区还有很多，各民族的译介民间故事资料的人员的立场、素质不同等
原因，可以推测将来会发生某种程度的变化，打乱 AT 分类法。柳田以
日本民间故事为例，讨论了 AT 分类法的缺陷。他说，AT 分类法参考的
日本民间故事资料，肯定是通过翻译途径获得的。但翻译者不一定是胜
任者。并且最近十年的日本民间故事搜集工作是在没有很好的方法论指
导下进行的。搜集到的民间故事数量少而杂乱无章，不得不提出严厉批
评。柳田不赞成制定最周到而权威的一个分类系统，划分和制约世界民
间故事。他认为，各国不同的分类方法并不影响进行比较研究。对照两
个以上的不同分类表，只是存在编码不同的问题，做注释就可以。但把
采集到的民间故事一个一个地嵌在 AT 分类表里去是一件非常难的
事情。

柳田明确指出，他的民间故事分类的目的和功能是，通过对民间故事
形成和演变历史的研究，探究和阐释日本民间信仰的变迁以及在现代生活
中的作用。AT 分类法的主要目的是各国民间故事之间进行比较研究。由
于柳田国男和阿尔奈、汤普森分类法的目的或出发点不同，他们的分类方
法也存在很大区别。

笔者认为，AT 分类法虽然存在一些局限，但它已成为世界性的
民间故事分类法，被世界各国民间故事研究者广泛采纳和运用。柳田
国男也不例外，在他编集、关注和研究日本民间故事的起初，接受了
阿尔奈的民间故事分类法。阿尔奈的分类是以故事类型为主要指标分
类，汤普森于 1928 年根据阿尔奈的分类，并对其进行修订和引进母

---

① 《口承文艺史考》（日文），《定本柳田国男集》第 6 卷，筑摩书房 1985 年版，第 122—
123 页；《柳田国男全集》第 8 卷，筑摩书房 1990 年版，第 169—171 页。

② 同上书，《定本柳田国男集》第 6 卷，筑摩书房 1985 年版，第 123 页；《柳田国男全集》
第 8 卷，筑摩书房 1990 年版，第 171 页。

题，把其变更为类型和母题复合分类的方法。日本著名民俗学家关敬吾指出，柳田国男民间故事分类的尝试始于以儿童为读者对象的《日本昔话集》（1930 年），同时这也是日本民间故事分类的最初尝试。[1]这部民间故事集中把民间故事分为动物故事、一般民间故事（本格昔话）和笑话三种。柳田国男在《昔话采集指南》中把民间故事的分类方法变成完形昔话和派生昔话二分法。那么，起初采纳阿尔奈的民间故事分类法的柳田，后来为什么提出完形和派生民间故事两种分类方案？

（三）柳田国男与赛多

关敬吾认为，柳田国男的民间故事二分法受到瑞典的民俗学家赛多（Sydow）的散文民俗文艺二分法的影响。最早提出由单一插话形成的单一形式的故事和由多插话形成的复合形式的故事二分法的学者是瑞典的赛多。他在论文《散文民俗文艺的范畴》中提倡这个二分法。他主张散文民俗文艺可分为上述两种。并把单一形式的故事叫作寓言，把复合形式的故事叫作民间故事。寓言分为动物寓言、谐谑寓言或笑话和比喻三个种类。民间故事分为魔法故事、宗教故事、现实故事和愚蠢的妖怪故事四个种类。[2]

关敬吾指出，柳田国男与赛多的分类法是一致的。赛多的关于散文民俗文艺二分法的论文，比柳田国男民间故事二分法论文早一年发表。柳田国男去世之后，关敬吾在柳田藏书中发现了赛多的这篇论文。柳田曾详细读过赛多的论文，并受到他的关于散文民俗文艺的二分法分类思想的影响。与其说柳田的民间故事分类方法是以研究为目的，不如说是为了证实他的历史研究的结论为目的。在批评阿尔奈的分类法这一点上赛多和柳田也是相通的。另外，赛多和柳田都深受格林兄弟的民间故事理论的影响。赛多以格林理论为出发点探寻幻想故事的发生。柳田关于传说和民间故事的概念规定也几乎跟随格林兄弟的学说。关于民间故事从神话产生的观点上柳田国男和格林兄弟相同。只是他们的研究对象不同，格林兄弟是以日

---

① ［日］关敬吾：《关敬吾著作集 3 昔话研究法と传说》（日文），同朋舍 1981 年版，第 15 页。

② 转引自《关敬吾著作集 3 昔话研究法と传说》（日文），第 41—42 页。

耳曼民族神话为研究对象，而柳田是以日本神话为研究对象。关敬吾说，柳田国男发表民间故事的二分法之后，对已习惯于运用阿尔奈的分类法的他带来了很大冲击。

笔者认为，柳田国男的完形和派生民间故事二分法不仅在赛多的散文民俗文艺二分法思想的影响下产生，而是在 AT 分类法、赛多的二分法的有机结合和对日本民间故事的具体研究前提下产生的。柳田把一般民间故事归入完形昔话中，把动物故事和笑话归入派生昔话中。他认为，派生昔话即动物故事和笑话是由完形昔话（一般民间故事）派生的。柳田国男关注和研究民间故事的起初，采纳了阿尔奈的分类法，但随着他对日本民间故事的搜集整理、思考和研究的深入，他发现 AT 分类法不能够解决他所强烈关注和深入探究的民间故事演变史、形成规律以及与当今人们日常生活和文化的接轨等问题。他从一般民间故事由多个母题构成的复杂的复合结构以及动物故事和笑话的由一个母题构成的单一结构特征，进一步推测出民间故事三个种类即一般民间故事、动物故事和笑话之间的关系。学者们对民间故事的三个种类中笑话的产生年代最晚这一点基本达成共识。关于一般民间故事与动物故事产生年代，柳田国男与一般学者们的观点和思考方式不同。多数学者认为，在情节简单而篇幅短的民间故事基础上形成了情节复杂的长篇故事。这是符合事物由小到大的发展规律的观点。但柳田国男却断言这种一般事物发展规律不符合民间故事的发展、演变的法则。柳田提出，结构简单、篇幅短的动物故事和笑话是由结构复杂、篇幅长的一般民间故事派生的。这犹如大的东西破碎之后变成小的东西的原则。

关敬吾批判以柳田国男为中心的日本民间故事研究是在一国民俗学理念的主导下，以国内民间故事资料为研究对象，专门研究有关民间故事的国民性问题。他们对与其他国家和民族的民间故事资料进行比较的比较民俗学研究方法采取敬而远之甚至批评的态度。① 关敬吾对日本民间故事研究的评价，很大程度上是对柳田国男故事学思想的对话和评价。关敬吾针对柳田国男的完形和派生民间故事两种分类法，提出到哪里去寻找决定派生与否的标准的质疑。他认为那个标准的决定极其困难。他说民间故事不是单一民族的文化遗产，而是世界

---

① 《关敬吾著作集 3 昔话研究法と传说》（日文），第 6 页。

性的。某一民间故事在日本流传时，是否归入完形型还是派生型的决定标准肯定是国际性的民间故事类型。另外，认为第一派生型的动物故事和笑话，无论是国际性的还是日本性的都存在溯源到哪个时代的问题。也就是说存在决定派生与否的所谓历史的标准。他主张并用这两个标准。①

柳田国男在阐释欧洲民间故事的分类方法不适合日本民间故事分类的观点前提下，在搜集、记录和研究日本民间故事的基础上，提出了日本民间故事分类方法，并系统论述民间故事各个种类之间的关系。柳田国男民间故事的二分法虽然受到了以关敬吾为代表的日本故事学家们的质疑，但他的关于日本民间故事搜集和整理的方案直接指导了日本民间故事搜集、记录、整理和研究事业。

柳田国男在一国民俗学理念下，提出系统整理和研究一个民族或国家的民间故事的方案。他通过搜集、记录和分析日本民间故事文本，将日本民间故事分为完形和派生两种，并系统探究两种民间故事的关系。后来的日本故事学家们虽然没有采纳他的完形和派生两种民间故事分类法，但柳田国男提出的日本民间故事的体系化的整理和分类提案，在日本民间故事搜集整理、分类和研究史上作出了巨大贡献。柳田国男不愧是一位杰出的思想家和颇有个性的民俗学家。他提出的民间故事的完形和派生两种分类方法，不仅具有独创性，而且为探究他所强烈关注的日本民间故事演变史、日本民间故事与民间信仰的关系等一系列问题提供了有力的理论依据，并自圆其说。

五　柳田国男与日本民间故事搜集整理法

笔者以下考察和分析柳田国男后的日本民间故事搜集整理和分类方法对柳田民间故事整理方法的继承、批判和发展状况。即《日本昔话集成》《日本昔话大成》和《日本昔话通观》等日本民间故事集成的标志性成果对柳田民间故事的整理和分类方法的继承、批判和推进。

---

① 《关敬吾著作集 3 昔话研究法と传说》（日文），第 55 页。

　　柳田国男在 1942 年选编的《日本昔话》中已提出，整理和出版代表全国民间故事的基准（标准）民间故事的想法。他认为，在全日本范围之内选定基准（标准）民间故事是一件很难的事情。① 柳田国男为了日本将来的民间故事研究事业的发展和深入，高度重视民间故事的采集、整理和分类工作。他在《昔话觉书》中的"为了昔话采集者"一章中提出了关于日本民间故事采集、记录和整理出版工作的指导性方案。他提出，当务之急是趁着故事家们健在的时候，抓紧搜集民间故事文本及其所有的异文。他指出，在全日本当时只有极少数的民间故事被搜集和出版，全日本只有占 1% 的地区的民间故事被搜集和出版。在日本偏僻的岛屿和山村有很多年老的优秀的故事家们，因为平时没有人听他们讲故事，所以他们的讲述能力已经开始颓废。柳田还指出学者们采集民间故事过程中必须注意的事项。必须避免学者们的多余的干预，不允许采集者扼杀好不容易以重要的形式传承下来的民间故事等。

　　为了避免同样的民间故事的多次出现和重复劳动，柳田提出编集标准民间故事集的设想。他就是为了这一目的编集《日本昔话》的。但是该故事集分量少，并以儿童为主要读者，因此只是日本民间故事的一小部分。柳田国男为了将来民间故事研究者的方便，提出以下五条具体整理方案：

　　1. 选定和发表基准（标准）民间故事。从各地报告来的同一类型的民间故事中，选择形式比较完整的一部民间故事，精确记述并发表。

　　2. 类型民间故事的搜索与比较。大致与基准民间故事比较，报告其不同点，即选定基准（标准）民间故事之后，搜集与基准民间故事类似的异文，并记录其不同点。

　　3. 关注国外类型的分类与索引的对应。虽然采取与 AT 方法不同的类型划分方法，但注意与 AT 类型索引的对应关系。

　　4. 基准民间故事的改定与新设。后来发现的类似的民间故事的形式更完备时，让它代替以前的基准民间故事，还有认为类似微弱时，设立新的目录。但是禁止虚构和把两个以上的民间故事的有趣部分拼接在一起的综合整理方法。

---

　　① ［日］柳田国男编：《日本の昔话》（日文），三国书房 1942 年版，第 3 页。

5. 民间故事的名称一致的协商。尽量不要设立新名称，注意取广为流传的民间故事名称。①

在柳田提出的关于日本民间故事搜集、整理和分类的指导方法下，诞生了不少学术价值极高的民间故事集成。其中关敬吾编著的《日本昔话集成》和《日本昔话大成》，稻田浩二和小泽俊夫编著的《日本昔话通观》是日本民间故事整理和分类的标志性成果。

关敬吾是继柳田国男之后另一位杰出的故事学家，他批判地继承了柳田国男的故事学思想。他继承柳田国男关于民间故事整理和划分的指导思想，并凭借自身熟悉欧洲民间故事理论以及多年搜集日本民间故事的经验，以比较研究为目的对日本民间故事进行整理和类型划分，编集和出版了日本民间故事类型集成《日本昔话集成》和《日本昔话大成》。但他对柳田国男的发生学意义上的民间故事分类方法提出了质疑。他整理、分类和编制的《日本昔话集成》就是批判地继承了柳田《日本昔话名汇》的分类、区分和排列方法。关敬吾批判柳田国男的完形昔话或民间故事是由神话派生，派生昔话由完形昔话派生的观点和构想，他一直以来站在比较民俗学的立场上，关注日本民间故事与国际民间故事分类法的一致性问题。《日本昔话集成》是为了从比较研究的立场研究日本民间故事为目的整理和编制的，以类型为基准的分类，他从8700篇日本民间故事资料中，提炼出了约650个民间故事类型。关敬吾尤其对柳田比较轻视的笑话类型给予了公平的地位。在《日本昔话集成》中，关敬吾把日本动物故事划分为动物纠葛、动物分配、动物竞走、动物竞争、猿蟹合战、咔嚓咔嚓山、古屋漏、动物社会、小鸟前生、动物由来等十项。关敬吾在分类中寻求与AT分类法的一致性，结果约325个类型与AT分类法一致，其中与阿尔奈的本格昔话对应的类型有34%，与动物故事对应的有17%，与笑话对应的有27%。柳田国男的故事学是从东日本尤其是日本东北地区的调查资料出发的。关敬吾的故事学是从自己的故乡九州、岛原半岛的故事资料集的搜集开始。关敬吾尽管对柳田国男的民间故事二分法提出质疑，并采纳了阿尔奈的分类方法，把日本民间故事分为动物故事（动物昔话）、一般

①　[日]柳田国男：《昔话觉书》（日文），《柳田国男全集》第8卷，筑摩书房1990年版，第497—499页。《定本柳田国男集》第6卷，筑摩书房1985年版，第365—366页。

民间故事（普通民间故事，本格昔话）和笑话三种，但整理和划分的《日本昔话集成》和《日本昔话大成》基本继承了柳田国男关于日本民间故事采集、整理和划分的指导方案，对日本民间故事进行了科学整理和划分。

《日本昔话大成》是根据已出版的《日本昔话集成》的分类原则，对日本民间故事类型进行划分，用《集成》的分类号，并增加了新的故事类型。《日本昔话大成》中把动物故事分为动物纠纷、动物分配、动物竞走、动物竞争、猿蟹合战、咔嚓咔嚓山、古屋的漏、动物社会、小鸟前生、动物由来和新故事类型十一种。《日本昔话大成》中利用的民间故事约 35000 篇，比《日本昔话集成》增加 90 个新故事类型。关敬吾说，无论从何种立场出发研究日本民间故事，必须对柳田国男《桃太郎的诞生》的研究方法与根据完形和派生理论的分类方案进行充分的研讨。他指出，编制《日本昔话集成》时，对分类不可缺少的根本的母题、类型和题目的相互关系的认识不充分。他在庞大的日本民间故事资料的前提下，为补充《日本昔话集成》，在其分类体系中导入了题目的概念，并对《日本昔话集成》进行了修订和补充，编集出版了《日本昔话大成》。

关敬吾在《日本昔话大成》中对本格昔话进行以下分类：异类女婿型婚姻、异类妻子型婚姻、难题女婿型婚姻、诞生、命运与致富、巫术宝谭、兄弟谭、邻居老爷爷、大岁的客人、继子谭、异乡、动物报恩、逃窜谭、愚蠢的动物、人与狐、新的故事类型。关敬吾在《日本昔话大成》中对日本笑话做了以下分类：愚人谭（其中包括愚蠢的村落、愚蠢的女婿、愚蠢的新娘、愚蠢的男人）、夸张谭、巧智谭、狡猾者谭、形式谭和新故事类型六个种类。

与本格昔话或一般民间故事相比日本笑话研究较为落后，日本民间故事研究以柳田国男的诸多研究为重要出发点。柳田国男的民间故事研究著作《桃太郎的诞生》《昔话与文学》和《昔话觉书》中主要对日本完形昔话即本格昔话或一般民间故事进行研究。柳田国男对笑话等派生民间故事的关注和研究极少。这与他的民间故事研究目的有着密切关系。关敬吾说，柳田研究传说和民间故事的主要目的是阐明日本人的固有信仰。而笑话与信仰的关系日趋疏远，甚至几乎失去了联系。笑话对固有信仰的研究并不重要。因此，以柳田国男为代表的日本民俗学界对笑话采取敬而远之的态度。①

稻田浩二和小泽俊夫编著的《日本昔话通观》是整理、分类和研究日本民间故事的标志性成果之一。中国著名民俗学家张紫晨先生早在20世纪80年代初期就简单介绍和高度评价过《日本昔话通观》的民间故事资料及其科学研究价值。他指出："《日本昔话通观》是日本全国民间故事最完全的民间故事科学资料本，全书共32卷，作品部分占28卷，编入日本各地民间故事及有关异文6万余篇。这是一个日本民间故事集大成的工作。它是明治以来无论在体系和地区上都堪称是全国最大规模的日本民间故事的总集成。每篇故事都尽量搜求了异文和类话，使人看到故事流传的全貌。它是一个大型的民间故事丛书，而且是按地区分卷的，为各地区的比较研究提供了方便，既有鉴赏的意义，又有高度的科学价值。"②

稻田浩二和小泽俊夫编著的《日本昔话通观》包括北海道、青森、岩手、宫城、秋田、山形、福岛、栃木、群马、茨城、埼玉、千叶、东京、神奈川、新潟、富山、石川、福井、山梨、长野、岐阜、静冈、爱知、京都、三重、滋贺、大阪、奈良、和歌山、兵库、鸟取、岛根、冈山、广岛、山口、德岛、香川、爱媛、高知、福冈、佐贺、大分、长崎、熊本、宫崎、鹿儿岛、冲绳等全日本各地区流传的民间故事。《日本昔话通观》编者宗旨中指出，当前的课题是为了正确把握以原来的样子传承下来的民间故事，并站在共时的观点上整理它们，奠定今后的研究基础。他们重视将调查资料放在其传承圈别中进行通观，阐明传承于不同圈内的民间故事如何生息及其传承文艺形象的风土性。为了整理的方便，不是以都道府县等行政区域为流传单位，而是以地区为流传单位概括，试图构想民间故事的世界。《日本昔话通观》中保留日本民间故事的地方性和风土性特征的同时，想阐明日本全国各地区的民间故事传承的实相。他们指出："民间故事是民族文化的结晶，同时也是广泛的人类文化遗产。换句话说，民间故事是文艺形象的民族的个性与人类的普遍性的调和的产物。"③ 他们编著该丛书的志向是民间故事的传承与形象的诸特征——以

---

① ［日］关敬吾编：《日本昔话大成》（日文）第8卷，角川书店1986年版，第1页。

② 张紫晨：《张紫晨民间文艺学民俗学论文集》，北京师范大学出版社1993年版，第54—55页。

③ ［日］稻田浩二、小泽俊夫编集：《日本昔话通观》（日文）第2卷，同朋舍1982年版，第2页。

母题和故事类型（话型）为中心，并比较两者，通过研讨其异同，探究日本人的文艺创造力，并考察日本民间故事史。

《日本昔话通观》中对日本民间故事的分类是讲古（mukashi katari）、笑话和动物故事（动物昔话）三种。讲古是指主要讲述有关人的生平的人生主题的民间故事，但也包括人与动物有关的物语。笑话指以人为主人公的故事中专门为娱乐而讲述的单纯结构的故事。动物故事指以动物和物质为主人公的故事，并且动物笑话也包含在此类中。《日本昔话通观》是通观和包括阿依努人的日本全国各地流传的民间故事类型集成。编著方针中详细交代该丛书资料的收集内容的标准、根据共时观点的地方区别的编集、民间故事种类的分类标准、民间故事类型（话型）的认定与亚型的设定、亚型群和话型群的归纳、典型故事和孤立传承故事的设定、类话和参考话的整理、类型复合的整理、根据类话的排列、母题的分析与比较和话型的比较十一种规则。并对上述的一些概念术语进行详细说明和界定。如典型故事的确定，具体指对各资料篇中归纳拥有同一亚型或同一类型的故事群，并从中选择一部如下标准的典型故事：1. 各篇的地方传承中被认为具备最典型的故事类型的。2. 在口承文艺方面杰出的。孤立传承故事指各篇的地方资料中没有相同类型即类似的故事的。类话指拥有同一故事类型的故事群中除了典型故事以外的异文。参考话指力图认为同一话型的，与其典型故事拥有一部分母题，成为考察的参考资料的。

笔者认为，《日本昔话通观》是一部学术价值很高的日本各地区传承的民间故事类型（包含母题的分析与比较）的集成。在该丛书中，编著者第一步骤是对日本各地区口头传承的民间故事文本进行类型划分；第二步骤，对各类型的民间故事进行亚型的归纳和分类；第三步骤，从各亚型的民间故事类型中选择典型民间故事（典型话）；第四步骤是排列该亚型的民间故事的异文（类话）；第五步骤是分析该亚型民间故事的母题构成，最后交代与 AT 分类法的对应编码。《日本昔话通观》与《日本昔话大成》比较，相同的是两者都是民间故事类型的集成，并分为资料部分和研究部分。《通观》继承了《大成》的民间故事类型的划分和基准民间故事或典型民间故事的选定规则和方法。但两者的类型划分单位和具体步骤存在着明显的不同。首先，《通观》是以流传地区为单位的类型归纳和划分，而《大成》是以全日本为单位的民间故事类型集成。一个是以流传地区为单位，另一个是以一个国家为单位的类型集成。其次，《通观》中采用的民间故事资料相当于《大成》的两倍。因此，类型划分工程更加繁杂和浩瀚。再次，《通观》增加了故事亚型的归纳、划分以及母题的构成。《日本昔话通观》中尽管没有采纳柳田国男的民间故事二分法，但选定典型故事（典型话）类型与柳田国男提出的选定基准故事的采集和整理方法相通。

稻田浩二在《日本昔话通观》第 28 卷的绪言中指出，民间故事家拿手的面具或讲述技巧在于成为民间故事传承的核心的文艺形态，即民间故事的类型。故事家继承这个类型后，在讲述过程中给这个类型注入新鲜的血液，创造自己的民间故事。故事家每次讲述的民间故事都是新的文本。民间故事是综合性表演的口承文艺。类型是故事家们共有的文艺形象的核心。稻田认为，一个民族的民间故事的文艺性通过这个类型群的综合得到认可。稻田对日本民间故事文艺性的研究，不仅是各个故事家的文艺表现，而且是民间故事类型的研究和记述。稻田说，目前日本民族的民间故事传承处于急剧退潮和变化阶段。民间故事几乎失去了作为家族传承的核心的民俗文艺形象。其变异也是新的研究题目。该课题是限于作为民俗文艺的民间故事为研究对象，更新其文艺性。立志批判地继承和推进柳田国男和关敬吾为中心的日本民间故事的类型研究。这是生活在民间故事变容的时代的晚辈学者们所面临的使命。①

稻田浩二结合故事家的讲述或表演过程，阐释民间故事类型的稳定性和变异性。同一类型的民间故事在不同地区流传时，保留故事原来的核心情节即故事类型的同时，又产生变异，形成地方性特征。一个优秀的故事家讲述故事的技巧在于掌握很多故事类型的前提下，在讲述过程中保留一个故事的传承类型的同时，根据记忆储备中的众多故事类型或情节以及生活知识和经验，对所讲述的故事进行加工、润色和添枝加叶。因此，形成了一个民间故事的多种亚型、变体或异文。可以说形成了每次讲述都是一个文本，一个民间故事类型包括多种亚类型的特征。稻田浩二和关敬吾一样强调民间故事的分类和研究的国际性。他说，民间故事是人类共通的口承文艺，它的产生、构成、主题和母题等有着诸多共同性。因此，民间故

---

① ［日］稻田浩二：《日本昔话通观 第28卷 昔话タイプインデックス》（日文），同朋舍 1988 年版，第 1—2 页。

事分类和研究必须在国际平台上进行。①

　　另外，在柳田国男采集和整理民间故事的指导下出版的日本民间故事集成还有《全国昔话资料集成》②，共 32 本，每卷的编者不同。这些民间故事集大致根据关敬吾编著的《日本昔话集成》的分类规则和标准排列，并且每部都附上与《日本昔话集成》编号和故事类型的对照表。每部故事集的后面附有搜集者的调查记录和思考以及著名故事学家们关于该卷搜集者的搜集和整理过程的详细解说。多数民间故事集中把民间故事分为动物昔话、本格昔话和笑话三种，有的昔话集没有进行分类。据分卷《北蒲原昔话集》的编者佐久间惇一的关于搜集、整理和出版过程的详细叙述，《北蒲原昔话集》的搜集、整理和出版，直接受到了柳田国男恳切的指导和热情支持。③

　　众所周知，迄今为止，AT 分类法是世界众多民间故事分类方法中影响最大的。在 AT 分类法的影响下，故事学家们先后运用 AT 分类法，编制出各自国家或民族的民间故事类型索引。其中包括丁乃通的《中国民间故事类型索引》、日本的池田弘子的《日本民间文艺的类型及母题索引》和中国台湾金荣华的《民间故事类型索引》。在民间故事分类方法中，没有采纳 AT 分类方法的有德国民俗学家艾伯华的《中国民间故事分类》和柳田国男的《日本昔话名汇》。

　　在柳田国男民间故事搜集整理、分类、研究理论和实践指导下，日本涌现出一批杰出的故事学家。除了上述的，为日本民间故事搜集整理、分类和研究事业作出重大贡献的关敬吾、稻田浩二、小泽俊夫、野村纯一和伊藤清司等杰出故事学家之外，还有在日本民间故事搜集记录方面作出突出贡献的优秀故事学家佐佐木喜善。佐佐木喜善讲述，柳田国男编《远野物语》（1910 年）是日本第一部民俗学意义上的民间故事集。《远野物语》的出版激励佐佐木喜善，推进了日本民间故事的调查，同时奠定了柳田国男民俗学中的民间故事研究地位。佐佐木喜善在柳田国男的启发和指导下，开始搜集和整理日本民间故事，出版了《江刺郡昔话》（昔话 20

---

　　①　《日本昔话通观　第 28 卷　昔话タイプインデックス》（日文），第 3 页。
　　②　《全国昔话资料集成》（1—32）（日文），岩崎美术社 1974 年版。
　　③　［日］佐久间惇一编：《北蒲原昔话集》（日文），岩崎美术社 1974 年版，第 260—266 页。

篇、民话 10 篇)、《老媪夜谭》(昔话 103 篇)、《听耳草纸》(昔话 303
篇)和《农民俚谭》(昔话 29 篇、其他 7 项目)四部民间故事集。《听耳
草纸》的序是柳田国男写的。柳田在序言中充满感激地说,佐佐木喜善
本来是与多数日本东北人一样,作为一个富于梦想的、敏锐而感觉发达的
人。但他抑制自己的爱好和个性,付出如此大的努力,为将来的民间故事
研究者留下如此客观的记录,真是令人敬佩。① 佐佐木喜善共搜集和记录
了 445 篇民间故事,其中《老媪夜谭》的搜集记录方法已成为日本民间
故事采集记录的典范。他搜集记录的民间故事中有众多本格昔话或一般民
间故事,已成为日本民间故事研究不可缺少的故事文本资料。

　　柳田国男在一国民俗学理念下,提出系统整理和研究一个民族或国家
的民间故事的方案。他通过搜集、记录和分析日本民间故事文本,将日本
民间故事分为完形和派生两种,并系统探究两种民间故事的关系。后来的
日本故事学家们虽然没有采纳他的完形和派生两种民间故事分类法,但柳
田国男提出的日本民间故事的体系化的整理和分类提案,在日本民间故事
搜集整理、分类和研究史上作出了巨大贡献。在柳田国男的指导和巨大影
响下,日本民俗学界涌现出关敬吾、稻田浩二、野村纯一、小泽俊夫和伊
藤清司等杰出的故事学家。他们站在国际平台上,以比较民俗学的视野,
批判地继承了柳田国男的故事学思想,并编著《日本昔话集成》《日本昔
话大成》和《日本昔话通观》等科学价值极高的标志性成果,推进了故
事学理论和实践。

　　柳田日本民间故事的体系构想是通过《日本昔话名汇》的刊行实现
的。《日本昔话名汇》是柳田以后的故事学家们调查和研究民间故事的
指标。

---

① 　[日]佐佐木喜善编:《听耳草纸》(日文),筑摩书房 1964 年版,第 3 页。

第 六 章

柳田国男与《桃太郎的诞生》*

柳田国男不仅在民间故事概念和分类方法等理论研究方面作出了突出贡献，而且对日本广为流传的《桃太郎》《瓜子姬》《开花爷爷》《撒灰爷爷》《一寸法师》《断舌雀》《猿蟹合战》和《蛇女婿》等常见民间故事类型进行了深入、细致的具体文本分析。柳田国男研究日本民间故事文本主要采纳归纳和比较方法，专题讨论同一个类型的民间故事在日本国内不同地区流传过程中的变异，并进一步阐释不同地区的文化传统和民间信仰的差异。

正如柳田国男在其著作《桃太郎的诞生》的自序中分析的那样，该著作的问世具有以下两个方面的未曾预料到的理由：一是各地忠实的采集者很快从日本全国各地搜集到很多珍贵的故事文本，其中佐佐木喜善等杰出的民间讲述人作出了永世难忘的贡献；二是当时几乎没有人自觉地进行比较研究。大部分民间故事集仅限于传阅。他说本人虽然境遇和年龄都不适合承担这个责任，但只是为了学问的未来发展，不能坐视而已。① 就如柳田国男在十年后再版的《桃太郎的诞生》的序言中分析的那样，该著作在问世以后的十年中促进了日本民间故事的搜集工作。从未进行民间故事搜集工作的地方的各个角落发现了已经传承千百年的昔话，并搜集记录成为民间故事研究的珍贵资料。随着民间故事新资料的不断发现，有必要

---

* 本章是柳田国男著《桃太郎的诞生》一书主要内容的梳理编译和简单评论，更多的分析还有待进一步细化和补充。特此说明。

① ［日］柳田国男：《桃太郎の诞生》（日文），《定本柳田国男集》第8卷，筑摩书房1988年版，第3页。

《桃太郎的诞生》著作中的某些观点和分析需要修订和后续阐释。这就造成了同一个问题的分析在书中前后存在着细微差异的现象。但笔者以为这只是小小的瑕疵，并不影响该著作对日本民间故事搜集、整理和研究事业作出的巨大贡献。而修订和后续阐释也是学术发展的普遍规律。

格林童话《灰姑娘的故事》的同类型故事在日本是叫作《糠福米福》的昔话。该故事传入日本以后，虽然变短但流传千年过程中仅仅发生了一点点变化，保留着从远处用柑橘的皮打妹妹这样细小的情节。在日本，从北部青森县寂寞的小村庄到南部壹岐岛的海边都流传着这个昔话。如果研究《灰姑娘》的欧洲学者知道这个事实，她们如柯克斯小姐研究成果的结论很可能会发生一些变化。这则故事在日本书面文学中一般叫做《红皿缺皿》。继母虐待继女的故事原型在日本的广为流传也许和这则故事有关系。在日本民间口承文艺中，《灰姑娘的故事》在奥州南部以《糠子米子》或者津轻的《粟袋米袋》等名称流传。与此并行流传的虐待继女的故事中，姐妹的名字叫大银小银或者月亮星星，苇子萱子等也是传承《红皿缺皿》系统的故事，只是改变了外貌而已。世界性的著名故事类型《灰姑娘的故事》在日本是以相当概括的形式流传的。

在欧洲相当流传的死人感恩的民间故事叫作《会唱歌的骨头》。死人成骷髅后边唱歌边讲述过去的事情的故事很多。这类故事从日本《灵异记》的古时候开始就广为流传。柳田国男解释此类故事的时候指出，该故事意味着神话信仰时代已经过去，是在该故事已成为语言艺术之后的阶段传入日本的。民间故事也有成熟期，根据不同的风土环境、社会生活阶段，乃至民间故事本身的性质，各国的民间故事之间在年龄、经验和传播形式方面也存在着很多差异。民间故事在其成熟期前后的传播是有区别的。这种区别可以分为民间故事尚未成为语言艺术之前传进来的形态和已成为语言艺术，过了成熟期并成了成熟的果实之后传入的形态两种情况。上述《灰姑娘的故事》和《会唱歌的骨头》等民间故事是属于第二类，即过了成熟期之后传入日本的，因此传播到日本以后故事内容的变化非常少。

在欧洲也流传着很多异类婚故事，即人间美女或美男子与鸟兽草木等非人类结下姻缘的民间故事。这类故事在日本民间故事中是非常发达的，然而其传播途径却尚无明确结论。柳田国男认为，关于神话的学问在将来随着搜集工作的进步而更加容易进行比较研究，同时也会制定出一个具体的标准来推测哪个是古老的，哪个是新变化的。而今天所谓的神话学是提取在现阶段搜集的民间故事中掺杂的神话因素，从而将并不是神话的昔话作为神话的研究对象，虽然并没有强辩说这些民间故事就是神话，但是因为没有严格区分神话和民间故事两者界线的结果，把国家的历史也视作神话，在这种观念的支配下把《桃太郎》以及《咔嚓咔嚓山》等故事类型都归纳到神话体系。① 从词源上讲，神话是神圣的叙事。神话是特定的人在特定的时间以特定的方式讲述，而且听众完全相信，不允许不相信的人听的古老的故事。任何人都懂得，人们在郁闷的时候以取乐为目的随意讲述的语言艺术和神话是截然不同的。柳田国男说，昔话就是神话的孙子。虽然神话和民间故事是爷爷和孙子的关系，但毕竟不是同一个人，当然有着不同的历史和内涵。因此神话和民间故事是不能混同的。

除了神话与民间故事之间的关系密切，还有传说也和民间故事有关系。当然，三者当中神话的数量是少的，出现的频率也少，处于一种极其颓废的状态。总之，从这里也能看出神话向传说和民间故事转变的踪迹。异类婚故事实际上就显示了这种转变，其中蛇女婿的故事等相当丰富的资料为此提供了更多的证据。柳田国男认为，若要整理此类民间故事，需要寻找一种婚姻风俗习惯的尺度，同时通过故事类型的比较，可以阐释日本婚姻制度的变迁。② 这里体现了柳田国男通过民间故事类型的归纳、比较研究，来阐释民俗文化和社会制度的变迁的观点和研究方法。

一 童话的起源

桃太郎的故事等，在日本产生以后经历了悠久的历史，这棵故事之树经过了不同时代的生长更替，原来的树根已经枯萎。神话时代的桃太郎原型，没有像蛇女婿一样被保留下来。而且与康福米福等故事原型也不同，到了近代以后变化更加明显。柳田国男指出桃太郎等民间故事的发展具有以下三种变化类型：

1. 在上古时代民间故事就已经艺术化，以其成熟的形式广为流传。

---

① 《桃太郎の诞生》（日文），第 10 页。

② 同上书，第 11 页。

例如死人感恩故事以及《红皿缺皿》等故事。

2. 故事的信仰基础尚未完全崩溃，传说作为其信仰的后续形式继续讲述原来的一些信仰因素。例如像蛇女婿一样的一部分异类婚故事。

3. 最后到了近代以后故事迅速成熟，原来的故事的树根已经变得不明确，但还未失去其果实的新鲜味道。例如桃太郎、瓜子姬等类型的民间故事。①

柳田国男指出，这样两种类型三个形式的民间故事交叉和并存，对我们的比较研究创造了便利条件。有些岛屿上的人们到最近还相信民间故事的真实性。除了日本，各种不同阶段的故事标本如此齐全的国家并不多见。不久的将来世人会注意到的。②

在日本，口承文艺的童话化，无论从哪个角度考察，其历史都不悠久。至少在过去的农村并不存在专门针对儿童的故事。儿童的游戏本来也是靠自己的，孩子们根据自己的能力发明玩具和游戏或者模仿大人玩耍。从前的大众教育一般与今天恰恰相反，主张旁观旁听。从成人说的话和做的事情学习与自身年龄相符的东西。因此，往往比现在的孩子们提前具备成人的能力。通常情况下大人不会针对儿童创作故事。而是针对儿童听众，在众多的民间故事当中选择其内容较为适合儿童的通俗易懂的故事讲给孩子们听。③ 柳田国男认为这是今天的所谓童话的起源。

影响民间故事的选择者即故事讲述人心理的外部因素有两个。其中之一是促进讲述活动进步的力量。那就是在只有儿童听众的场合讲述故事时，讲述人学会用通俗易懂的语言讲述的同时，要掌握压缩和开展故事内容的技巧。不仅限于针对儿童的讲故事活动，口承文艺的讲述艺术从来都是受到听众影响的。听众不知不觉中影响了讲述人。第二种因素是，民间故事的讲述者并不像作家那样特意做好准备，而是讲述活动是在自然的仅凭记忆的状态下进行的。家庭里故事讲述活动的角色通常都是女性。二十几岁的母亲和五十几岁的祖母在童年时代经历过的有趣而愉快的记忆遇到孩子们的智力成长就获得了新的生命，重新被点燃起来。并随着讲述故事的长辈和听故事的子女之间的角色的更替和重复，故事的兴趣点从针对成

---

① 《桃太郎の诞生》（日文），第 12 页。

② 同上。

③ 同上书，第 13 页。

人听众向儿童转移，并且不知什么时候故事的要点已经发生了变化。例如桃太郎，切开桃子后从里面如何跳出来一个男婴这一情节就变成了故事的中心。虽然成人或青年觉得这个故事情节无聊，即使没有使这则故事成为童话的意思，但是民间故事不得不变得好像是逐渐针对孩子创作出来似的。这是古老风格的故事出乎意外的只有在幼儿中间保存着的原因。①

　　假如没有外部因素的变化和影响，我们的民间故事绝不会以今天这个形式流传到现在。柳田国男根据近代的经验，进一步推测神话变成后来的民间故事时也是大概受到了外部客观条件的影响，从而做出了一种选择。因此，从其仅有的残留的碎片，尚可发现固有信仰还活着的那个时代的痕迹。如果这个推测成立，那么这里也还为将来的研究者保存了一种艺术和宗教相交涉的内容。②

　　柳田国男以《开花爷爷》为例子，归纳和比较了这个故事类型几种变体之间的异同。《开花爷爷》是日本最常见的民间故事类型，属于《邻居爷爷》的故事类型。这个故事举了两个极端的例子，讲述了想拼命模仿也不及天生有福气的人由于心地善良而受到神灵的爱护的道理。故事存在不少细微的差异。善良的爷爷用心养大小狗后，获得了巨大的财富。故事神奇的核心在于小狗的出场和成长，这点与桃太郎相似。但《开花爷爷》中省略了这个部分，然而只有使枯萎的树开花情节不同。因为《开花爷爷》中讲述到撒灰这个情节时故事与越中地区的《撒灰爷爷》、奥州的《打雁爷爷》显得相同，所以柳田发现《开花爷爷》比后面的两个故事都年轻。故事的结尾，坏爷爷被官老爷打屁股的情节与《邻居爷爷》类型的《放香屁的爷爷》相通。放香屁的方式根据地区，存在古老的形式，原来是讲述和山神交涉的故事的。这个内容被遗忘之后，《开花爷爷》与此类爷爷型的故事的片段连接在一起了。③

　　大致能证明《咔嚓咔嚓山》是上述三种民间故事的接续和结合。其中聪明的兔子愚弄愚蠢的狐狸这个情节是世界共通的动物故事中常见的部分。在这里只是狐狸倒大霉的理由，是作为老爷爷的报酬和惩罚这一点不同。最初狐狸被老爷爷捕获的事情等也是，近来变得极其简略，以前这又

① 《桃太郎の诞生》（日文），第14页。
② 同上书，第15页。
③ 同上书，第16—17页。

是一种概括的故事，要点是狐狸不知石头上涂了年糕，和往常一样坐在石头上，想说老爷爷和老奶奶的坏话。如此愚蠢的狐狸在中途杀害老奶奶，并化为老奶奶等着老爷爷回家。这部分与日本的《瓜子姬》相似。只是《瓜子姬》中家鸡告诉实情，这则故事中狐狸自己说后逃去。上述三种民间故事至今在乡下独立地流传。《咔嚓咔嚓山》只是想省略和结合上述的三种民间故事之外，变化不大。

柳田国男说，《断舌雀》和《猿蟹合战》两则民间故事是从古代以来就以这样概括的形式流传下来的，但不一定完全正确。雀报恩故事在朝鲜也流传叫作《葫芦的米》和《柿子的种子》，虽然清楚以猿和癞蛤蟆争年糕等作为故事的引子，但只靠这一点故事情节是无法展开的。不用特意去辩论推理，依靠先有采集资料就可以自然判断，其中肯定包含了与此同属一个系统的其他故事的事实。如今没有人注意到，《断舌雀》和《猿蟹合战》两则故事有着相互关联，又与《桃太郎》故事具有若干相似点。柳田国男相信至少通过详细分析桃太郎的诞生、成长过程，能够说明以上两则故事变成现在形式的理由。他的目的是阐释昔话即民间故事在世间流传，又没有经过人为的改作增补，保存至今的形态和内容。

通过梳理和分析柳田国男对日本民间故事的研究思路和方法，发现他虽然以日本民间故事资料为研究对象，以日本民间故事口头传统为研究基础，但某种程度上可以说他把研究视野放在世界民间故事研究平台和前沿研究广度、深度上，对日本民间故事主要类型进行分析，指出日本民间故事与欧洲民间故事的共同点和不同点。因此，他的民间故事研究视野还是世界性的。

柳田国男认为，《断舌雀》和《猿蟹合战》等御伽新（otogiban-ashi）① 具有相互关联，并与《桃太郎》的故事也有一些相似之处。至少通过详细阐释桃太郎故事的形成过程，能够说明《断舌雀》和《猿蟹合战》两则故事变成现在样子的理由。似乎只有在日本的桃太郎的故事中有切开桃子，从里面出来男孩的情节。但主人公在狗或其他动物的帮助下

---

① 《广辞苑》解释为讲述给孩子听的民间故事和童话，如《桃太郎》和《咔嚓咔嚓山》等。商务印书馆和日本小学馆出版《现代日汉大词典》也解释为讲给儿童听的故事、童话和神话。

完成大事业的情节也常见于其他国家的民间故事。①

柳田国男把《桃太郎》的故事中狗指挥猫、猫驱使老鼠找回丢失的宝物的情节与中国的《西游记》中唐僧在具备一半人性的孙悟空、猪八戒和沙和尚等的协助下经历各种危险的考验，完成取经任务的情节相比较，并指出主人公接受动物的援助，完成极其艰难的事情的情节不仅仅局限于日本民族的传承。柳田国男虽然没有进一步深入、细致地比较分析桃太郎的故事和《西游记》等类似的民间故事文本，但可以肯定他的日本民间故事研究不仅仅局限于日本国内的研究视角，并还适当运用了跨民族的比较研究方法。他清楚地指出主人公在动物的援助下完成艰难而非凡的事业的情节不仅仅是日本民间故事特有的，而是世界性的故事情节或类型。在蒙古英雄史诗和故事中英雄或主人公通常是在骏马的协助下完成危险的考验迎娶有婚约的姑娘或战胜强大的敌人。蒙古史诗和民间故事中最常见的帮助主人公的通人性的动物是骏马，而且往往是主人公的坐骑。这体现了草原民族的游牧文化特征。

柳田国男认可桃太郎的故事中主人公得到动物的援助，完成非凡事业的情节的世界性的同时，也强调桃太郎的故事的日本民族特征。他说，桃太郎的故事的日本民族特征在于其英雄的名称及其命名的缘由。由于是从河里飘过来的桃子中诞生的婴儿，所以起名为桃太郎。只有这一点在邻近民族的故事中没有发现类似的情节。因此，可以说这是日本民族民间流传的过程中形成的特征或日本民族创造的故事情节。②

柳田国男说，日本昔话中异常诞生的婴儿，不仅是从桃子里诞生，还有从瓜里诞生的瓜子姬的昔话至少与桃太郎的昔话同时代流传。瓜子姬的昔话在九州和中国流传稀少，在日本东部几乎到处流传。只是由于没有被文人采集，所以很长一段时期没有得到人们的关注。

柳田国男分析说，瓜子姬的故事情节开始部分与斑竹姑娘相近，结尾部分与一则相当重要的民间故事有着联系。在紫波郡地区流传的异文中，讲述老爷爷和老奶奶离开家，去街上购买瓜子姬出嫁用的东西，瓜子姬一个人伴随着织布机均匀、动听的声音织着布。这时天邪鬼过来用假嗓子说话，从只有手指大的门缝中请求瓜子姬把门打开。这一情节，与格林童话

---

① ［日］柳田国男：《定本柳田国男集》（日文）第8卷，筑摩书房1985年版，第18页。
② 同上书，第19页。

中《狼和小羊》和《小红帽》等也很相似。天邪鬼害死瓜子姬，制作小豆饼，自己变成瓜子姬，把那个豆饼给回家的老爷爷和老奶奶吃，并说坏话后逃走的情节也出现在《咔嚓咔嚓山》中。其他多数异文或例子中，麻雀或鸡把事实真相告诉亲人。瓜子姬大概能复活。

柳田国男认为，在桃太郎和瓜子姬的故事中，吸引听众的情节不是从河里漂流过来的桃子和瓜的体积大，而是非人类生的小小女孩和男孩从桃子和瓜子中诞生后迅速成长。日本著名民间故事《一寸法师》和《砍竹子的爷爷》也有类似的情节。柳田国男阐释，在桃太郎和瓜子姬的昔话中，生活在远离海的山村的老奶奶在河边洗衣服时，漂来桃子和瓜子。桃子和瓜子中诞生异常小的男孩和女孩的情节与日本山区民众的民间信仰有关。远离海的日本山地民众具有在高山或山峰上迎接和祭祀神灵的习俗。所以，相信沿着山涧水流，存在接近人间的精灵。此类昔话中的桃子或瓜子中特异诞生的主人公异常小是对神灵的尊重和认可。柳田认为，日本的《桃太郎》和《瓜子姬》的故事的产生与日本人的祖灵信仰有关。

柳田国男比较了日本桃太郎和欧洲桃太郎类型的故事情节，譬如同样是远征的目的，相比之下，日本桃太郎的故事显得更加单纯。欧洲流传的类似桃太郎的故事中远行或远征的目的必须是带回来财宝。男性冒险者通常带来珍贵的宝物，最终成为国王女婿的故事很多。奥州民间流传的桃太郎的故事中鸟从地狱带来信，决定这次远征，并携带饭团收买地狱的门卫，带着地狱的姑娘或公主逃走，大鬼用火焰车追赶等情节与御伽的御曹司渡过岛相似。桃太郎是从祈子的女人胫部诞生的大拇指大的小男孩，向富翁千金求婚的情节与《一寸法师》故事具有共通点。另外，日本九州和东北地区广为流传的民间故事中，有人祈求神灵，得到的儿子是在斗笠中蟠卷的小小的蛇。蛇长大之后去拜访富翁家的情节与其他多数的蛇女婿故事具有相似之处，结尾是蛇女婿凭借新娘的力量恢复英俊青年的原形。

在日本广泛流传的桃太郎的故事中主人公特异诞生后迅速成长，并在具有灵性的动物助手的协助下，惩罚恶魔胜利归来的故事结构与蒙古史诗很相似。英雄都通过神奇诞生，迅速成长去讨伐强大的敌人，并在动物的协助下征服强敌胜利归来。桃太郎的故事和蒙古史诗中的英雄都具有神性和人性的双重特征，协助英雄的动物也都具有神性、人性和动物性特征。详细比较桃太郎的故事和蒙古英雄史诗的情节，有一些微妙区别。首先，协助英雄的动物不同。桃太郎的故事中英雄的助手是狗、山鸡和猴子等动物，蒙古史诗中通常是英雄的骏马。其次是英雄的敌对者不同，桃太郎的故事中英雄的敌对者是住在岛上的红脸鬼、黑脸鬼以及众多小鬼；蒙古史诗中通常是住在草原上的多头蟒古思。蟒古思掠夺英雄的父母、妻子、臣民和牲畜。

另外，懒汉和穷人娶高贵的女子为妻的故事也是以太郎的名称流传于日本的。古代记录中的《物草太郎》中的草子，枕边捡到米粉团刚要吃米粉团却不见了，后来娶到贤惠的妻子，并立业成神仙。《邻居家的寝太郎》当上女婿的故事等是柳田国男从小听着长大的，这则故事在周边地区演变为寝太郎荒神的起源故事。在冲绳，与此相似的故事变成了遗老故事。这些故事全都是主人公平平安安地成为富翁女婿，主人公远大的志向和意想不到的成就早已成为故事的中心。柳田国男指出，西欧也有类似的故事，但西欧国家几乎找不到活形态的民间故事。因此，西欧学者为了证明其流传变化等规律和特征，费了很大功夫。与此相比，幸运的是日本学者的母语圈内就流传着未经文人修改过的可以进行相互比较的各种活形态的民间故事。他提出，此类民间故事起源很早。就如伟大的耶稣从贫穷的木工女人肚子中诞生一样，桃太郎的民间故事诞生于人们相信卑贱的老爷爷和老奶奶拾起的瓜和桃子中也出现驯服鬼的神人的世界或年代。以后的各种变化都是流传、成长和衰老过程的变异。①

民俗学界普遍认可神话和民间故事最主要的区别是听众相信神话，而不相信民间故事。传说和民间故事最主要的区别之一也是传说是听众相信。柳田国男把《桃太郎》的故事产生时期，推到人们相信卑贱的老夫妇捡起的桃子中诞生神人的神话世界和时代。

柳田国男通过对日本蛇女婿民间故事与日本固有信仰之间的关系的分析，为桃太郎的诞生年代的大胆推测找到了旁证。在蛇娶富翁千金小姐，并借助妻子的力量恢复英俊青年身体的《蛇女婿》故事中，最初是神灵化作蛇身在人间的女孩眼中出现的。然而，后来演变成蟒蛇抢娶人间美丽少女，逐渐使人畏惧，将其视作灾难而逃避，于是故事变成了最终靠祈祷和武力击退和报复的传说。另外，《猴子女婿》的故事中猴子企图娶人间少女而中了女孩的计谋，背着石臼摘樱花树枝，掉进河里，唱着辞世的歌漂流远方。很显然，故事中的猴子已不再是受到人们尊重和信任的神灵的

---

① 《定本柳田国男集》（日文）第 8 卷，第 22—24 页。

化身，而是被人类愚弄和驯服的不自量力的动物。这无疑是这个国家的民众信仰发生变化的痕迹。

柳田国男认为，日本民间故事和传说的故事情节的变化与民间信仰的变化有着密切联系。他对日本蛇女婿故事情节变化的分析，充分体现了这一观点。据他的分析，蛇作为故事主人公具有神性而且得到听众的尊重和爱戴的蛇女婿故事是产生和流传于人们相信神灵化作蛇形降临人间的那个年代。然而，蛇成为抢婆和吞吃美丽少女，故事主人公凭借勇敢和力气，杀死蛇的故事则是形成和流传于民众信仰发生变化，人们不再相信神灵化作蛇形出现的社会。柳田国男的这一分析与普罗普在《魔法故事的历史起源》中的分析可谓异曲同工。

蒙古英雄史诗和故事中，英雄射死要吞吃神鹰幼雏或神女的蟒蛇的故事情节很普遍。鹰在蒙古突厥史诗和英雄故事中通常以英雄助手的身份出现，尤其是在卫拉特蒙古史诗、英雄故事和突厥史诗中，鹰通常完成驮着英雄返回地面的神圣任务。而蟒蛇通常是以危害人类和鸟类的强敌的身份出现。根据柳田国男的分析，此类民间故事体现了蒙古民众信仰鹰，并把鹰视作神界和人间的使者的观念。

二 犬子故事

虽然日本全国的《撒灰的爷爷》童话化的时间也是相当早，但通过比较很多新采集的故事资料，可以逐渐发现其古老的形式。柳田国男认为，在《撒灰的爷爷》和《开花爷爷》等类型的日本昔话中，无子女的老爷爷和老奶奶不可思议地得到了一只可爱的白狗，并把白狗当作自己的孩子一样珍爱和养育。白狗长大之后帮助老人成为富翁，这个故事情节与《桃太郎》非常相似。森口多里收集的胆泽群地区的昔话《黄金马》中讲述道，两位老爷爷在同一条河里下鱼梁钓鱼，住在河上游的爷爷下的鱼梁里进了一只小小的狗，他很生气地把小狗扔进河流里。狗流进了住在河下游的爷爷下的鱼梁里，老爷爷把狗捡起来，并给它起名为太郎，像自己的孩子一样养育。老爷爷用碟子盛饭喂狗，狗就长成碟子那么大，用木碗盛饭喂狗，狗就长成碗那么大，后来用石臼喂狗。狗迅速长大背着老爷爷上山打猎，捕获很多鹿。石井研堂的《国民童话》中被采录进的青森县上北郡浦野馆的《撒灰的老爷爷》中也讲述道，住在河下游的心地善良的老爷爷下的筌中流进了小小的白狗。老爷爷给他起名为白妙，并像爱自己的孩子一样养育它。岩手县江刺郡地区流传的昔话中也说，住在河上游的爷爷下的筌里流进了一只小小的狗，住在河下游的老爷爷下的筌里进了很多鱼。先去取筌的河上游的老爷爷很生气，把筌里的狗扔进河里，把河下游的老爷爷筌里的鱼全部拿走了。

岩手县紫波郡流传的昔话讲述顺序与上述故事相同，昔话的形式与桃太郎相近。昔话中讲述，住在同一条河上下游的两个老爷爷在河里下了鱼梁。天还没有亮之前，住在河上游的老爷爷去看鱼梁，见自己的鱼梁里进了一根很粗的竹子，住在河下游的老爷爷鱼梁里进了很多鱼。于是他把竹子扔进住在河下游的老爷爷的鱼梁里，把鱼全都倒进自己的筐里拿回家了。第二天早晨住在河下游的老爷爷发现鱼梁里有一根很粗的竹子，就把竹子拿回家晒干。竹子干了之后老爷爷要用斧头砍时，从里面传来了"轻点砍"的声音。于是轻轻地切开看，里面出来一只小狗。老两口用心地养育它，用碗喂就长到碗那么大，用盆喂就长到盆那么大，用臼喂就长到臼那么大。

上述两则故事中故事主人公小狗迅速成长的情节，即用碗喂长到碗那么大，用盆喂长到盆那么大，用臼喂就长到臼那么大的描述与在青森县三户郡流传的桃太郎的故事中吃一碗饭长一寸，吃两碗饭长两寸的叙述很相似。这种描述与蒙古史诗中英雄一天用一张绵羊皮包不住，两天用两张绵羊皮包不住，三天用三张绵羊皮包不住的描述很相似。桃太郎的故事中桃太郎的迅速成长，《撒灰的老爷爷》和《开花爷爷》中小白狗的迅速成长和蒙古史诗中史诗英雄的迅速成长的描述也很相似。

大田荣太郎在《国语教育》1930年1月号报告的越中上新川郡流传的《撒灰的爷爷》中，老爷爷上山砍柴，老奶奶在河边洗衣服时，河里漂来一只很大的桃子。她把桃子捡起来，想给老爷爷吃，就把桃子放进家里的捣臼里。老爷爷回来之后打开盖子看，里面没有桃子，有一只小狗，老两口用心地把狗养大。接下来的情节和奥州的《撒灰的爷爷》大致相同。

与此相反，在东北地区流传的《桃太郎》中，河里漂来的不是桃子。出羽的庄内的《桃太郎》中传说，老奶奶洗衣服时，河里漂来两个箱子。打开箱子看，里面有一只桃子。把桃子拿回家想等老伴回家后一起吃，暂时把桃子放在神架上面供奉。老爷爷砍柴回来无意中听见从神架上面传来婴儿的哭声。老爷爷好奇，看见桃子从中间裂开，生出了一个男婴。就如在多数儿歌当中香箱子是以前儿童喜欢的玩具之一。可见，这则故事童话化的结果，演变成河里漂来的桃子装在箱子里。内田邦彦的《津轻口碑集》中收入了与此相关的两则故事。一则也是传说，老奶奶到河边，见河里漂来精致的箱子，把它捞起来看，里面有一只桃子。想着让老爷爷看，把它放进衣橱里。晚上老爷爷下山回家，从衣橱里传来婴儿的哭声。由于从桃子里诞生，所以叫桃太郎。桃太郎长大后，带着黄米团子去征伐鬼。另一则不是《桃太郎》的故事，而是《剪尾巴雀》的故事。传说老奶奶在河边洗衣服，河里漂来鸟笼。她说"不干净的鸟笼往那边漂，干净的鸟笼往这边漂"，干净的鸟笼漂过来。老奶奶高兴地把鸟笼带回家，鸟笼里放进糊糊，全部吃完，再放进还是全部吃完。老爷爷生气地剪了雀尾巴。故事的其他情节与普通《断舌雀》没什么不同。阿波地区没有通常的《桃太郎》，把黄米团子分给栗子、剪刀和臼，并把它们当作随从，去猴子岛征伐的不是桃太郎而是螃蟹之子。这是《讨伐猴子岛》的故事。《桃太郎》的故事只是从河里漂来好几只桃子，其中一只桃子中诞生桃太郎，故事到这里就结束了，没有桃太郎成长之后征伐鬼岛、胜利归来的情节（《乡土研究》一卷504页）。柳田国男说，如同《咔嚓咔嚓山》的中段是《瓜子姬》，《开花爷爷》的犬子故事和桃子的结合不是偶然的，其实雀和猿蟹都是重要的昔话流布、变迁的各种形象。

三　踵太郎（Akutotaroo）

柳田国男指出，《猿蟹合战》中被猴子欺负的弱者螃蟹得到很多朋友的援助，从而击退对手的故事比起为父亲报仇的故事来更加古老。猿蟹两只动物合作种田，制作年糕，从别人家借来捣年糕的臼，到了分着吃的阶段两只动物争吵起来。在讲述不讲理的一方失败而告终的故事中，关于猴子和癞蛤蟆的故事讲述得最多。其中，癞蛤蟆换成了螃蟹，把年糕换成柿子的种子的顺序是自然的，生气的猴子威胁螃蟹，螃蟹难过地哭泣，这时臼和牛粪等过来说给它加力气。民间故事的争斗是尽量清楚地区分善恶胜负的界限。暴虐的一方虽然强大，但眼前被攻伐杀死是除了儿童之外，对成人听众也是非常愉快的大团圆结局。人们耐心地听那些父亲被敌人杀死，孩子长大后为父亲复仇的故事是体现了讲述艺术的进步和经验的增加。一个好例子是日本全国各地都流传的《牛倌和山妖婆》的昔话。住在山顶上的苦难的牛倌潜入山妖婆的家，到了晚上很快欺骗和征服了对手，这样的故事是想起来不可能做到的事情。而这样的讲述方式一般流行很久。但不知什么时候，小孩子后来讨伐敌人，复仇的任务逐渐被二代代替。

柳田国男说，这里有其他原因。如果不考虑这个变迁，强行做国际比较，会陷入可笑的结论。桃太郎的桃子也一样。因此，必须改变把标准故事的现在形式视作自古以来一成不变的唯一正确形态的观念。

柳田国男认为，有必要思考各府县的故事的不同形式是如何产生的。近来完全被忽视的是昔话的英雄异常地出现，即英雄不是女性生育的，同时不寻常的成长。民间故事是虚构的，讲述不存在事情。然而在现代常识中，没有比这个更感动人的事情。如果某一位童子完成谁都预料不到的艰难事业，那他必须从出生时候就与众不同，或者与此相反，具有不可思议地诞生的身份。所以能够把鬼岛上的宝取回来。螃蟹和雀大获胜利的故事，虽然开始部分和《桃太郎》很相似，但必定不奇怪，又不混乱。人转生为异类，或者具有鸟兽草木的身体，但具有和人相同的思维和感情，这是极其常见的上代人的思考方式。被认可的连桃子和瓜里面出生的人，尽管暂时以小蛇小狗的形式在民间流传，那也是没什么特别不可思议的。所以所谓五大故事的相互类似等，也是可能暗示着那是从某一个根干分开变化的路径，也许是偶然的痕迹。

柳田国男说，尽管为了得出定论必须要等待收集到更多的材料，但是现在也可以得出某种程度上的结论。例如《老媪夜谭》中采录的《雀报仇》等，事实上与《猿蟹合战》相比较，不能简单地说谁借用了谁。从前，有一只麻雀在竹林里筑巢孵蛋，山妖过来说："麻雀麻雀，给我一只蛋"，由于麻雀害怕，没办法就给了一枚蛋。就这样山妖把麻雀的蛋一个接一个地全部吃完，最后连母雀也吃掉了。那时只有一只蛋从巢里掉下来，在灌木丛里孵出一只小麻雀。从那只蛋里孵出来的麻雀想着无论如何也要为母亲报仇，从各地收集稻子，制作米团背上就赶路。路上滚过来七叶树的果实，还有针、螃蟹、牛粪和臼先后过来，全都听麻雀的计划，吃了米团成了同伙，潜入山妖的房子，最后打败敌人。这个故事的程序和螃蟹的昔话完全相同。

这则故事引起柳田国男兴趣的是，第一，螃蟹加入了报仇的伙伴当中。一般的《猿蟹合战》中，螃蟹只分担一种任务，这里的麻雀统帅全部战斗者。第二，只有一枚蛋幸免并孵出小鸟这一点与《砍竹子的爷爷》的一个异文很相似。还有别的英雄从蛋里诞生的故事。第三，山妖的无理、残虐和所谓《牛倌和山妖婆》一致的故事类型，然而山妖不知敌人的潜入，说屋里冷于是靠近炉子。这是一般的《牛倌和山妖婆》和《猿蟹合战》的共通之点。征服吃牛的山妖婆的故事如上所述，不是父母的仇恨，而是被害者牛倌报仇的故事。奥州的三户郡还有如下例子。在八户市的奥南新报的 1932 年新年号上，登出了小笠原梅轩的《踵太郎》的童话。

有位孕妇独自一人在家时，山妖婆过来，粗暴地说："拿酒来，拿下酒菜来！"最后把女人吃了。丈夫回家后看见炉子旁边留下的山妖婆吃剩的妻子的踵，即脚后跟。丈夫很珍惜地把妻子的脚后跟放进纸袋子里挂起来。有一天那纸袋子动了，他奇怪地把袋子卸下来看看，发现脚后跟裂开，从中间出生了一个男婴。给他起名为踵太郎并用心抚养。这孩子喂一杯长到一杯大，喂两杯长到两杯大，后来成为强壮的男子汉。他听了母亲是被山妖婆吃的，感到很愤怒，寒冷的冬天他去寻找山妖婆的小屋，用计谋杀死了那个恶婆。这一点大致与其他地方的《牛倌和山妖婆》故事相似。这里踵太郎的迅速成长和桃太郎的迅速成长很相似。

这个故事当中最引人注意的是，踵太郎把石头用炉火烤红之后，骗山妖婆说是年糕并给她吃。这是山村里的人们口头传统中最常见的人类的计谋。在此类故事中：一是插话式地被利用证明了这故事具有无名的作者。二是只有女人的脚后跟不能吃，而留下来的情节相当滑稽。在撒灰型的《打雁的老爷爷》中也有这个情节。故事中说，贪欲的邻居爷爷撒灰后，不但没有进雁子的眼睛里，反而进了自己的眼睛里，从屋顶上叽里咕噜地滚下来。老太婆以为是雁子，用棒子打死，扣上锅盖，熬了雁汤。可是吃时，竟出来一块嚼不烂的东西，她奇怪地一看，原来是老爷爷的耳朵。只是这个故事还没有讲到吃剩下的部分中诞生强大的男孩。

高木敏雄在其《桃太郎的新论》中，二十年前就提出桃太郎是否原来是人类的股即大腿的疑问（《日本神话传说的研究》555 页）。但那时，还没有能证明的极其确切的资料。此后十几年以后紫波郡昔话得到公开出版，其中有看烟花的女人腰间滚过来一只桃子，把桃子拿回家，用棉布裹着放在寝室里，桃子裂开从中诞生桃太郎的故事。求子的女人胫部怀孕，生下了小拇指大的孩子的《スネコタンパコ》（Sunekotanbako）的故事。虽然证明桃子只是语言的误解这一说法的证据不充分，但至少神童超越了寻常的状况下，在流传的故事当中可以确认从股子诞生的股太郎的存在。以前吉田岩报告的十腾（aino）阿伊努的昔话中，《オムタロ・シタロ》（《Omutaro. sitaro》）正是这个故事。オム（Omu）在阿伊努的语言中意味着股，因为从老爷爷老奶奶的股子诞生，所以叫オムタロ（omutaro）。长大后乘老爷爷造的船出海，去鬼岛驱逐鬼，获得许多财宝归来。比起桃太郎更像《团子净土》的故事。邻居少年羡慕，并模仿他，结果装满粪便回家。シタロ（Sitaro）的 si 相当于阿伊努语的"粪"。从太郎这个儿童的名称，也可以想象，这故事很可能是阿伊努人从邻近的日本人学来的。看金田一收集的阿伊努民间故事集，他们中间也流传着河里漂来放进锅里的儿童的故事。柳田国男说："其故事情节与我们当中流传的故事相比相当有差别。因此，这个故事的源头可能在他们那里，或者分别在我们和他们中独立产生的。不管怎样，我们的昔话中有着从胫部或踵诞生的伟人也是事实这一点没有争议。"①

四　海神少童

1.《流鼻涕鬼小僧》

柳田国男考察了五则著名民间故事，发现它们相互有着关联，而不是分别单独发展成今天的样子。接着他论述了相隔遥远的各县府的民间故事当中与这五则故事有缘的但被遗忘的好几则故事。民间故事与传说不同，记忆故事的人本身不相信故事讲述的是真实的，并且没有必要让别人一定要相信，因为其记忆又是多为孩童时代的东西，所以非常正经地向采集者讲述民间故事的人极少。柳田国男认为，民间故事的采集至今没有多大进展。"问题是民间故事传统没有受到严重破坏之前，怎样才能精确地记录下尽量多的民间故事。幸运的是这十多年以来，从意想不到的地方出现了

---

① 《定本柳田国男集》（日文）第 8 卷，第 36 页。

好几个故事传承者，有的遇到了热心的采集家，有的则是直接把自己记忆中的民间故事亲自笔录了下来。初期的若干记录的相互不知道，没有任何预测偶然一致的故事情节，尤其是成为我们将来的研究的珍贵资料。其中也是对国家南北两段的故事，从未尝试比较的故事，通过这个采集，开始确认显著的类似，或者注意到意味深长的相异，对于我们来说应该是不可错失的好机会。因此期待完备的采集，为了再次统一不合理的书籍，不要招致所谓五大故事那样的混乱"。①

柳田国男举了九州的一个非常出人意料的例子，寻找桃太郎故事的古老形式。这是在熊本县北部玉名郡的叫作真弓的山中生活的小部落中长期流传的故事。多田隈正巳的报告（《旅行与传说》二卷7号）中记录了这个故事。主人公有着"流鼻涕鬼小僧"的奇怪名字，故事中也很少存在诸如童话的因素。神童的奇异出现和心地善良的老爷爷变富贵这一点，不仅与其他很多儿童故事一致，而且其前后详细的故事情节也未必是讲述者孤立想象出来的。故事概要如下。

很早以前有一位老爷爷，每天上山捡枯枝到街上卖过日子。有一天木柴卖不出去，走到一座桥上休息，不知怎么想的把背上的木柴取下来，心里念叨着龙神，把木柴沉入河底。于是老爷爷的心情说不出地好起来。那时从水中出来抱着很小很小的男孩的美丽女子说："老爷爷，您正直，并每天勤奋地劳动，龙神非常高兴，送给您这好男孩抚养。这孩子的名字叫流鼻涕鬼小僧，您祈求的任何事情他都能实现，只是不要忘记必须每天三次供奉虾肉丝的事情"，说完就回到河底。老爷爷高兴地抱着流鼻涕鬼小僧回家，让他坐在神架旁边，没有忘记每天供奉虾肉丝。从此，无论是米还是金子有求必应，流鼻涕鬼小僧只要发出擤鼻涕的声音，想要的东西就出现在老爷爷眼前。已没有必要再去山上捡柴。老爷爷说，请赐予又大又好的房子，只听到擤鼻涕的声音，转瞬间美观宽敞的房子惊奇地出现在眼前。仓库建成好几座，并装满了米和果实。转眼间老爷爷变成了富翁。老爷爷每天的事情是去街里买做肉丝用的虾，终于有一天老爷爷觉得麻烦，于是把流鼻涕鬼小僧从神架上拿下来说："我已没有任何祈求你的事情，请

---

① 《定本柳田国男集》（日文）第8卷，第37—38页。

你回到龙宫转达龙神多多关照。"小僧就默默地走出房间。不一会儿听见房前"嘶的"一声吸鼻子的声音,宽敞的房子和仓库立刻不见了,只剩下以前破旧的房子。老爷爷吃惊地跑出去看,哪里还有流鼻涕鬼小僧的身影。①

这是一则很有趣的民间故事,柳田国男认为这个故事与桃太郎的故事有着密切关系。桃太郎的故事中虽然老爷爷上山砍柴与桃太郎从河里漂来的情节没有任何关联,但这是民间故事在流传和变异过程中老爷爷把木柴沉入水底,让水神欢喜的情节脱落的结果。

2. 砍柴的老翁

柳田国男说,在民间故事之间进行比较研究,似乎民间故事的重点一般在中间和结尾,但按照顺序从头开始论述较容易让人看懂。故事的开端要交代主人公是上山砍柴的老爷爷,这在现代童话中无论如何都被认为应该这样。如果不这样开头的话就不是昔话,也许有什么特别的约定。这首先成了问题。但从今天的实际情况来看,从包括《桃太郎》在内的所谓五大故事开始,多数的昔话全部成了上山老爷爷的经验谈的形式。仅凭这一点的一致不能说明故事之间的异同。

例如有三个姑娘,老父亲与蛇约定,把其中的一个姑娘嫁给蛇;或者由于小鸟进入腹中,像屁股会唱歌一样放香屁的老爷爷,他们大致与从前《咔嚓咔嚓山》中的老人相同,在山地田里劳动或上山伐竹子、砍柴。或者如《断舌雀》一样,与老爷爷对立的贪欲的老婆婆登场;或者像《老鼠的净土》和《撒灰的老爷爷》,邻居住着心术不正的老爷爷。善良的老爷爷和坏心眼的老爷爷都是一对老夫妻,这是把原来反映主人公良好品质的讲述手段改进为正面赞美和反面教训结合在一起的更为复杂的手段,是所有民族都普遍采用的故事讲述方面的改良。于是后来变成了如果不这么讲述的话就不是昔话,并把其对照变得有趣和可笑,附加了很多滑稽成分。老爷爷人品变后,神灵取回恩赐的福分的事情,应该是说话的技巧,即讲故事的技巧。在日本因为叩了取之不尽的盛大米的草袋子的底部,从里面飞出白色的小蛇,从此不再出米。富翁明明知道如果洗升谷物的量具会变为贫穷的告诫,却厌倦富贵而洗升从而变穷的故事等也成为伊豫的洗

---

① 《定本柳田国男集》(日文)第8卷,第38—39页。

升的传说留下来。由于没有遵守仅有的一个条件，陷入不幸的故事也在各国广泛流布。在这一点上，流鼻涕鬼小僧的故事比我们说的邻居老爷爷类型还要古老。

这种以一位砍柴的老爷爷为中心的讲述技巧，欧洲的研究者叫作轮廓或者突出部分（Cadres）的一种。柳田国男说，这些是非常古老的形式，总之第一次讲昔话的人总是老翁，并认为这是作为第一人称讲述自己亲身经历的痕迹。记录留下来的中古以前的昔话，寻找类似的例子，《砍竹子的老翁》还有从这里分支出来的《制作簸箕的老翁》，前半部分与《桃太郎》和《瓜子姬》相似，后半部分与现在的《蛇女婿》类似。桃太郎的故事中捡到桃子和老爷爷上山砍柴没有任何关系。从"老爷爷上山砍柴"也知道，以前的故事情节偶然保存下来，而不是新附加的成分。但其木柴和水神的关系应该说是故事自然发展的事情，随着比较研究会懂得，木柴是指不吝啬自己心爱的某个事物来供奉水神。

3. 贫者的奉仕

柳田国男推测认为，想把木柴献给龙宫的话是上山砍柴的老爷爷自然而然说出来的。而且其起源古老，在南北地区都分布着很多例子。柳田国男举了九州肥前的岛原半岛流传的民间故事，报告者也很惊奇其变化的奇特（《旅行与传说》二卷 10 号、山本靖民）。

很早以前有姐妹俩，姐姐嫁到有钱人家，妹妹成了穷人的妻子。妹妹每天从山上背着木柴到街里卖，有一天不知为什么木柴卖不出去，也不愿意给姐姐家送去，便把木柴投进海里就回家了。这种事情继续了几次，有一天妹妹和往常一样把木柴投进海里后准备回家时，从海里出来一个女人说，请你到龙宫来。途中带路的女人告诉她说："等你临走时主人要给你礼物，你就要那只黑猫。"在龙宫逗留了好几天之后，妹妹想回去时主人要送给礼物，妹妹就要了黑猫。龙宫主人告诉她必须每天给黑猫吃五合小豆。妹妹把黑猫带回家，每天喂五合小豆，黑猫就每天拉出五合黄金。所以她转瞬间变成了有钱人家。平时不来往的姐姐听了此事，来借那只黑猫。因为不好意思拒绝，妹妹只好把黑猫借给姐姐了。本来贪欲的姐姐高兴地一次喂了一升小豆，黑猫没有拉出一升的黄金就死了。妹妹怜惜地把黑猫的尸体取回家，在自己家的院子里恭恭敬敬地埋下。后来从那块土地上长出橙子树。由于生黄金的猫的尸体成长的橙子树，所以作为吉祥物，从此用其果实作为正月修饰物。

这个例子中老爷爷退出了故事，故事主人公分身为贫穷的妹妹和富有的姐姐两个角色。到街里卖木柴，卖不出去的木柴投入水底这一点和老爷爷的故事是相同的。把卖不出去的木柴投进河里的情节，在流传当中似乎发生了变化。去日本其他地区看，岩手县江刺郡的一则昔话中这一点完全不同，结果与肥后玉明的相近。

从前老爷爷上山砍柴，看见前面深水潭里的漩涡很有趣。老爷爷觉得很有趣，把砍下的木柴投进一捆，木柴非常好看地打着漩涡沉入水底。他觉得有趣，于是一捆接着一捆扔进去，不知不觉中把打了三个月积攒下来的木柴全部投进漩涡里沉下去了。于是从深水潭里出来美丽的女子，谢谢老爷爷给她木柴，并邀请老人去她家做客。老爷爷闭上眼睛让女人背着去深水潭底，看见非常美丽壮观的房子，老爷爷投进的木柴在屋子旁边整齐地堆着。（江刺郡昔话 23 页）。

在同县的紫波郡也有与此很相似的故事。从相传时把时间叫作岁末，老爷爷投进漩涡里的是准备迎接正月的门松树。把绿色的松枝投入山洞深水潭里是像画一样美丽。其他很多昔话，例如《戴草帽的地藏佛》和《大岁之火的由来》也是，思想单纯的老爷爷做了好事获得福德，大致又是除夕之夜的事情。即此日是最奇特的事情发生的时刻。

江刺郡还有一则与此大部分情节相同的故事。因为柳田国男的旧著《雪国之春》中举过这个例子，所以也有知道的人，不过故事发生的地点不是上述两则故事一样打漩涡的山谷里的深水潭。

从前老爷爷上山砍柴，在山谷里看见很大的洞穴。像这种洞穴里往往住着有害的动物。他想堵住这个洞穴，把一捆木柴塞进去，木柴没有成为洞穴的栓子，而进入洞穴里。再塞进一捆还是进入洞穴里。就这样接着一捆一捆地塞进时，砍了三个月好不容易积累下的木柴全部进入了这个洞穴里。那时从洞穴里出来一个美丽的女子，说收到很多木柴因此出来道谢，请他去洞穴里做客。老爷爷跟着进入洞穴，里面有醒目的美观大方的房子，房子旁边整齐地堆着老爷爷砍了三个月的木柴。（江刺郡昔话 13 页）

就这样，虽然老爷爷把木柴投进去的情节相同，但想要投进的理由和动机各不相同，甚至连一个郡的民间故事中也找不到同样的理由。上述民间故事中，老爷爷出于不同的目的把木柴投进河底，水神派美丽的女人出来迎接老人去水底水神的宫殿做客，并作为酬谢送给他宝物。老人无意中给水神送去木柴，使神灵高兴，并获得神灵的酬谢和恩赐。故事中水神通常以年轻美丽女性的形象出现，说明故事流传的年代日本民众把水神或河神想象为女性。

4. 龙宫中的女子

故事主人公把木柴送到水底的动机，如上所述有各种各样的说法。年轻的女子从水中出来道谢这一点，事实上完全因为贫穷的老爷爷的好心。或者也许很早开始讲述当事人连这一点也没有想，偶然取悦了水神而得到恩赐。无论如何，那是善事这一点是无可怀疑的。在肥后地方的流鼻涕鬼小僧等故事中，这一点已变得不明确，因为老爷爷平生辛苦劳动，所以龙宫的神灵受到感动而恩赐于他。

柳田国男指出，女性从水中出现来迎接老爷爷的情节是上面列举的南北五则昔话中所共有的。不仅是这些昔话，而且其他各种民间故事中从水中出来说道谢的话的主人通常是年轻女性。例如老翁没有任何目的把斧头掉进深水潭里，成为水神无上感激的理由，主人公砍断平时在水底称霸的大螃蟹的腿，并征服了它，所以水神非常感谢。现在的很多龙宫侍女的昔话中美丽的少女找上门来，成为男主人公的妻子，生了孩子以后再回去。孩子们都留在人世间，后来让父亲的家族变成富贵人家。还有非常多的水神使者的故事，委托主人公无论如何都把信送给站在某桥旁边的女人或者住在池塘底下的姐姐神的人也是年轻女性。有的故事中主人公天真地完成任务，得到了重谢；有的故事中主人公背叛了这个约定而遭遇危害；因为警戒，所以想把灾害转为福分。如果追根问底地探究就会明白故事发展的过程，但这些故事绝对不是一开始就这样各自独立产生的。在诸地区的传说中也有残留的机织池、机织渊，在大岁之夜的下雨的静静的半夜，从水底听见织布的杼子和梭子的声音，说听到这个声音的人会走运，或者某家美丽的一个姑娘不知去向，后来有人看见她在水底织布。其根基是有一种信仰，那信仰在某一点上和上述昔话连接着缘分的线。说起龙宫人们就有想到某个美丽女性的习惯。这些在其他国家也有例子。而日本的龙宫和其他国家的龙宫都有区别。不只是一个传达神秘的苍海的消息的人几乎都是年轻女性，更是抱着不可思议的少童，结下人世间的缘分的人也是她们。柳田说，可以说海对于这个国家的国民永远是死去的母亲的国家。

5. 海神的赠物

柳田国男说，小孩子是非常珍贵的礼物，这也是上面讨论过的五个例子中的四个故事具有的共通点。想象海和少童之间有着今天的知识无法解释的关系，我们把这一点当作最重要的一种问题。但就其脉络而言，这个玉名郡的流鼻涕鬼小僧，与其他四则故事有相当明显的差别。岩手县的昔话都是主人公由水里出来道谢的女子带路，去水底或洞穴里做客，其中江刺郡的两则故事也都是回去时，水宫主人强迫说带走难看的小男孩，主人公被迫接受。紫波郡的昔话中先同行的女性告诉主人公，如果水宫主人问想要什么礼物，必须回答请赐予男孩子。山本氏采集的肥后岛原半岛的故事等，与这个最后的故事特别相近，然而其变化更是奇特，黑猫替代小男孩，主人公说请赐予黑猫而获得了黑猫。

总之，五则故事中四则都讲了去龙宫或者地下国接受礼物，只有《流鼻涕鬼小僧》中女人抱着小男孩来，并把小男孩交给老爷爷。与此相似的昔话是作为产妇的故事，在日本广为流传。大概从很早开始分为两种。第一种是女子对同行者说，请抱这个孩子，而主人公抱着孩子，发现孩子变成树叶，或者变成石雕地藏佛。但第二种是更加古老的形式，普通人无法忍受抱过来的婴儿的体重，主人公因为正直、有信心或者是一名勇士、名僧，一声不响地坚持抱着孩子等女人回来。女人非常高兴地表示感谢，并给了报酬。其报酬是取不尽的黄金钱包等。这个产妇出现的场所也往往是深水潭上或池子的堤坝，或者桥旁，大概与水神有缘分。至今人们没有注意到所有故事中抱孩子的女人与水神的关系。所以昔话的采集上今后还必须做出很大努力。

柳田国男接着说，最初听的江刺部的昔话中，投进木柴的不是深水潭的漩涡里，而是山中洞穴里，总觉得听起来好像与水神缺乏缘分，这也绝不是通过另外的途径，从人们经常说的借木碗的传说借用来的。也有其他水神信仰转移到岩石上面的屋子的例子。如果山谷深处的岩石洞穴里有水流，人们传说其底通向龙宫。比起地表水，把地下泉的出口想象为神秘的事物，实际上这种思维就是把洞穴与水神的神座联系起来。这一点是吸进深水潭漩涡里的好东西的地方，把这看作进入水底下的门，或者认为是根本的一种，即日本民间故事中通常把岩石洞视作通往龙宫或水底的入口。因此岩石洞和水神有着密切关系。

6. 难听的名字和难看的容貌

柳田国男说，以下是从水中出来的少童不寻常的名称的事情，他认为，这一点也是有关水神的民间故事的特别重要的部分，而且相互之间还很相似。肥后的《流鼻涕鬼小僧》等故事中只是"实实在在小孩子"，并且其名字非常粗糙。紫波郡的故事中，砍柴的老爷爷被邀请到水中房子，那里住着有一个长得难看的 Kabukirewarashi 即河童男孩。路上给老爷爷带路的美女告诉老爷爷说，无论给你什么你都不要，只要叫 Yokenai（ヨケナイ）的东西。原来 Yokenai 是这个孩子。老爷爷觉得很麻烦，但没有办法，就把 Yokenai 带回家，后来却觉得很可爱。江刺部的第一故事中，老爷爷没有说希望得到什么，水宫主人却给他一个长相难看的男孩，强迫他接受。老爷爷带着那男孩回家，那男孩自报姓名，让老爷爷叫他（Untoku）（ウントク）。第二个故事中也是老爷爷被强迫着领回难看的男孩，只是男孩的名字叫 Hiyotoku，是讲述者在故事的结尾附加的。Yokenai 和 Untoku 两个词，其意不明，但可以想象到不是很好的名字。在故事的结尾，Hiyoutoku 死后托梦给老爷爷，制作像他难看的相貌的脸，挂在灶前柱子上，这样他会继续保佑他家业繁荣昌盛。在日本岩手县的农村，也有把木制鬼脸或版画当作灶神挂的风俗习惯。总之，上述民间故事说明了此风俗习惯的起源。于是这个昔话的采集者和朋友们解释说，Hiyoutoku 即火男，今天所谓的 Hiyoutoko 的脸，尖着嘴吹火的火神，根本就是相同的名字。

　　柳田国男分析上述几则民间故事说，无论如何水神赐予的童子都是非常肮脏的，老爷爷看到的时候一点也不觉得庆幸。只是心地善良的老爷爷听从神灵，用心养育他。流鼻涕鬼小僧的身体非常小，在家里神架旁边有放置的位子等，也是和 Yokenai、Untoku 一样长相难看，最初见不得人。这种推测的一个根据是《一寸法师》的故事。一寸法师的原来名称是"小男孩"，这也是又一种嘲弄的绰号。那个小男孩迅速成长，完成了一般人做不到的艰难事业，让用心养育的老爷爷老奶奶获得幸福。那个孩子是《御伽草子》的一寸法师和奥州的（Sinekotanpako）中都是通过虔诚地祈求得到的男孩。柳田感慨说，现在没有人深刻关注这一点。桃太郎是从桃子，瓜子姬是从瓜子，《竹取物语》的赫奕姬是从竹子中出生的，都意味着极其渺小。此外还有一个，作为同一个系统的珍贵的例子，有男孩以小蛇的形式出生的民间故事。由于是蛇，它的成长比人类更醒目。放进大腕里大腕立刻满，放进盥洗的容器里容器就满，只好放进马槽里养育。《常陆风土记》里也是叫努贺毗咩的妇人生了神之子，如下记录着那是以小蛇的身体出现：盛在干净的杯子里，一夜之间杯子已满。放进大瓶子里瓶子又满。就这样三次四次放进更大的容器里容器很快就满。

这恐怕也是那个时代被相信的民间故事的一种。

肥后的《流鼻涕鬼小僧》里也没有讲故事主人公的成长过程。把流鼻涕鬼小僧安置在神架旁边这一点，或者正是今天已经变得模糊的神话期的重要因素。在欧洲各国，或是其他异民族的民间故事中非凡英雄最初的出现多数情况也是这样的。或者借小动物的形象；或者虽然是人，但是非常愚蠢、懒惰，或者贫穷并且长相难看，除了父母和神灵，谁都不关心他。不过孩子的身体特别的小这一点，虽然在欧洲也有诸如拇指儿子的故事，但是却都没有日本那样古老而发达。与此相反，从少名御神的神代开始，那样的故事在日本流传，并被记录下来。只是从神话的角度看，这是很可怜的衰退。岩手民间故事中的 Yokenai 和 Untoku 等原来有点意义的名字，后来通过讲述者的空想，不知什么时候被其他名字取代了。总之，故事中只要给这个小孩取一个不好的无聊的名字就好。只要寓言仅仅从名字和外貌不能推测人的真正力量这个宗旨就足够了。附加流鼻涕鬼小僧这样的称呼等也是如此，好好思考的话凡人很难接受。只有什么都不想的虔诚的老爷爷获得非凡主人公是有理由的。这也是隐藏的神灵尝试成为人类的一种方式。最初是江刺郡的童子（hiyoutoku）是玩弄肚脐的无法看的（warashi），海里的少童不仅仅是身体小，而且是经常流着鼻涕的极其脏的小僧，所以他们可能是被侮蔑的情况在传说中留下了痕迹。并且小僧用鼻子呼气出财宝，鼻子也是似乎与其称呼没有关系。

7. 民间故事的成长素

柳田国男提出："神话在尚未成为经典的时候的状态，正是我们最应该研究的。当初我们相信并传承的上代的事迹，如果是一字不改地保存其原来的状态，那么其大部分内容在流传到现在的我们之前，也许早就被厌倦被轻视而消失殆尽了。其中包含的一些古代意义，保存到今天，是遗留在其内容的片段中。允许存在自由地与世界共通推移的区域，提出所谓说话艺术如何产生的问题的人，有必要提前调查在每个地区的变化。"[1] 当然这个区域根据时代、根据社会事情未必重要的不变分子，逐渐被卷入变化的力量。但大体上从古代就有被认可允许变化的事情。小的地方是（untoku）、（yokenai）等儿童的名字，大的地方是老爷爷托其神童的福获得富贵的程序和方法等通过比较清楚。流鼻涕鬼小僧通过擤鼻涕吸鼻涕出

① 《定本柳田国田男集》（日文）第 8 卷，第 49 页。

没金银米仓的例子，在日本除了肥后没有听说过还有其他。其他地区的与此相当的部分也各有各的变化。例如紫波郡昔话中小孩（yokenai）跟老爷爷说，把我放在别人看不见的地方。老爷爷把他放在屋子最里边的客厅里。现在也是在奥州各地区大部分旧家，相传有叫作客厅儿童（zasiki warasi）（ざしきワラシ）的儿童模样的守护神。那个守护神大部分在这个客厅里，即受到了尊贵客人的待遇，这个（yokenai）童子非常勤奋地劳动，转眼之间砍柴的老爷爷变成了钱多得钱包装不下、米多得米桶的盖子盖不上的富翁。江刺郡的第一故事大致相同，把他放在最里边的客厅，他早晚勤奋劳动转眼之间变成了富贵人家。没有说劳动到如何程度。同一个郡另一种故事中也讲道，老爷爷从地底下带来的难看的男孩，经常玩弄肚脐，老爷爷惊讶，有一天尝试着用火筷子稍微捅一下肚脐，从那里掉下来金粒。从此老爷爷一天三次用火筷子捅小孩子的肚脐，于是成了富翁。贪婪的老奶奶想一次得到很多黄金，用火筷子使劲捅了小孩子的肚脐后，男孩（hiyoutoku）就死了。与此类似的故事是肥前岛原的黑猫的故事。

柳田国男指出，总而言之，这是富贵自在的法则，怎样让老爷爷轻易而奇特地变成大富翁，未必必须依靠鼻息的吐入。这一点给后代的故事传承者发挥智慧、善辩能力创造了机会。所以每个地方叙述方式不同，并把听者的兴趣集中于此，追求我们昔话的愉快程度达到极限。举个例子说，某动物拉金的故事，在宽永年间的《醒睡笑话》中，屎金的马的故事讲狡猾的弟弟欺骗勤劳致富的迟钝的哥哥。尾崎红叶的《二人椋助》是日本国内外很著名的笑话。其中有下黄金蛋的鹅的故事。因此知其一不知其二的人们很可能将其当作文化舶来的证据。从兄弟的境遇和气质的不同，贫穷而正直的后来获得幸福的认真的故事过去日本很多，那个类型的故事变化成滑稽故事或笑话的顺序实际一点也不清楚。现在只有我们安心说的是亲兄弟、有缘结合的老爷爷和老奶奶或住在隔壁的两对夫妇之间存在着如此鲜明的心灵的善与恶的区别，并与此相伴的幸运和不幸，怎样朴素的古代的人们也是不幽默就不听地夸张，随着后来讲述者的空想，早就具备逐渐笑话化的倾向。笑话进入近代以后数量非常多，其中好像也有从实际经验产生的，但好好看的话大致只有古老木桩，其人才很少，变化是只是耳目一新地讲述优秀者的成功和劣者的失败。然而那个新趣向未必不限于每回的创意。从拉黄金的黑猫的故事等推测其中也有转用或粘补至今有的东西。所谓金蛋的传说在日本已没有留下痕迹。所以逐渐失去今天原来的认真的形式。即使在外国少有以相同的类型流传也是，不能说笑话从最初开始作为笑话出现在世上的。童话也完全相同，即民间故事在成长。与其说只要成长，到什么时候都有趣。不如说后来变得有趣。

8. 兴趣与教训

那么，作为民间故事的不变部分，在什么样的条件下永远被保存下去呢？例如在一个地方的民间故事里的肮脏而名字可笑的男孩，在其他地方流传的故事中就变成了黑猫或白狗，这也是属于柳田国男所谓的成长要素吗？因为历史悠久，所以不能简单地回答是或否。故事的发展要素有两个条件，按照柳田国男的解释，某个时代故事不变因素后来瓦解，被吸收到其他的变化因素中去了。所谓两个条件之一是前面所说的转用和复合。即故事只在人们记忆中留下朦胧的记忆，虽然故事的讲述始终围绕着原来的故事原型，但情节的发展已经有了很大变化，这样的故事很多。另一个条件是坚持讲故事的人的思想和社会观时时发生变化，受到很大的外部影响。当然相信远古时代的人们神灵在现实中把儿童送给人，然而那个儿童有时是以动物，或者桃子或黄莺的蛋的形式出现，由于相信并传说，所以后来的人也不可能怀疑，或者将其当作从前的神灵时代的事情相当长的时间内传承下来。随着人们的智能进步，推理能力加强，信仰的根基发生了动摇，最终听故事者的要求也发生了变化。故事的讲述也变得越来越自由，虽然曾经是故事的要素，但因为缺乏趣味，所以就逐渐被淘汰，而过去受限制的有趣的内容就变通一下，加入到故事中，于是故事就变长了。如果数千年没有快慢，没有与地区配合的异同，也许比较研究也是徒劳。幸运的是这个变化中有顺序，各个民族中有各自的状况的差异。于是日本岛国无意识中成了最安全的实验场之一。

柳田国男说，鸟下金蛋的故事在日本也广泛流传过，人们曾经相信这个故事，现在的《手球歌》的章句中也有遗留。在活形态民间故事的领域中这种信仰早就消失了，但是好像有代替民间故事的其他形式保留了这种信仰。与此相反，"小小男孩"到最近还是一种信仰。小男孩忽然成长，成为人间最伟大的人，这种事情也是不可思议，但却不是好笑的事情。从《一寸法师》流传开始，其他灵童故事不再被人们讲述。

柳田国男指出，用碟子喂就长成碟子那么大，用钵喂就长到钵那么大，每天变大等讲述的方式比较古老。能够想象出非女人生育的此类非凡英雄不是那么容易。桃太郎不得不童话化。这当然不是民间故事最初的形式，其变化的开始也并不是那么古老的事情，除了各地区保存的各种类型的例子之外，在其他的文献记载中也能窥见一斑。中世纪的一些文献中把这个小孩子叫作心得童子或如意童子。佛教一方好像把这个小孩子叫作护法天童等。虽然名义不同，但是传说很相似，总之，指的都是被派遣到受到神灵恩惠人那里的小神使。北亚各地的萨满们，至今向自己亲近的天上的神灵祈求一个以上的侍童，把他作为人间和神灵之间的使者。因此，这个信仰绝不只限于日本的过去。心得童子的事情在叫作《帮助神灵的故事》的著作中稍微详细地说过。有趣的讲述艺术的变化，首先从如何把人变得富贵的手段开始尝试，后来逐渐拓展到受到神灵恩惠的本人身上。总之，日本的古代神子故事不止叙述了一个人一生的繁荣和幸运，经常与家史结合起来讲述和传承。即变化虽然已开始，但还是遗留着若干古代的样子。

　　柳田国男说，另一种情况是上述的一点内容也消失，仅存人与神灵的约定和为主人公起名的特点这一点。非常单纯的老爷爷和老奶奶获得异常的小孩子或白狗、黑猫等珍贵的东西，转眼之间变成富翁，其他人仿效他们反而失败。原来这部分是故事特别重要的核心，即最牢固的记忆，必须践行的教谕。今天却成了无论如何也无法理解的故事。因为在《桃太郎》以及其他著名童话的有些变体中这一情节已脱落。所以，给研究工作带来了一定的难度。如果稍不注意很可能做出任意、随便的解释。上面讨论过的五则故事中，通常只有坚信并忠实地遵守与神灵之间的约定的人才能得到神灵的恩惠，有私心和贪欲的人受到神灵的惩罚。在《流鼻涕鬼小僧》的例子中老爷爷一直坚持每天上街买虾肉供奉就永远保持富贵，黑猫的故事中如果每天给黑猫吃五合以下的小豆就安然无恙。由于浦岛太郎打开了不能打开的玉手箱子，因此头发变白了。因为男子窥视了不许偷看的产房的门，海的女神回去了。人类最初通常把人生中的种种不如意解释为没有遵守隐藏的法则而被神灵惩罚。人们向神灵问那个法则是什么。其答案是老爷爷每天上街买虾肉的插话故事或给黑猫每天吃小豆不能超过五合的故事。故事绝不是从最初开始就为了逗乐我们而产生的。

　　9. 善玉恶玉

　　柳田国男说，通过比较各地区流传的砍柴老爷爷的故事就可以弄清楚上面的问题。熊本县的故事是老爷爷变心，即后来觉得每天去买虾肉太麻烦，于是就驱逐了海神少童。丹波的比治山的天真的少女的故事也与上述故事相同。为了保存故事的单纯性，把善行和恶行分别分配给不同的人，故事讲述的效果会更好。《断舌雀》中的老爷爷和老奶奶，《开花爷爷》中的老爷爷和邻居爷爷是形成鲜明对照的善与恶的代表。故事中叙述甲方得到了神灵的恩惠，而乙方则受到了神灵的惩罚。这似乎是古老时代故事的讲述法则。奥州紫波郡的"yokenai"故事在这一点上与《流鼻涕鬼小僧》最相近。老爷爷每天进一次最里面的客厅，凝视着那难看的童子的毫无表情的脸，抚摸着脑袋慈祥地笑。老伴觉得可疑，老爷爷不在家时进去看发现可笑的孩子在那里，于是用扫把打他，并把他赶出家门。Yo-kenai 哭着走到山里去。从此米桶里的米变少，钱包里的钱没有了，所以才开始发觉这个童子原来是福神。

江刺郡的 Untoku 的故事中同样也是老奶奶猜疑偷看最里面的屋子，丑陋无比的小孩迈着小步走出来。她非常讨厌那孩子，拿扫把打他，他哭着被赶出来。传说从那天开始老爷爷和老奶奶变穷了。只有第三个 Hiyou-toku 的故事与此有着情节的稍微区别。贪欲的老奶奶不满足童子一天三次拉金粒，趁老爷爷不在家时，带童子出来，用火棍胡乱捅他的肚脐，童子死去，这与肥前的黑猫故事相近。但是后者中不是贪欲的老奶奶而是平时和贫穷的妹妹不亲切的富有的姐姐。姐姐借妹妹的黑猫，为了让黑猫一次拉出很多黄金，给黑猫吃了一升的小豆，黑猫就撑死了。妹妹很悲伤地把黑猫的尸体埋在客厅内，长出一棵橙子树，并结下美丽的果实。这是正月用这个果实作为装饰物的由来。这一点与《开花爷爷》的故事中埋下白狗的土地上长出一种树，用这种树制作臼，臼里放进东西捣碎，涌出金银的情节有联系。

《开花爷爷》中臼被邻居爷爷借去，由于不出金子而被邻居爷爷扔进炉灶里烧毁。善良的老爷爷把臼灰带回家，获得了很大的幸福。柳田国男说，这也许是出于故事的有趣而稍微过于奔放的改造。这与火男童子的故事的起源相近。柳田国男指出，比这个更具有研究价值的是至今没有引起人们关注的远方的南方海上的岛屿上流传着与此很相似的故事。在南岛民间故事中有以下的故事：

　　从前，冲绳的岛上有兄弟俩。哥哥不孝顺，疏忽父母亲的祭祀。弟弟很孝顺，经常去父母亲的坟墓上祭拜，诚恳地祭祀供奉。有一天弟弟和往常一样给父母亲供奉酒和佛香时，无意中从坟墓里跑出来一只狗。他把狗带回家，给它吃一合①的饭，狗拉了黄金。狗每天都拉黄金，就这样弟弟成了富翁。哥哥羡慕弟弟，借走了狗。哥哥不顾弟弟说的绝不能给狗吃超过一合的饭的严厉禁忌，出于一次获得很多钱的贪欲，煮了一升的饭给狗吃，狗就撑死了。弟弟悲伤地把狗的尸体埋在院子里。那里长出一棵树，结了黄金的果实。这是一种橙子树，基于这个因缘，在冲绳岛上流传着正月七日祖先祭祀中必须用这种果实的习俗。②

除了把木柴送给水神之外，这则故事大体上与肥前的黑猫故事相同。这则故事明显与祖先信仰有关系。关于橙子果实的由来，同一本书中还记录着另一则故事。两者的不同点又成了很好的参照点。故事说有一位穷苦老百姓的孩子，在除夕回父亲家的路上，遇到了一个女人抱着孩子站在路旁。女人因为不能埋葬死去的孩子而为难。女人对穷人的孩子说："麻烦你替我抱着孩子，等我借铁锹回来。"虽然明天就是新年但他却不厌恶死去的孩子不洁，爽快地抱起孩子等了很长时间，但是女人始终没有回来。穷人没有办法，回到家里把孩子放在门口，得到父亲的允许之后到外边要抱起孩子时，孩子突然变得非常重，怎么也抱不起来。他觉得不可思议，就和父亲一起打开包裹，原来不是孩子的尸体，而是很大的一块黄金。由于那个缘故，人们至今还在新年用橙子的果实祭祀祖先神灵。柳田国男说，"那个缘故"稍微缺乏说明。或者这个穷人的儿子孝顺，或者是从那个地方长出橙子树等情节在故事中脱落了。在除夕之夜受人委托抱着尸体是一件极其麻烦的事情，不考虑其不洁，亲切地帮助别人，转眼之间得到回报，看着像尸体的实际上是黄金的故事，在内地也是成为大岁的焚火的由来，或者媳妇熄火的故事在各地保存。除夕是像 Yokenai 的故事中叙述的那样，有福分的人必定得到神灵的恩惠的日子，即应该叫作灵界的勘定日。女性抱着孩子来试探人的心灵的事情也是我们的昔话中极其普通的类型。在肥后的北边是龙宫的主人赐予了流鼻涕鬼小僧。

柳田国男一开始认为这些故事都有各自的独立起源，但经过思考以后其看法发生了变化。虽然不能断言这些故事全部从一个源头发展而来，但

---

① 合，这里指容积单位，一升的十分之一。
② 《定本柳田国男集》（日文）第8卷，第57页。

至少可以说这些故事之间有着密切关联。有关参拜死去的父母亲的坟墓方面采取不同态度的兄弟俩的著名的故事《萱草与紫苑》中说，哥哥种植忘记的草很快忘记悲伤，弟弟种植紫苑永远表示怀念父母亲。看守他父母亲尸体的鬼被他的孝心感动，从地底下说话给他听。柳田国男从这个故事情节联想和思考到日本人的埋葬方式。他敏锐地指出从坟墓里叫的应该是祖先灵魂，然而在民间故事中却是其他鬼，这是值得探索的问题。柳田国男认为，这很可能暗示着前代日本人的埋葬方式，关于死的教法，与水神信仰保持交涉关系的事情。柳田国男认为，为了解释宗教史上的重大问题，昔话即民间故事研究是不可忽视的重要课题。

10. 未来的神话学

柳田国男说，仅仅靠我们现在掌握的资料，当然不能断定很多问题。但通过共同的关注和努力，我们的学问有希望不停地往前走。我们决不能满足于现有的成绩。这次我们开始知道的是：第一，通过昔话的各种变化，清楚地证明了中世纪民间文艺生活非常之活泼。例如所谓五大故事虽然是同一颗种子长出来的，但是结的故事果实却截然不同。第二，故事根据听者的要求改变，每个时代其兴趣都在变化。虽然以前的故事种类未必受到原来的待遇，但不是古老的东西全部被埋葬，或者被替代。近代是分化出很多笑话和征服鬼的故事的时代，又是一些外来民间故事流行的时代。笑话是主要以固有故事种类为依据展开，征服鬼的故事也是与至今流传的东西结合调和，逐渐创作了今日的基础。总之，民间故事随着听者的要求发生变化，变成笑话或征服鬼的故事等类。但除了新附加的部分之外，还保留着我们祖先听的民间故事古老的类型。柳田国男批评日本多数民间故事研究者赞成国外学者说的话，相信民间故事的国际性，不全面了解日本国内民间故事流传情况，在自己了解的极其有限的民间故事资料基础上，重复着从国外学者那里学到的观点。他主张日本民间故事研究者应该有效地利用民间故事类型索引，整理那些具有明确共通点的故事资料，然后寻找日本国内本土民间故事生成发展的脉络。日本的昔话有着几千年的传承成长的悠久历史。[①] 这里明显体现了柳田国男一国民俗学思想。柳田国男主张首先了解日本国内民间文学流传、搜集、整理和研究情况，并在此基础上进行归纳和比较研究。

---

① 《定本柳田国男集》（日文）第 8 卷，第 59—60 页。

柳田国男说：

　　"我们对昔话的深厚兴趣主要是想了解其分布说明了什么问题。虽然隐喻水神信仰的民间故事在其他很多国家也有，但只有在日本流传的类型有明显的区别。至少某些特殊部分不同。例如用水神信仰解释婴儿诞生的昔话，《流鼻涕鬼小僧》《桃太郎》和《瓜子姬》等。岛国日本是海的国家，也是山川的国家。因为这个国家的民众生活与海和山川之间有着密切关系，所以和海神或水神信仰有关的民间故事在日本异常活跃，并具有独特性。民间故事的信仰性背景中往往是各民族具有的独立东西。这些特点在很少受到外部刺激的日本乡下，保存到最近。昔话因为不具备场所、时间和讲述人三个条件，所以必须与纯粹的神话区别开来。民间故事持有一种宗教力量，支持并流传的时代是新的。传说与民间故事的分界在日本并不明确。"①

柳田国男说：

　　"从另一面说，日本昔话作为宗教史史料的价值比其他国家高。譬如除了龙王龙神的信仰之外，《流鼻涕鬼小僧》也许能够更明确地说明这个问题。昔话中说人类给水神或龙宫神送木柴，从而取悦了水神，水神就把小男孩赐给那个人，让眼前的那个人过上富贵安乐的生活。这种类型的昔话具有广为流传的悠久历史。因为还没有发现像昔话这样具体地理解其事实的材料，所以我们研究昔话具有很高的现实价值。"②

11. 延命小槌

　　柳田国男说，人类曾经有过认为给水神供奉树木是一件功德无量的事情的时代。也许最初就有树木茂盛的地方看见清泉的经验。如果没有水神喜爱树木的信仰，就不可能产生《流鼻涕鬼小僧》中老爷爷把木柴扔进水底，让水神高兴从而得到回报的故事。熊本县南部的八代郡遗留的一个

---

①　《定本柳田国男集》（日文）第8卷，第60—61页。
②　同上书，第61页。

例子正好补充了流传在北方的《流鼻涕鬼小僧》的故事。

从前某个地方有一位老爷爷，某个年暮去街上卖门松，不知为什么一根也卖不出去，在回家的途中，老爷爷突然想起把门松供奉给河神，于是站在桥上把门松投进河里。龙宫使者出现，并带老爷爷去龙宫，老爷爷在龙宫受到了盛情招待。老爷爷回来时，得到了一把小槌。接着就是《米仓和小盲》的故事。老爷爷想要的东西立刻出现在眼前，这一点上小槌和小僧完全相同。在《甲斐昔话集》中这个小槌是延命小槌，在奥州三户郡成了叫作"eme"（エメ）小袋和"eme"（エメ）小槌的实物。《丰前民话集》中一个贫穷的男子救了小孩准备杀死的乌龟，乌龟变成美女，携带小槌来男子家，与现在的《浦岛太郎》的故事和《今昔物语》中的小蛇救助的故事相近。在壹岐岛如下节所说的那样，小乌龟直接代替了小僧。小僧、黑猫和小槌变化不大，故事情节都相通。

12. 嘉手志川

壹岐的民间故事中老爷爷把木柴献给水神的情节完全脱落，与《开花爷爷》相近。山口麻太郎的昔话集中，作为该岛田川村的例子记录的故事说，从前某个地方住着贫穷的老爷爷和老奶奶，邻居则是有钱的老爷爷和老奶奶。接近正月，邻居家的老爷爷和老奶奶制作年糕，贫穷的老爷爷老奶奶连年糕都制作不了。贫穷的老两口上街卖正月装饰的木柴。老爷爷卖完木柴在海边岩石上休息抽烟时，从海里出来一位姑娘说，来迎接老两口去龙宫。两人非常高兴地跟着去了龙宫，在耀眼的美丽的宫殿，受到了盛情招待。老爷爷老奶奶回来时姑娘送了他们一只乌龟。老两口把乌龟带回家，按照姑娘告诉他们的吩咐，给乌龟吃五合的小豆后把它放进壁橱，乌龟每天晚上拉好几粒金子。邻居老爷爷和老奶奶听说之后，借走了乌龟，并给它吃一升的小豆，放进壁橱，第二天一看，乌龟一点都没有拉金子，而是拉了很多屎。两人很生气就杀死了乌龟。贫穷的老爷爷和老奶奶很悲伤，把乌龟的尸体埋葬在院子里，那里长出一棵柑橘树，结了很多果实，把果实切开看，里面有很多金子，老两口高兴地把柑橘果实全部切开，终于成为了不起的大富翁。

似乎壹岐全岛的人都知道这则故事，只是不同的村落讲法稍微不同。

例如在渡良是老奶奶和非常懒惰的儿子的故事；在立石村是贫穷的哥哥与富有的弟弟的故事，在年末哥哥去弟弟家借钱，吝啬的弟弟不给借。这里拉金子的不是乌龟，而是猫，与肥前的岛原的昔话相同。猫是龙宫送给主人公的礼物。给猫喂小豆拉金子，后来被弟弟借去杀害，哥哥埋葬猫的尸体的地方长出柑橘树，从树根挖掘出很多黄金。

奇怪的是只有哥哥贫穷正直，弟弟贪婪这一点与肥前的故事正相反。关于冲绳的橙子果实由来等，伊波氏的昔话和牛岛氏的采录（民俗学二卷二号）中也有记载。岩崎卓尔采录的石垣岛的昔话等（《旅行与传说》四卷2号），飞越本岛与九州北边的昔话相近。某种程度上补充了《乙公主》。只转载故事情节：

> 从前有一个贫穷的男人，出海钓了一条非常美丽的小鱼，把它带回家放在瓦罐里养起来。从此每天家里变得干净，铺了新的草席，准备好了酒和菜肴。他觉得不可思议，有一天回家偷看，见一个美丽的姑娘在家里干活。走进问清原因，原来那是变成小鱼的龙宫公主。男人每天钓鱼使她父亲为难，所以她来当他的妻子。两个人到龙宫，按照龙宫公主教的那样，作为礼物接受山羊，带着山羊回家，转眼之间变成了富翁（没有山羊拉黄金的情节）。后来男人和妻子吵架，女人生气，用包袱皮包走火神的灰，男人重又变成了穷人。

水神赐予主人公的礼物，有的地方是童子，有的地方是黑猫，有的地方是乌龟，有的地方是山羊。关于狗从岩石洞穴里面出来的口传故事在很多地方分布。其中最难解释其发生的理由的是被狗引导发现清泉的故事到处流传。在冲绳南山王国的城山的北麓有叫作嘉手志川的大清水。茂密的山岗里面出来一只淋湿的狗，于是人们知道了那里有泉水，做了永远安住在这里的计划。现在也是把井上面的石头作为狗的灵魂所在而进行崇拜。有解释嘉手志川讲述的是井的意思的古老记录。

13. 龙宫小僧

日本有很多地方叫作小僧渊。有的相传渊中出现妖怪，把人抓走，但其多数已由来不明。据近年刊行的《引佐郡志》，这个郡的镇玉村叫作久留女木的大渊，遗留着从龙宫出来小僧的故事。这个小僧巡逻到村里的每户人家，农事忙的时候帮助人们种地，夏天下雨时，立刻出来整理晾晒的衣物。小僧成了当地人的幸福，到哪里都给他做好吃的。只是千叮嘱万叮嘱不能让他吃蓼汁。有一天有一户人家忘记嘱咐给小僧吃了蓼汁。龙宫小僧吃了那个蓼汁就死了。相传村里的一棵朴树下埋葬了小僧。从朴树附近涌出清泉，灌溉着全村的田地。柳田国男说这一点具有与 Hiyoutoku 死后变成灶神的民间故事相比较的必要条件。

蓼汁也有类似的奇特特征。从这里不远的隔着一条山岭的天龙川的右岸，三州市原的田原家，在客厅的下面出现青渊，河童经常出来帮着主人做农活，客人来访的时候必定从河里钓来两条鲩鱼放在厨房。说这河童平时住在同家的灶上，或者住在釜盖上。总之，河童长着人类的身体，坐在圆座上用容器吃饭，现在也传说那个容器有缺口。不知什么时候这家的仆人忘了禁忌给河童吃了蓼汁，河童吃了蓼汁之后，非常痛苦地打着滚掉进天龙川，再也没有回来。从此这家的家业逐渐衰败。北设乐郡的振草村中有一户叫作大谷地的老住户，他们家客厅下面流的振草川中有渊潭。这个渊潭的河童每年出来帮助主人家做农活。这家人每天准备一个人份的饭菜。这家人觉得麻烦，有一年在河童的饭里放进蓼汁，河童吃了蓼汁后喊着辣，打着滚掉进振草川。从此渊潭变浅了，那个老住户也接二连三地发生不幸的事情，一天比一天衰落了。天龙川的下游信州下伊那郡的大下条村也有类似的故事。有一个大户人家的房屋后边，有一口像井的池子，并传说有河童从池子里出来帮助这户人家做农活，也把铁锹等农具借给这户人家使用。有一天这家主人在河童的饭里放进蓼汁，从此河童再也没有出来帮助做农活，也不接受供奉。同一条河的北岸，叫作草木的部落有一个叫作 otobou（オトボウ）的渊潭，其传说与上述故事相似。从前这地方附近住着一个大户人家，与渊潭的主人结成亲密关系。渊潭的主人经常派遣使者来富人家，再三嘱咐自己讨厌蓼汁。有一天家里人忘了此事，在饭里放进蓼汁，渊潭主人吃了之后打着滚掉进渊潭里，变成了红肚子的鱼，并叫 otobou。因此这个渊潭叫作 otobou 渊。从此这户人家与渊潭主人的缘分就断了，富人的家境也很快衰败了。用当地人的话说，otobou 是父亲的意思（以上四则故事早川孝太郎采录，《民族》二卷五号、三卷五号）。

柳田国男分析上述民间故事以后说，龙宫小僧来帮助种地的事情对不是农民的人来说是微不足道的恩泽。但对农民来说，缺乏劳动人手是一件最烦恼的事情。金银珊瑚之类的宝物，对农民来说是比较遥远的幻想。①直接帮助农民做农活更为具体，也接近农民的自然生活。下雨时帮助农民收进和整理晾晒的衣物，听起来也不像是很重要的事情。但对于把衣物晾晒之后去野地干活的农民来说，下雨时有人帮助收进衣物，是一件很体贴入微的事情。帮助做农活、收进衣物等显然深受农民的欢迎。这正好解决了农村缺乏劳动人手的最大烦恼之一。在龙宫小僧帮助农民种地的民间故事中，农民按照自己的需要和希望构建河童或川童的形象及其故事或传说。这里把有些大家族的衰落和不如意解释为他们没有遵守不能给河童吃蓼汁这个植物的约定，失去了河童或水神的恩惠而衰败。

　　农忙季节河童出来帮助农民做农活，帮助农民收进晾晒的衣物的民间故事体现了农民希望农忙季节有人帮忙的美好愿望。此类广为流传的民间故事中帮助农民解决缺乏劳动人手的问题的不是别人，而是河神或水神河童。这与日本民众的生活环境有着密切关系。众所周知日本是岛国，因此他们的生活与水的关系格外密切。民众想象水神是助人为乐的，人们需要帮助的时候，水神无偿提供帮助。后来人们失去水神的恩赐是人们自己忘记或违背了与水神的约定造成的。

　　柳田国男对地名的解释通常与该地区流传的昔话、传说以及风俗习惯和信仰相结合。关于引佐郡久留女木在内山氏的《远江国风土记传》中采录了一则口传故事。从前说，古代行基菩萨到各地化缘回到故乡，对一个老婆婆说，你应该洗衣服。老婆婆回答说，现在正是种田的时候，因此没有时间洗衣服。菩萨说我将代替你种田，用草制作人偶，人偶转眼之间种田，流进河里，并反转回流停留在这里。因此这个地方叫作久留女木（Kurumeki）。这则故事也是与河童有关联的。柳田国男认为，Kurumeki这一村名是由行基菩萨制作的人偶反转回流而起名的，总之原来是大渊的名字，后来演变成民居的称谓。Kurumeki这个名字是由水打着漩涡（kurukuru）流的特征产生的。由此推断其他叫作百女木（doumeki）、泽目木（sahameki）和柄目木（garameki）等地名也相同的结论。

---

① 《定本柳田国男集》（日文）第8卷，第71页。

五 瓜子姬

1. 民间故事的分布

柳田国男说，不知是因为桃太郎的故事文字定形的时间早还是桃太郎的故事本身起源的时间晚，现在发现的桃太郎的故事的异文非常少。如果想考察一则民间故事的历史，无论如何也必须尝试着比较与其周围的有关联的其他民间故事。柳田国男指出，瓜子姬的民间故事与桃太郎的故事关系最为密切。柳田国男当时掌握了《瓜子姬》的 11 个异文，他说："但现在的采录还只是涉及日本的一部分，根据今后获得的资料的变化，我的意见也许还进行大的修订。"① 目前知道的瓜子姬的昔话如下所列的 11 个异文中七个都是流传在岩手县。此外信州松本附近和阿波地区也有瓜从河里流过来的童话，但不知内容，所以在这里没有列出。

一、岩手县陆中和贺郡。

二、同县某地。

三、同县某地。

四、同上闭伊郡远野乡（以上四则故事、刊登在《乡土研究》四卷一号、佐佐木喜善君）。

五、同胆泽郡（森口氏黄金的马）。

六、同郡（《胆泽郡昔话集》）。

七、同紫波郡（《紫波郡昔话》八）。

八、信浓下水内郡（《下水内郡志》）。

九、日向某地（《国民童话》）。

十、出云松江市（《高木氏日本传说集》）。

十一、石见邑智郡井原村（《旅行与传说》一卷十二号）。

以上列举的 11 个例子中石见的例子是新采集的，形式也好像稍微进行过整理，所以把这个例子作为标准，比较与其他故事之间的异同。

2. 瓜中诞生的姑娘

首先是石见的故事的概要：

---

① 《定本柳田国男集》（日文）第 8 卷，第 75 页。

从前，有个老爷爷和老奶奶。老爷爷上山砍柴，老奶奶到河边洗衣服。河里漂来一只瓜。老奶奶捡起来吃了那个瓜，瓜很甜，她说，再漂来一个。真的又漂来一只瓜。她把瓜捡起来带回家放在柜子里。老爷爷回家后老奶奶把瓜拿出来给他，老爷爷正想用菜刀切时，瓜自己分成两半，从里面出来了一个可爱的姑娘。老爷爷和老奶奶高兴极了。那姑娘每天织布。老爷爷和老奶奶不在家时，天邪鬼（Amanojiyaku）过来敲门说："请把门打开一只手能进去的缝。"瓜子姬勉强把门打开了小小的缝隙。这次天邪鬼又说："打开脑袋进去的缝隙"，接着又说："身体能进去的"，天邪鬼终于进到屋子里。天邪鬼诱惑姑娘到柿子谷去摘柿子。天邪鬼给姑娘穿上自己的脏衣服，让她爬上柿子树，趁机把姑娘绑在树上。然后天邪鬼变成姑娘，回到她的家继续织布。老爷爷和老奶奶回到家，不知实情，说要把姑娘嫁人，让她坐上轿子，并问："路过柿子树林还是梨树林?"天邪鬼说路过梨树林，人们却抬着轿子去了柿子树林。绑在高高的柿子树上的姑娘看见这个情景哭着说："本来是我坐的轿子，让天邪鬼给坐上了。"于是抬轿子的人们把天邪鬼从轿子里拖出来，把姑娘从树上救下来。人们把天邪鬼切成三节，一节埋在栗子树的根部，一节埋在荞麦的根部，一节埋在黍子的根部。栗子、荞麦和黍子的根红是因为天邪鬼的血染红的缘故。

3. 瓜与桃

柳田讨论过的 11 则民间故事中，不是老奶奶洗衣服的只有两个例子。然而，其中胆泽郡的昔话（六）中讲述，老爷爷和老奶奶正要吃瓜时，瓜裂成两半，从里面出来了一个可爱的婴儿。把瓜子姬说成老爷爷和老奶奶亲生孩子的只有一个故事（四）。推测主人公是水里漂流过来的情节是这类故事不可缺少的重要条件的看法大概是不会错的。日本从古代开始就有瓜和桃运来婴儿的民间故事。柳田国男认为，瓜子姬的故事比桃太郎的故事更为古老。

4. 男孩的灵验

柳田国男提出，不止瓜子姬一个例子，民间故事在童话化的过程中，其中的信仰因素不知不觉地衰退了。具体说，童话中听众已提出质疑的事情得以实现，有时达到让听众突然发笑的效果。奇迹在古老的民间故事中是可以预想到的，而且讲述者和听众信以为真。不过信仰再衰退，曾经有过的东西肯定会留下痕迹。《瓜子姬》和《桃太郎》之类的民间故事中老爷爷和老奶奶必须是心地善良的好人，没有孩子是他们唯一的烦恼，养大捡来的孩子是此类民间故事的最初的重要条件。

这部分故事譬如石见的例子，老爷爷老奶奶非常高兴而且用心地养育意外得到的孩子。其中像和贺郡（一）和日向（九）的例子那样，故事中讲述老爷爷老奶奶正好没有孩子，他们得到一个孩子，格外疼爱。另外，故事中老奶奶对着水说："再漂来一个瓜，带回家给老爷爷吃。"第二个瓜和桃真的漂流过来是心愿与应验的关系。老奶奶在河边尝了漂过来的桃子或瓜。这与把瓜或桃捡起来带回家，和老伴一起吃的故事情节相比缺乏人情味。但必须说"再漂来一个"，这一点肯定有着什么隐喻的意义。

5. 瓜子姬的事业

柳田国男比较了《桃太郎》和《瓜子姬》两则民间故事，说两则故事的前半部分一致，后半部分不同。那么，两则民间故事的不同点是从故事产生的最初就有了呢？还是变成童话之后才有的？逐渐明确这一点对我们来说是重要的问题。这不仅是解释清楚这两个民间故事的发生学问题，而且是为了在更广泛的意义上弄清楚民间故事是如何起源又通过什么途径变化的问题，有必要进行推测和研究。首先，两则故事中的主人公是一男一女，是明显的性别对立，然而其他内容情节是大体上一致的，始终有一贯的讲述思路，即两者都经过特异诞生来到人间，成长之后又完成了异常的事业。其次，故事主人公完成的事业中存在强敌和风险，他们接受动物的援助才能达到目的，这一点上两个故事也有共通点。这一点我们在下面分节论述。不是两个故事的共同点，而是故事情节的变化的日益显著这一点引起了研究者的关注。除此之外，通过生活习俗的变迁、故事背后思想信仰的发展演变，致使故事讲述者首先并不感觉到两则故事的一致性和共通点。

瓜子姬长大之后，织布技术非常好，每天除了织布就是织布。在独自一人锁着门织布的时候，天邪鬼过来偷看瓜子姬织布。柳田国男推测，这就是瓜子姬的事业，也是民间故事的核心。柳田国男透过瓜子姬每天织布的故事情节的表层意义，探索出其背后隐藏的宗教信仰内涵。他指出，这个故事情节不仅仅是说明相对于男人的勇敢善战而言女性的巧思和技艺精妙的重要性，也不是强调织布工业的重要性，因为能掌握织布技术的人稀少，所以同时具有宗教任务的意义。就像祭祀神灵时调理清洁干净的饮食是一种重要条件一样，让优秀美丽的女子织献给神灵的衣服并且织很多天，或许是只有日本才具有的重要习俗。总之，织布技术好，意味着适合祭祀神灵。后来的故事讲述人完全忘记了这一点。然而口传故事中还是遗留了不少痕迹。例如，某条河的河床底下有龙宫，或山里的洞穴中住着女神，深夜听到梭子的声音。不常说看见其样子，在少有的《寻找掉在水中的斧子》等传说中，必定会看见一位像瓜子姬一样美丽的女人在织布。此外，仙鹤妻子即感恩的鸟类化成女人来使主人公家境变得富有的民间故事中，女子几乎都是织布技巧高，织出平时家里不用的丝绸等贵重物品。说织姬就是侍奉神灵的少女，后来成了站在被祭祀的神灵一列的巫女。那个女子如果不纯洁，又不节制，神灵的祭祀就完全不能进行。柳田国男认为，这对日本人的祖先来说，应该比得上武夫的胜利的大事业。

从很早以前的神代的忌机殿的故事开始，被认为织布的过程中有很多障碍。排除这些障碍，织出献给神灵的衣服是柔弱女性的胜利。桃太郎的胜利远比这个胜利积极而辉煌。虽然故事的后半部分即桃太郎成功征服鬼的经过过于简单，但是因为桃太郎的敌对者是强大的魔鬼，所以不可避免地经历了艰辛的战斗，才战胜魔鬼，胜利归来。显然，桃太郎的故事中省略了桃太郎及其助手们与魔鬼争斗的过程。现在流传的《一寸法师》中一寸法师被魔鬼一口吞进肚子里，后来经过激烈的争斗才从魔鬼的肚子里逃出来。与桃太郎的故事中有关饭团的明朗、滑稽的叙述方式相反，瓜子姬的故事中主要讲述了耐苦的生活，故事中加重了几分凄惨内容，弱化了结局的喜悦。这必定不仅是男女气质不同的简单原因，而是体现了民间文艺中喜剧和悲剧特征的表现。柳田国男说这是应该重新研究的题目。在日本以《红皿缺皿》的名字流传的灰姑娘的故事中被继母虐待吃了很多苦的姑娘后来得到了神灵的恩惠，过上了幸福生活。在日本产生了叫作《月亮星星》和《大银小银》的从头到尾被虐待的继女的故事。父亲回来时两个人都死了，或者瞎了眼睛，悲伤的情节占了故事的大部分内容。总之，这意味着某个时代的悲剧趣味的发达。瓜子姬的故事中如何完成比得上征伐鬼岛这样伟大业绩的女性事业的结尾，讲述得稍微不明确。与其他快活的武功故事相比，有很大的区别。

笔者以为柳田国男对瓜子姬故事的分析很精彩。他从瓜子姬每天织布的简单情节，分析出其背后的宗教意义是很不容易的。如果没有相当深厚的宗教信仰和民俗习惯的知识背景是做不出如此透彻的分析的。

6. 瓜子姬的敌人

从老爷爷老奶奶不在家的理由说明瓜子姬的事业接近完成。陆中的例子（一、二、三、七）中，老爷爷老奶奶和平常一样出门去干活，其他上闭伊郡的故事（四）中，邻居的富翁来娶瓜子姬，老爷爷和老奶奶到街上买结婚用的东西。胆泽郡的两则故事（五、六）中老爷爷老奶奶上街买东西去了，但其中一则故事讲述四面八方来人想娶瓜子姬，老爷爷和老奶奶从街里买回来衣服，给假瓜子姬穿上华丽的衣服和装饰，坐上轿子离开家。石见的例子在这点上也与其他例子完全相同，不说明因为什么原因老爷爷老奶奶不在家，回来后说嫁瓜子姬，让假瓜子姬坐上轿子向柿子林谷方向走去。其毗邻的出云松江的例子（十）中讲述老爷爷和老奶奶计划让瓜子姬参见某官员，上街买轿子。

柳田国男指出，让瓜子姬坐轿子意味着抬着她去参加祭祀神灵的仪式。其实日本多年来的信仰中织神灵衣服的处女是神的妻子。瓜子姬的敌人恰好出现在最关键的时刻，几乎差一点就颠覆了瓜子姬的事业。关于瓜子姬的描述，没有复杂的变化，在 11 则昔话异文中几乎是一样的，她的敌人很强大，闯入瓜子姬的家里，害了瓜子姬，自己变成瓜子姬试图欺骗人，最后被发现才失败了。有趣的是欧洲的《大灰狼和七只小羊》和《小红帽》中也有类似的狼用假嗓子模仿外婆的声音，骗小孩把门打开的描述。这种国际一致性旁证了《瓜子姬》昔话的古老性。

柳田国男收集《瓜子姬》故事的各种异文，通过比较研究和分析，阐释故事中瓜子姬的敌对者天邪鬼的象征意义。他指出，作为日本昔话最引起我们注意的是瓜子姬的敌人的名字叫天邪鬼。天邪鬼是神的计划的妨碍者，然而是其他民间传承中也认可的通常"被打败的敌人"。如果想知道天邪鬼是什么，除了搜集其口传的民间故事之外，没有其他办法。总之，天邪鬼是一种魔物。心地险恶，经常违背神的意志，但没有与神敌对的力量，然而具有失败者的可憎和可笑性。恐怕不是善神恶神二元对立观念建构的形象，是与《撒灰的爷爷》中的邻居爷爷一样，是为了鲜明地理解神的正确性和最后的胜利而假设的对立者。①

上述 11 个例子中，三个文本中不叫天邪鬼，叫山母；一个文本中叫山姥。信州下水内的例子中解释天邪鬼是住在瓜子姬家后边的一户人家的

---

① 《定本柳田国男集》（日文）第 8 卷，筑摩书房 1980 年版，第 88—89 页。

心地险恶的姑娘的名字。

在近代民俗信仰中，天邪鬼也是住在山里的魔女，视为山神的部类。山的回音，通常被孩子们理解为看不见的魔物在做恶作剧。有的地方把这个叫作天邪鬼。这个住在山里的魔物具有模仿人的语言、违背人的意志的特点。柳田国男认为，瓜子姬的故事中主人公的敌人开始是善于模仿人的天邪鬼，后来变成了吃人的山母或山姥。

7. 动物的援助

天邪鬼或山姥趁老爷爷和老奶奶不在家，瓜子姬正在织布时骗进屋里，又把瓜子姬骗到柿子树林，让她穿上自己肮脏的衣服，自己换上瓜子姬漂亮的衣服，假装瓜子姬，把她绑在柿子树梢上。或杀了瓜子姬，在菜板上切了瓜子姬，制作成小豆饼，给老爷爷和老奶奶吃，自己装扮成瓜子姬欺骗老爷爷和老奶奶，骑上瓜子姬的马或坐上轿子逃走，鸟或鸡告诉老爷爷和老奶奶实情，揭露冒充瓜子姬的天邪鬼的真实面目。老爷爷老奶奶杀死了心地险恶的天邪鬼。上述《瓜子姬》的例子中援助瓜子姬的动物通常是鸟或鸡。在瓜子姬的民间故事中正在一个人聚精会神地织布的瓜子姬被天邪鬼欺骗、陷害后，通常在鸟或鸡等动物的援助下，揭露和打败自己的敌对者天邪鬼，从而获胜。

8. 瓜子姬的复活

柳田国男认为，民间故事的存在并不是孤立的。不只是《瓜子姬》和《桃太郎》是一对互相有着密切关系的民间故事，其他有名的故事也是相互有着关联。《瓜子姬》在石见流传的例子中天邪鬼登上柿子树，摘下又青又涩的柿子扔给等在下面的瓜子姬的这个情节与《猿蟹合战》中的一段情节相同。在东北地区流传的《瓜子姬》的例子中山母或山姥在菜板上切瓜子姬，制作小豆饼，让老爷爷和老奶奶吃，这个情节与《咔嚓咔嚓山》的第二段很相似。《咔嚓咔嚓山》也是由不同情节汇集而成的昔话，似乎不是最初就是以现在的形式流布的。民间故事的变化不仅是故事自身成长和修订，有时与周边的民间故事复合或者混同，更进一步相互融通的时候也不少。实际上优秀的故事讲述者通常无论什么时代都把故事讲述得很长、很新颖和复杂。然而没有固定的印刷文本的时候，故事讲述者要背很多昔话，讲述时一点也不互相混淆对人的大脑来说是不可能的。因此，故事之间有意识无意识的相互融通和混同也是自然的现象。

完全相信灵魂轮回的人们对生死界限的理解不像现在的我们。那时候的人们相信人即使死了，也能通过借助动物的援助或某种魔法物死而复生，获得更完美的人生。

石见的例子中把天邪鬼切成三节，一节扔在栗子的根部，一节扔在黍子的根部，一节扔在荞麦的根部。这三种植物的根是被天邪鬼的血染红的。例（十）中的黍子的根是被天邪鬼的血染红的。例（八）中斩死心地险恶的姑娘，把她的尸体扔在萱草原野上，萱草的根从此变成了红色。与此相同的所谓解释传说是伴随着其他很多征服山姥的故事或征讨鬼的故事流传。这很明显是民间故事相互交融的部分。

六　各地区的《瓜子姬》故事

柳田国男写了上述的论文之后，又获得了瓜子姬昔话的好几个异文的报告。他为了便于比较各个异文之间的异同，把几种异文排列如下（接以上列举的顺序号）。笔者尽量简短地翻译了故事的梗概。

（十二）津轻昔话集（川合勇太郎氏）

老爷爷老奶奶房子后面的田地里结了一只很大的瓜。老爷爷摘了那只瓜正要用菜刀切开时，从里面发出声音说："老爷爷老奶奶，请稍等。"瓜自己裂开，从里面出来一个女孩。老爷爷老奶奶想，这是神的恩赐，便用心抚养，起名叫瓜子姬。瓜子姬长大后，贵族老爷来娶她做妻子。老爷爷老奶奶上街买衣服，怕他们不在家的时候天邪鬼来害瓜子姬，特地嘱咐瓜子姬注意（没有织布的情节）。结果，天邪鬼过来说，"瓜子姬，把门打开一点点缝隙，再打开点"，进了屋里。天邪鬼把瓜子姬关进最里面的壁橱里，自己装扮成瓜子姬等老爷爷老奶奶回家。老爷爷和老奶奶不知情，给天邪鬼穿上美丽的衣裳，让她坐在轿子里要嫁人时，松树上的鸟叫着说："天邪鬼坐了瓜子姬坐的轿子。"老爷爷和老奶奶打开轿子的门，发现天邪鬼在里面睡觉。抬轿的人非常生气，收拾了天邪鬼。真的瓜子姬从壁橱里出来，去贵族老爷那里成亲了。

（十三）秋田县鹿角郡的例子（内田武志氏）

老奶奶去河边洗衣服，漂来一个漂亮的箱子。老奶奶打开看，里面有一只瓜，便用棉布包起来带回家放进壁橱里。老爷爷回家后，用菜刀切开瓜，从里面出来一个女孩。于是起名瓜子姬，抚养了。瓜子姬长大后非常喜欢织布，每天都织布。有一天老爷爷和老奶奶出门去办事，瓜子姬一个人留在家，天邪鬼过来说，"你的织布技术真好，让我看看"，进了屋，骗瓜子姬躺在菜板上，用菜刀切着吃了。天邪鬼把瓜子姬的皮套在身上，假装成瓜子姬坐下来织布。后来有个邻居来娶瓜子姬做媳妇。老爷爷和老奶奶非常高兴，让天邪鬼冒充的瓜子姬坐轿子嫁过去。途中路边树上的黄莺叫着说："天邪鬼坐上了瓜子姬坐的轿子。"原来那只黄莺是瓜子姬的灵魂。于是天邪鬼被识破（这是毛马内町的一位女性讲述的故事。同一个鹿角郡南部的宫川村等流传的文本与这个故事相比有两三个不同点：第一，树梢上鸣叫告诉人们的不是黄莺而是普通的鸟。第二，天邪鬼暴露身份的原因不仅是鸟告诉人们，还有天邪鬼洗脸擦脸时，套在脸上的皮掉了下来。第三，天邪鬼想小便翘起屁股时露出尾巴，被识破从而被杀掉。这个故事中脱落瓜中出来的情节）。

（十四）盛冈市附近（《旅行与传说》三的七）

老爷爷上山砍柴，老奶奶去河边洗衣服。河里漂来一只瓜。老奶奶说："瓜靠这边漂过来。"瓜就真的漂过来了。老奶奶想等老爷爷从山上回来后一起吃这个瓜，就带回家用棉布包起来放进壁橱里。老爷爷回家后打开壁橱看，从瓜里生出了一个女孩。因为是从瓜里出生的，所以起名瓜子姬子，老爷爷和老奶奶用心抚养，瓜子姬子一天天地长大了。春天来了，老爷爷和老奶奶到田里劳动，叮嘱瓜子姬子，鬼来了不许开门。瓜子姬子一个人在家时，鬼来叫门。瓜子姬子怕被老爷爷老奶奶训斥，没有给鬼开门。鬼说："就开指尖那么大的缝隙吧！"瓜子姬子开了指尖大的缝隙，鬼又说："再开大点，开个手指头进去的缝隙。"瓜子姬子开了手指头进去的缝隙时，鬼就闯进屋里吃了瓜子姬子。老爷爷和老奶奶从田地里回来后，喊瓜子姬子没有答应。开门看瓜子姬子也不在，只见到鬼在火棚上睡觉。老爷爷老奶奶烧死了鬼（这是紫波郡饭冈村出来的老女人讲述的故事。其他地方流传的是瓜子姬子去做贵族老爷的妾，坐轿子走。那是吃了瓜子姬子后装扮成瓜子姬子的天邪鬼。这里也像鹿角郡的故事中小鸟唱的歌一样："天邪鬼坐在瓜子姬子的轿子里。"人们发现了天邪鬼，杀死了她）。

（十五）岩手县（《听耳草纸》第371页）

老奶奶吃了河里漂来的瓜很甜，她说再漂过来一只，真的又有一只瓜漂到老奶奶身边，老奶奶带回家准备给老爷爷吃。瓜在壁橱里裂成两半，从里面出来一个女孩。那女孩长大织布时，天邪鬼来她们家欺骗她拿出菜板和菜刀，让瓜子姬躺在菜板上，就切着瓜子姬吃了。然后天邪鬼装扮成瓜子姬织布。去买衣服的老爷爷和老奶奶回来后听见织布机的声音和平时的不同，假瓜子姬要出门时，被杀害的瓜子姬的左手变成黄莺叫道："瓜子姬，天邪鬼假装去成亲，可笑。"天邪鬼被识破，人们杀死了她（同村流传的另一则故事中详细讲述了河里漂过来一只瓜，在壁橱里裂成两半，从里面出生了一个女孩的部分，到天邪鬼让女孩躺在菜板上切着吃了就结束了。山姥最初装扮成邻居的姑娘来玩这个情节与下水内郡的例子相似）。

（十六）秋田县角馆（《听耳草纸》第373页）

老爷爷和老奶奶有一个姑娘，名叫 Orihimeko，老爷爷和老奶奶嘱咐 Orihimeko 说，天邪鬼来了绝对不能给她开门。老爷爷老奶奶出门后 Orihimeko 一个人在家织布时，天邪鬼过来，Orihimeko 开了门，天邪鬼背着 Orihimeko 上山摘栗子。Orihimeko 爬上栗子树时，天邪鬼使劲摇栗子树，让 Orihimeko 从树上掉下来摔死了，天邪鬼剥下她的皮套在身上，装扮成 Orihimeko 回到她的家里。成亲的早晨老爷爷给她洗脸时，Orihimeko 的皮脱落，变成可怕的天邪鬼，逃进山里。这个天邪鬼冒充的 Orihimeko 正要坐轿子时，黄莺飞过来落在轿子顶上叫："天邪鬼坐在 Orihimeko 的轿子里。"

（十七）下闭伊郡岩泉町（《听耳草纸》第376页）

老爷爷和老奶奶没有孩子，他们向神灵祈求孩子。有一天早晨他们去看瓜田，见到瓜田里躺着有一个美丽的女孩。他们想这是神的恩赐，便给她起名瓜子姬，用心抚养她。老爷爷和老奶奶去山里砍柴，走时再三嘱咐瓜子姬,这边狼多,谁来了也不许开门。瓜子姬一个人在家织布的时候山里的狼过来(几次问答的结果),瓜子姬给狼开门,狼把瓜子姬放在菜板上,把她的头和手脚切着吃了。狼把骨头藏起来,剩下的煮了,老爷爷和老奶奶从山上回来后给吃了。然后狼跑到山里,老爷爷和老奶奶又剩下两个人,(这故事明显与《咔嚓咔嚓山》的中段相似。山狸被老爷爷生擒的部分也是,在奥州不是狸,多为狼。佐佐木喜善的《听耳草纸》中记录了瓜子姬的七个民间故事。其中最后的故事是新采集的,没有明示采集地点。这个最后的故事中瓜子姬喜欢吃草薢,天邪鬼不知道吃草薢的方法,从而被识破,这一点在以下的两例中也有出现)。

(十八) 会津若松市 (堀氏夫人)

　　瓜姬喜欢吃草薢,老爷爷和老奶奶经常挖来给她吃。有一天,老爷爷和老奶奶两人出门,天邪鬼来到他们家,诱骗瓜姬开门进入屋里吃了瓜姬,自己妆扮成瓜姬织布。老爷爷和老奶奶回来后,给她草薢,假装的瓜姬不知道草薢的吃法,连毛带皮地吃了。老爷爷老奶奶看了之后觉得很是奇怪。瓜姬的美丽传到贵族老爷的耳朵里,抬着轿子来迎娶她。假瓜姬坐上轿子去贵族老爷家的途中,孩子们笑着说:"天邪鬼坐在瓜姬的轿子里。"抬轿的人听了孩子们的话发现了天邪鬼,把天邪鬼拽下来杀死了。(据堀维孝翁的讲述,出羽的庄内也有大部分情节与此故事相似的昔话。瓜子姬喜欢吃草薢,看天邪鬼连毛带皮地吃了,老爷爷和老奶奶教了吃法。然后瓜子姬去贵族老爷家的途中,树上的鸟告诉真相,识破了天邪鬼,人们把她带到萱野杀死。因此萱根现在也是红的。与此相近的是前面列举的岩手县的故事(例三)中说,老爷爷和老奶奶上山挖 hodoko (ホドコ)不在家时,山母过来吃了瓜子姬,自己假装成瓜子姬在织布。老爷爷和老奶奶回来后,让瓜子姬去河边洗摘下来的 hodoko。假瓜子姬把大的 hodoko 全部吃完,只带来了小的。问她为什么,她说滑倒了河里漂走了。因为是可爱的瓜子姬做的事情,所以老爷爷老奶奶没有训斥她。山母用手擦脸上的血时,化装的皮掉下来,暴露了可憎的山母的脸,山母仓皇逃走。山母被斩杀,从此萱的根变成红的。这个例子在信州的下水内郡也有(例八),在出云的故事中变成黍子的根茎为什么是红的。而在石见的故事中栗子、荞麦和黍子的根为什么是红的。)

（十九）新潟县南蒲原郡（《加无波良夜谭》第 202 页）

　　老爷爷和老奶奶有一个叫 Orikawa 姬的美丽女孩，到了成亲的年龄。女孩喜欢吃山芋，老爷爷和老奶奶上山去挖山芋，走时再三嘱咐谁来了也不许开门。天邪鬼过来逼着女孩开了门，欺骗她睡在菜板上，然后用菜刀切成两半。天邪鬼冒充女孩，等老爷爷和老奶奶回来。老爷爷老奶奶给女孩吃山芋，两人看着女孩吃山芋的吃法很奇怪，但还不知道那是天邪鬼。终于到了成亲的日子，天邪鬼冒充的女孩坐上迎亲的轿子，老爷爷老奶奶跟着去，一只鸟落在轿子上叫："Orikawa 姬坐的轿子里，天邪鬼坐了。"人们怀疑是否天邪鬼冒充的女孩，把她从轿子拽下来看，天邪鬼露出了尾巴。人们杀死了天邪鬼（露出尾巴的情节除了鹿角郡的例子外，和贺郡的故事中也讲述过，老爷爷老奶奶从背后看假冒的瓜子姬织布时看见了尾巴垂下来）。

（二十）富山县下新川郡（《旅行与传说》第三卷第六号　竹内正氏）

　　织姬在织布时，天邪鬼过来把织姬撕裂了挂在柿子树上。然后自己冒充织姬。天邪鬼在织布时有声音说："织姬在树上，天邪鬼在织布。"（这则故事只是一部分记忆，其他情节没有采集到。）

（二十一）长野县小县郡（郡史余篇）

　　老爷爷上山砍柴，老奶奶到河边洗衣服，河里漂来了两只瓜。老奶奶说："大瓜往这边漂，小瓜往那边漂"，捡起大瓜回家，正要用菜刀切开，瓜自然裂成两半，从里面出来一个可爱的女孩，老奶奶起名瓜姬，非常高兴地抚养了她。瓜姬到了十六岁，老爷爷和老奶奶上街去给瓜姬准备嫁妆。临走时叮嘱瓜姬谁来了也不能开门。瓜姬一个人在家织布时，有一个叫作天邪鬼的男子来到她家里，骗瓜姬开了门，进屋里，然后诱骗瓜姬到后面的田地里摘梨子去。瓜姬在树下等着捡梨子时，男子给她投下啃过的、涂过吐沫和小便的梨子。男子又把瓜姬骗上梨子树，把她绑在树上，然后自己冒充瓜姬进她的家里织布。老爷爷和老奶奶回来后让假瓜姬骑马去成亲，树上的真瓜姬边哭边说："本来要瓜姬骑的马，却让天邪鬼骑上了。"人们听了这些话，把天邪鬼从马背上拽下来，杀死并扔在萱原里。因为萱的根被天邪鬼的血染红了，所以是红色的。

　　上述有关瓜子姬的民间故事异文中瓜子姬的敌人多为天邪鬼（Amanojiyaku）。那么，Amanojiyaku 的意义是什么？具有什么特点？柳田国男从日本各地方言中总结出 Amanojiyaku 这个词的大致意义。《秋田方言》中说在平鹿郡地区把山神叫作 Amanojiyaku。在关东常陆稻敷郡和上野邑乐郡等地区，Amanojiyaku 这个词指回声。他从各地区流传的关于天邪鬼的民间故事中归纳出天邪鬼的特色有以下三点：首先，她通常是女性，故事中不担任主角，扮演主人公的对手即配角。其次，往往最终被征服或阴谋被识破。再次，故事中她的所作所为，可憎中带几分滑稽。瓜子姬的故事中天邪鬼有时飞上树，有时尾巴垂到织布机下面。有的地方天邪鬼是山姥，有的地方是狼，有的地方是邻居家的心地险恶的女孩。这一点在各地流传中的变化比较大。

　　柳田国男列举了《瓜子姬》的 21 个异文，作了详细的文本分析和比较。他通过详细的文本分析阐释了瓜子姬的神奇诞生、瓜子姬的神圣事业、妨碍和颠覆瓜子姬事业的敌人、动物的援助和瓜子姬的复活等问题。这些异文中瓜子姬的神奇诞生多为河里漂来的瓜里诞生，有的是田地里长的瓜里诞生，有的是河里漂来的箱子中诞生，有的是老爷爷和老奶奶的孩子，有的没有说明瓜子姬的诞生。柳田国男说，瓜子姬的神圣事业不是一般的织布，而是织献给神灵的衣服，她是被选中织神灵衣服的童真女孩，按照当地的习俗，给神灵制作衣服的女孩是神灵的妻子。因此瓜子姬的神圣事业可以和桃太郎去鬼岛征伐鬼的伟大事业相媲美。瓜子姬的敌人一般都叫作 Amanojiyaku，这个词的意思是山彦或回声。有的异文中瓜子姬的敌人是山母或山姥，都有山妖的意思。有的异文中是邻居家坏心眼的女孩。瓜子姬的敌人通常欺骗瓜子姬，把瓜子姬藏起来或害死瓜子姬，然后自己冒充瓜子姬。后来鸟或鸡把真相告诉瓜子姬的亲人，识破瓜子姬的敌人的阴谋。柳田国男认为，瓜子姬的敌人原来是天邪鬼，后来在流传过程中发生了变化，变成了山母、山姥或山妖。瓜子姬的援助者通常是会说话的鸟或鸡，具备了人性和动物特征。

　　柳田国男比较瓜子姬和桃太郎的故事，他认为与桃太郎的故事关系最密切的就是瓜子姬的故事。瓜子姬的神奇诞生和桃太郎的神奇诞生很相似，不同的是主人公，一个是女性，一个是男性。所以他们所完成的事业也不同。瓜子姬的事业是给神织衣服，桃太郎则是去鬼岛征服鬼。

七　田螺富翁

1.《断舌雀》和《断腰雀》

日本有丰富的民间故事资料。诸如《瓜子姬》一样的很多故事在不同地区流传着不同形式的异文。《瓜子姬》的异文多达二十几个。众多异文中很难辨析出哪些是古老的内容，但可以分清哪些是新增加的内容。在日本昔话中，《断舌雀》其他类型少是因为一直到近代该故事是口耳相传，发生了显著的变化。柳田国男指出，《断舌雀》故事的大半部分讲述了好心的老奶奶得到好报，贪婪的邻居老奶奶被惩罚的故事。另外，与纯粹的动物报恩故事相反，老奶奶捡起断舌雀或断腰雀养育的事情是幸运的机缘这一点与《桃太郎》和《瓜子姬》相近。柳田国男推测故事主人公以雀的形式出现是后来才发生的变化。以前喜田博士报告的德岛县那贺郡的例子（《乡土研究》一卷五号）中河里漂来一只瓜，从中出来一只鸟，那只鸟后来变成断舌雀。这个情节与桃太郎和瓜子姬很相似。《津轻口碑集》中记录的东津轻郡野内村流传的《剪尾巴雀》的故事如下：

> 老奶奶去河边洗衣服，漂来一个鸟笼。老奶奶说，"脏的笼子往那里流，干净的笼子往这里流"，真的像说的那样干净的笼子往这里流过来。老奶奶高兴地捡起那个笼子回家。回家后煮粥喂麻雀，麻雀由于肚子饿了把粥全部吃完，于是老爷爷生气了，用木头打麻雀的头，剪掉其尾巴后赶走了它。老奶奶出去寻找麻雀，见到它在金臼里用金杵在舂米，老奶奶说"来接姑娘了"，它高兴地让老奶奶用金碗金筷子吃饭，用猫碗盛饭给老爷爷吃。①

《雀报仇》的故事中讲道：

> 一只麻雀在竹子上筑巢生了蛋，这时山母过来说："麻雀，麻雀，给我一枚蛋。"麻雀害怕山母，于是给了她一枚蛋。山母就这样

---

① 《定本柳田国男集》（日文）第 8 卷，第 125 页。

把蛋一枚一枚地吃完了，最后连母雀也吃掉了。唯独一枚正在被母雀孵的蛋掉在别的地方幸存下来。小麻雀长大后计划复仇。它把从稻架上啄来的稻子收集起来制作米团去复仇。麻雀在路上遇见了日本七叶树的果实，果实问麻雀去哪里，麻雀回答说去报仇。果实说，给我一个饭团，我帮助你报仇。麻雀给了它一个饭团，他跟在麻雀后面走。接着麻雀先后遇到针、螃蟹、牛粪和臼，它们也先后通过以上问答分别得到一个饭团后跟在麻雀后面去为它报仇。大家到了山母家，山母不在家。它们分开藏起来。傍晚，山母回来后大家齐心协力杀死山母报了仇。①

《雀报仇》故事中麻雀在路上遇到七叶树的果实、针、螃蟹、牛粪和臼等协助者，分给它们各自一个饭团，在它们的协助下成功地杀死敌人为母雀报仇的情节与桃太郎在去鬼岛的路上遇到狗、山鸡和猴子，并把饭团分给它们，到了鬼岛一起讨伐鬼的情节很相似。

2. 青蛙王子和蛇王子

《旅行与传说》（一卷七号）刊登了一则在鹿儿岛县大岛流传的青蛙儿子的故事：

> 从前有个老爷爷和老奶奶。他们一起生活了四十年却没有生育孩子，于是向山神祈求孩子。后来老奶奶膝盖肿起来，老爷爷拍了一下，从里面生出来一只青蛙。老爷爷想，既然我们向神灵祈求时说了不管生出什么我们都把他当孩子养，所以没有办法，只好用心地抚养这个青蛙儿子。有一天，青蛙儿子对父母说，他要去娶媳妇。青蛙儿子把老爷爷和老奶奶制作的年糕装进口袋，背着到各个村落求亲。青蛙儿子到某个村落中最富有的一家登门拜访，坐在书院的佛坛上，对来烧香的主人说，自己是神的儿子。他听说这家有三个女儿，于是把装年糕的口袋交给主人替他存起来，并在他们家住一宿。他说，口袋里装的是神灵恩赐的物品，明天如果少一样东西，他就要取走他们家最珍贵的东西。到了夜晚趁别人都睡觉，青蛙儿子就拿出口袋，把年糕塞进富翁最小的女儿的嘴里。第二天起来，青蛙儿子发现少了一块

---

① 《定本柳田国男集》（日文）第 8 卷，第 126 页。

年糕，而富翁最小的女儿嘴里却咬着那块年糕。按照约定，青蛙儿子娶了富翁最小的女儿。老爷爷和老奶奶高兴地迎接新娘进门，召集村里的人，烧开洗澡用的水，先让新娘洗澡，接着让青蛙儿子洗澡。青蛙儿子跳进洗澡的水里，立刻变成一个英俊无比的男子。村里的人们看到从未见过的英俊男子很吃惊。[1]

日本鹿儿岛县流传的《青蛙儿子》的故事中，无子女的老夫妇向神灵祈求子女，神奇地生一只青蛙。青蛙儿子长大后提出娶妻的要求的情节与蒙古族中广为流传的《青蛙儿子》故事很相似。但青蛙儿子求婚和变成英俊少年的方式存在很大差异。蒙古族《青蛙儿子》的故事中，青蛙儿子长大后，提出娶可汗之女为妻的要求，并让父亲去可汗的宫殿求婚，可汗生气让手下人三次杀死青蛙儿子的父亲，青蛙儿子施展法术使父亲三次死而复生，迫使可汗答应婚事。或者青蛙儿子施展法术威胁可汗，迫使可汗答应求婚。在蒙古族《青蛙儿子》故事中，青蛙儿子脱掉蛙皮就变成英俊少年，穿上蛙皮就变成青蛙。通过比较日本和蒙古族《青蛙儿子》的故事，发现两者既有相似性，又有相异性。两者的前半部分情节相似，后半部分情节即求婚、变成英俊少年的情节有明显区别。这证明了同一个类型的民间故事在不同国家不同民族中流传过程中形成了各自不同的特征。民间故事的民族特征的形成与民族的文化传统和民俗生活有着密切关系。就拿《青蛙儿子》的故事来说，《青蛙儿子》的故事在信仰萨满教的蒙古族当中流传的过程中形成了浓厚的萨满文化特征。青蛙儿子拥有了起死回生、呼风唤雨的萨满神力。

另外还有主人公换为小蛇的故事在北部地区流传，在紫波郡昔话的第七十五篇中如下讲述道：

在田地劳动的夫妇傍晚回家时去拿草帽，发现里面盘着一条小蛇，把蛇赶走了蛇很快又回来了。由于夫妇没有孩子，就把小蛇带回家放进木碗里养起来。小蛇长得很快，放进盆里，很快又装不下了，于是放进喂马的木桶里养起来。有一天，蛇跟父母说，他要去富翁家娶妻回来。他到富翁家门口寒暄，富翁的三个女儿先后出去看，什么

---

① 《定本柳田国男集》（日文）第 8 卷，第 128 页。

都没有看见。富翁出去看见一条很大的蛇在门口对他说："把你的一个女儿嫁给我做媳妇，否则我毁坏你家的房舍。"富翁回来跟三个女儿商量。大女儿和二女儿很生气，决不答应小蛇的要求。三女儿最老实，答应了这门亲事。三女儿上街买了很多新衣服，蛇高兴地背着新媳妇回家。父母亲去田里干活不在家。蛇对媳妇说，用槌子打它的肝部，媳妇照说的打，蛇立刻变成了英俊少年。父母回来看见儿子很高兴，并告诉了富翁，举行了婚礼。①

上述故事中蛇迅速成长，放进木碗里木碗装不下，放进盆里盆装不下的情节与桃太郎的吃一碗长一寸、吃两碗长两寸很相似。

紫波郡还有一则昔话，这个故事中的主人公最初不是青蛙或蛇，而是一开始就是异常小的人。故事中讲述道：

没有孩子的一对夫妇向药师祈求孩子。药师在他们的梦中出现，告诉将要赐给他们一个儿子。这个儿子由女人的胫部怀孕出生。果然女人的胫部逐渐肿起来，生了拇指一般大的儿子。夫妇非常高兴，给他起名为 sinekotanpako，用心养育。儿子到了十五六岁还是跟初生时一样大。有一天他对母亲说："我要娶富翁的姑娘为妻，给我一杯米。"母亲虽然心里想，人家富翁怎么会把姑娘嫁给你，但这是儿子说的，所以把他要的米装进口袋给了他。他拿着米站在邻居富翁门口寒暄。他请求富翁允许自己在他们家住宿一夜。富翁答应他可以在庭院的一角住一宿，他却哭着要睡在富翁姑娘旁边，主人没办法把他放在袖子里睡觉。小家伙半夜起来把米嚼了，涂在姑娘嘴上，然后放声大哭，说："我乞讨来的米被姑娘吃了。"姑娘虽然说自己是无辜的，但大家都不相信。说夜里偷吃这样一个客人的米的姑娘，怎能在这家生活？所以让 sinekotanpako 把姑娘领回家。于是两人回了家，富翁家的姑娘终于成了 sinekotanpako 的妻子。②

柳田国男认为，这则故事在流传当中脱落了故事的主人公由原来的异

---

① 《定本柳田国男集》（日文）第 8 卷，第 128—129 页。
·② 同上书，第 129—130 页。

常小到不可思议地变大，又成为富贵女婿的内容。故事情节与奄美大岛流传的青蛙儿子的故事相同。在大岛地区，随身携带装年糕的袋子是主人公求婚时的必备物件。年糕是结婚仪式中吃的节日食物。在奥州，装在袋子里的米是夫妻共同嚼的食物。总之，上述故事中装在袋子里的年糕或米是结婚仪式中夫妻共同吃的食物。民间故事中遗留着这一风俗习惯。柳田国男通过对以上故事中无子嗣的夫妻向神灵求子后主人公异常诞生的情节的分析，指出桃太郎的故事中为了强调征伐鬼岛，征服鬼的勇敢行为，故意省略了求婚娶妻的内容和情节。① 笔者以为，柳田国男这种分析很有趣而且有道理。按照柳田国男的这一分析和提出的观点，我认为桃太郎和蒙古史诗之间也有更加密切的关系。桃太郎的故事具备了蒙古史诗的征婚和征战两大主题。故事主人公吃一碗饭长一寸，吃两碗长两寸的迅速成长的特点与蒙古史诗中英雄出生的第一天用一张绵羊皮包不住、第二天用两张绵羊皮包不住、第三天用三张绵羊皮包不住的迅速成长特点完全相同。《桃太郎》与蒙古史诗具有共通性。我们很难说日本民间故事《桃太郎》和蒙古史诗谁受了谁的影响，很可能是人类共同的思维特点所引发的相似性。

　　柳田国男指出，上述民间故事中的主人公是得到神灵的恩赐而特异诞生的，他们通常都是迅速成长，他们去求婚娶妻的故事情节有时比起征讨敌人立下赫赫战功的情节还要重要，这不是单纯的恋爱故事，而是体现了作为家族的始祖，证明了血统的高贵和纯洁。因此通常被虔诚地记忆并热心地讲述和传承。桃太郎的饭团是桃太郎的故事童话化之后变成完全不同目的的东西。桃太郎的故事中说桃太郎和他的助手小狗、山鸡和猴子由于吃了日本第一饭团，力气大增，到了鬼岛各个英勇杀鬼，很快打败了岛上所有的鬼，缴获了大量金银财宝，胜利归来，过上了幸福平安的生活。《桃太郎》中携带饭团不是娶妻用的，而是为了增添力气，并聚集协助者。柳田国男的观点认为，这是桃太郎的故事在流传当中，携带娶妻仪式过程中用的米或年糕演变成了饭团。笔者在介绍和分析柳田国男桃太郎故事的研究过程中，发现日本昔话《桃太郎》和蒙古史诗的结构模式和主题的相似性。并产生了以后计划专门讨论《桃太郎》与蒙古史诗比较研究的想法。

---

　　① 《定本柳田国男集》（日文）第 8 卷，第 131 页。

3. 小泉小太郎与泉小次郎

神授蛇儿的故事比青蛙故事流传的更加广泛。在佐贺县藤津郡的五町田村中流传着下面的传说:

> 从前在一个叫作喜左卫门谷的村里住着一个叫喜左卫门的穷人。夫妇因为膝下没有子嗣而悲伤,于是向山神祈求子女。神灵告诉他们,不管怎么祈求都不会生育孩子,并嘱咐他们,在回家的路上把第一个遇见的东西捡起来带回家当作孩子抚养。夫妇在回家的路上遇到了一条小蛇。他们把小蛇带回家养起来。由于小蛇吃了人类吃的饮食,所以迅速长大,四五年后长到了一丈四五尺长。蛇儿子跟在父母亲身后到处走动,村里人都害怕,不跟喜左卫门交往。夫妇对蛇孩子说:"虽然我们把你当作自己的孩子养,但村里人都害怕,你就去别处藏起来吧!"大蛇听了父母的话,和他们告别后就走了。此后十年过去了,夫妇俩年老失去了劳动能力,变得贫穷,日子难过。正好这时,引河水的井破损,修了几次都没修好,导致附近村里缺水,无法种田。找算命先生算命,算命先生说这是以前村里人喜左卫门养的大蛇在作祟。大蛇为了报答养育之恩,要求村里人拿出一些食物赡养父母亲。村里人相互商量,每年收集米送给养育大蛇的喜左卫门夫妇。从此井也修好了,人们继续种地,喜左卫门的家业变得富有。现在这个村的井神还是大蛇,并且每年秋天举行参拜仪式。①

柳田国男说,因为传说只保存民间故事最主要的部分,所以不可能从传说推测出民间故事的原来形式。这个传说中的向高山神灵祈求子女和蛇儿子具有统领水的力量是最突出的主要情节。很明显,这是民间故事与地方风俗习惯结合转变成了传说,是民间故事的传说化。正因为这样,搜集者有时容易混淆民间故事和传说。

富士山周围地区流传着这样的一则民间故事:

> 古代有一对老夫妇。他们膝下无子女,向神灵求子后老伴怀孕生了一个男孩,起名龙吉,龙吉没有手和脚,形体像蛇。龙吉逐渐长

---

① 《定本柳田国男集》(日文)第8卷,第132页。

大，在家里放不下，一天比一天大，后来哪里都放不下，老夫妇没办法把装龙吉的箱子背到山顶上，告诉他家里已经不能继续养他的原因，并说需要他的时候会来叫他回去。于是龙吉就告别父母走了。几年后那里发生了严重干旱，那里的官员悬赏找有下雨能力的人。老夫妇再次登上山，呼唤龙吉，龙吉变成大蛇飞奔过来，并答应下雨。接着下了七天的小雨。龙吉的父母亲接受了奖赏，过上安乐生活。①

　　这则故事里得到神的恩赐诞生并迅速成长的龙吉是主管雨水的神。他住在山顶上，集神、人和动物的特征于一身。柳田国男说，在信州把上述故事中的龙吉叫作小太郎。在小县郡史余篇中刊登的一则故事已经有一半内容传说化了，并很有趣。故事中讲述道：

　　　　从前这个郡西部的某村（有具体地名），前山区的某山（有具体名称）的顶上有一座寺庙。每天夜晚都有一个美丽的女子来到寺庙住持那里过夜。后来住持为了知道她的去向，在针上穿了很长的线别在姑娘的衣服上。她先从洞穴出来进入了产川的鞍渊的岩屋。原来那女人是一条大蛇，在那个岩屋里生下婴儿，把孩子放在鞍岩上死了。所以现在也是把那条河叫作产川，并有蛇骨石等遗迹。大蛇生的孩子，被下游的泉田村大字小泉的妻子捡起来抚养，给他起名小泉小太郎。小太郎是小男孩，一直到十六岁每天只知道吃和玩，十六岁后却显出非凡的力气。小太郎登上小泉山，割下山上的全部胡枝子，把胡枝子捆成两捆背回家，告诫母亲绝不能解开捆，要一根一根地拔出来烧。母亲看捆不大，疏忽大意解开捆，胡枝子变成满屋子，母亲被压死。现在小泉山上一根胡枝子都没有，是因为被小泉小太郎割完的。小太郎的子孙代代肚子上有蛇的斑纹。②

　　柳田国男分析该故事后提出了以下三点意见：首先，小太郎十六岁之前是懒惰的人，什么都不做，整天除了吃饭就是玩耍。这不是偶然的插话。故事中的英雄，最初通常都是又小又贫穷，长相难看，愚蠢而懒惰。

①　《定本柳田国男集》（日文）第 8 卷，第 133 页。
②　同上书，第 134—135 页。

这是为了后来的故事叙述出现不可预测的奇迹埋下了伏笔。其次，解释小泉山上没有一根胡枝子的由来与关东地区流传的巨人故事相似。再次，与泉小次郎原来是同一个故事。在松本平泉小次郎也是生于东筑摩郡中山村的叫作大字和泉的村，父亲是钵伏山的神。[1]

4. 田螺女婿与田螺富翁

桃太郎是日本民众心目中的英雄。据柳田国男的分析和推测，桃太郎有时以青蛙、蛇甚至麻雀的形式出现在民间故事中。柳田国男说，他这样说，有的人很可能会生气。但除了以上形式之外，因神灵的恩赐特异诞生的孩子的故事中还有以田螺为主人公的民间故事。柳田国男首先举了肥前岛原半岛的小滨村流传的民间故事：

> 从前一对老夫妇，他们向神灵祈求，希望能生一个孩子。有一天在老夫妇回家的路上，田地旁边有人叫："父亲母亲，我在这里。"他们很奇怪，到处寻找声音发出的地方，最后发现那个声音是一只小田螺发出的。虽然是田螺，但毕竟是神灵赐予的，于是带回家用心抚养起来。有一天老两口叹息说没有姑娘愿意嫁给他们的田螺儿子。田螺儿子说："父母亲不要叹气，我会给你们带媳妇来。"他叫父母亲给自己准备好饭团和麦粉。某村的富翁有两个姑娘，妹妹格外漂亮。于是田螺儿子就去这一家求婚。田螺儿子到了门口寒暄，主人出来没有看见人影，仔细寻找出声音的地方，原来是一只田螺。田螺儿子进了这户人家，然后经过很多问答，决定在富翁家住一宿。田螺儿子把饭团藏了起来，说如果谁吃了饭团，就成为他的媳妇。到了夜里，田螺儿子在富翁小女儿的嘴边涂了麦粉，自己吃了饭团。第二天，按照约定，富翁美丽的姑娘成了田螺儿子的新娘，田螺儿子带着新娘回家了。接着田螺儿子去鬼岛讨伐鬼。田螺儿子到了鬼岛，趁鬼睡觉时，跳进鬼的鼻子里，杀死了鬼，得到了很多实物，其中有小槌。这把小槌是只要一敲打任何愿望都能实现的神奇的小槌。田螺儿子手里拿着小槌边敲打边说："让我变成英俊的男人。"果然，田螺儿子变成了无比英俊的男人。[2]

---

① 《定本柳田国男集》（日文）第 8 卷，第 135 页。

② 同上书，第 137 页。

很显然，上述故事的后半部分主人公去鬼岛讨伐鬼的情节与桃太郎的故事相同。获得万能小槌，敲打万能小槌变成英俊男子的情节与《一寸法师》相同。这则故事明显与《桃太郎》和《一寸法师》有着密切关系。

另一则故事是从陆中的中部采集到的，故事讲述道：

从前某个地方有一对靠种田生活的穷夫妇。夫妇俩过了四十岁还没有孩子，生活很寂寞。妻子向水神祈求子女，不久怀孕生了一只田螺。夫妇虽然很吃惊，但想这是神灵赐予的孩子，于是在碗里放进水和沙子，开始养育小田螺。就这样过了二十年，田螺儿子一点也没有长大，每天在碗里玩。父母亲这时已经上了年纪。到了秋天，父亲备好马准备去东家富翁家去交租米。老汉自言自语道："神赐的儿子，结果是田螺，什么忙都帮不上。如果是人，这时候可以替我交租米了。"夫妻二人一起为自己的苦命伤心。这时从神架旁边的碗里发出一个声音说："爸爸妈妈，不要伤心。我已经厌烦待在碗里，从今天开始我从碗里出来去劳动。今天我去东家交租米。请把我放到马背上。"夫妇听了这番话特别高兴，把田螺从碗里取出来，放在马背上。田螺本事很大，像人一样驾驭着马走路。路上的行人，田里的百姓看到这情景，都觉得不可思议。他们纷纷议论："看那瘦马，准是那穷老汉家的，可那声音不知从哪儿来的，只听见声音，看不见人影。"都奇怪世上还有这等不可思议的事情。田螺却不管这些事情，驾着马，很快来到了富翁家门口，大声寒暄。富翁的伙计们出来迎接交租米的人，只看见驮米的三匹马。原来是穷老汉的三匹瘦马，怎么只见三匹马，不见人影呢？这时从马背上的草袋子缝隙处传来声音："我是穷老汉的田螺儿子，现在我把交租子的稻谷，给你们送过来了，请你们帮忙卸一下。"伙计们很吃惊地到处寻找那出声音的地方，仔细看时，发现在草袋子缝里塞着一个小小的田螺。伙计们在田螺儿子的指挥下，很快把租米从马背上卸了下来，堆积起来。伙计们惊奇地叫喊着，把富翁也叫出来。富翁觉得这可是新鲜事。于是把田螺儿子叫到厨房，给他吃饭，虽然看不见吃，但不知不觉中碗里的食物都不见了。大家觉得非常有趣。富翁也觉得田螺儿子真是宝贝。以前虽然听说过这家佃户向神祈求子女，生了一个田螺儿子，但没有想到如此能干，又会驾马又会说话。他想，如果把它弄到手，岂不是得了一个宝贝吗。富翁说："田螺相公，田螺相公，你我两家祖辈三代莫逆之交。我有两个姑娘，一个姑娘给你当媳妇。"田螺儿子非常高兴，说好今天就来娶。他赶忙回家跟父母亲说此事。父母亲虽然想世界上哪有这样的事情，但由于是神赐予的孩子，所以也许会发生神奇的事情，委托邻居的大娘去打听，确实跟富翁定了这门亲事。那晚富翁叫来两个姑娘商量："我已经答应你们两个中的一个做田螺儿子的媳妇。"大姑娘听了这话说："谁肯嫁给那个虫子?"生气地走开了。小女儿说："父亲父亲，不要担心，田螺儿子如果成为我们家的宝贝，我去那个田螺儿子的家。"富翁听了这话很高兴，接着选定日子，美丽的姑娘穿着红色的衣服，嫁到田螺儿子的家。嫁妆多得屋里放不下，堆积在院子里，七匹马院子里站不下，借了邻居大娘家的院子。新娘亲切忠实又勤快。早晨也早早地起来，和父母亲一起下地干活。到了春天樱花开，四月初八是村里守护神药师神的祭祀日，媳妇带着田螺丈夫去参加节日。两人在途中有说有笑。来往的人们看了这个光景，都奇怪地说，这个媳妇脑子出了毛病，一个人又说又笑的。到了药师神神社的入口处，夹在和服腰带结的田螺女婿说："我有一点事情，不能进里面，把我放在田边，你自己进去参拜。"媳妇让田螺丈夫在田边玩，自己进神社参拜。媳妇向药师神虔诚地祈祷把田螺丈夫变成人。她返回到神社入口处看不见田螺丈夫。她想是否滑进田地里，边走边看。田里有无数的田螺，但不见她的丈夫。把田里的田螺一个一个拿到手上看，都不是自己的丈夫。媳妇悲伤地唱："田螺相公，田螺相公，我是你的妻子，今年又是一个春天，哪个混蛋鸟，啄走了你?"边唱边在地里找。脸上身上溅得全是泥巴，漂亮的衣服也脏了。参拜的人们看了她都笑了。丢了丈夫也对不住父母亲，她想不如自己也跳进水渠深处淹死算了。刚要跳下去，听见身后有人喊："媳妇，媳妇，你要干什么?"回头一看，是一位英俊的男子，头上戴着斗笠，腰里别着一管箫。媳妇哭着说："不知您是哪位? 我失去了心爱的丈夫，无论如何都想死。"男子说："我是你丈夫田螺，你好好看看我的脸。我原来是水神赐予父母的孩子，以田螺的身体活着，现在你向药师神祈求赐给我人的身体，所以我就变成了人。"两人高兴地回家了。家里父母亲见媳妇领回来一个英俊男子，问媳妇领回来了哪家的英俊男子。媳妇说，他不是哪家的男子，而是我们家的田螺相公，并把事由告诉了父母。父母亲见田螺儿子变成如此英俊的青年，高兴极了。赶紧告诉富翁。富翁见了这么英俊的女婿也非常高兴。富翁说，这么漂亮的女婿不能住在这么破的房子，立刻从街上买了宅地，在那里修建了新房子，让年轻夫妇住，两人从此开始做生意。很多人来看田螺变成的人，邻近的人们都来买东西，店铺生意兴隆，从此没有人不知道田螺富翁，成了有名的大家族的先祖。①

这是一则很长的民间故事。柳田国男接着详细分析了《五分次郎》《邻居的寝太郎》《物草太郎》《画中女人》等日本著名民间故事。

柳田国男不仅在民间故事概念和分类方法等理论研究方面做出了突出贡献，而且对日本民间广为流传的《桃太郎》《瓜子姬》《开花爷爷》《撒灰的老爷爷》《砍竹子的爷爷》《一寸法师》《断舌雀》《猿蟹合战》《蛇女婿》《青蛙王子》《五分次郎》《物草太郎》《邻居的寝太郎》和《田螺富翁》等常见的民间故事类型进行了深入而细致的文本分析。柳田国男的日本民间故事文本研究方法可以概括为归纳和比较两种，主要是对同一个类型的民间故事在日本国内不同地区流传过程中的变异进行了考察，并进一步阐释了民间故事中蕴含的不同地区文化传统之间的差异。

把田螺视为水神的使者的信仰在今天也遗留在山中池沼。是否和龙蛇一样成为人间美女的女婿的故事广为流传，现在还难于肯定。但这则故事结尾的歌词在很多地区，几乎没有任何意义地被儿童吟诵，成了儿歌。如果那最初就是这个故事的歌词，则是这则故事的痕迹。然后东北地区灰姑娘故事型的一则故事中讲述继母的女儿羡慕姐姐的婚姻，掉在田里变成田螺。这则故事很普遍。柳田国男认为这是《田螺女婿》的转移和衰落的形式。

桃太郎从古代就有的观点只是一种推测。如果勉强寻找文字记录的证据，《本朝神社考》卷五中的叙述秦河胜化生的事情算得上是一个。从前大和国洪水泛滥时，初濑河涨水，漂来一只很大的瓮，停留在神社附近。打开看里面有一个如玉的男孩。后来男孩成了大荒明神。然后是《一寸法师》《物草太郎》。男孩的诞生和事业都和《桃太郎》明显不同。从地方采集到的几则民间故事中才得知其中的联系。这类民间故事的叙事有三

---

① 《定本柳田国田集》（日文）第8卷，第138—142页。

种不变的要点：要点之一是奇特的诞生。其中桃太郎从河水里漂来的桃子诞生形式更加接近自然，桃子从水里漂来是古老的。要点之二是男孩的事业。要点之三是成长之后结婚，成为有名的家族的始祖。这一点对童话来讲没有必要，所以结婚这个情节脱落。柳田国男认为，具备了以上三点的上述民间故事都是同一个系统的故事。

5. 活着的小太郎

小太郎大力士的故事的流传范围出乎意料地广泛，如果把狐狸当作母亲的安倍童子的故事也纳入其中考察，或许信太的小太郎的出世故事也和这些故事都可能有联系。《飞弹风物记》等书中记载，益田河流域中也有叫作小阪的小太郎的大力士的故事流传很多之外河边还有叫作小太郎岩石的遗迹，传说小阪观音堂的仁王的大木像是这个小太郎扛上去的。《信府统记》卷十七中记录着两则故事。一则是东高梨池的白龙王和犀龙交合生一个男孩，叫作日光泉小太郎。另一则是钵伏山的权现居住在丸山。那里涌出不可思议的泉水，味道像酒，能充饥解乏，叫作不老不死的泉水。国人非常高兴，把权现的儿子叫作泉小次郎，他生下来就不寻常。现在当地人认为叫作小太郎或小次郎都可以。

6. 五分次郎

《因伯昔话》中采集的鸟取市的一则故事也是小男孩的故事童话化的形式，这则故事中省略娶妻的情节这一点与桃太郎的故事相似，与书面流传的御伽草子的《一寸法师》不同。

> 从前某个地方有个老爷爷和老奶奶。他们没有孩子，因此向观音菩萨许愿求子。从第七天开始老奶奶的左手拇指逐渐肿起来，七七四十九天后从老奶奶的大拇指里生出一个可爱的男孩。身高只有五分，所以叫作五分次郎。五分次郎成了健壮的男孩，只是个头还是五分。五分次郎用小竹子的叶子制作船，用杨树枝做竿子，每天到河里玩耍。有一天河里涨水就把他冲到海里。他还是不慌地唱着歌玩耍，这时游过来一条大鲫鱼，把五分次郎连船带人一起吞进肚子里。运气不错的是那条大鲫鱼被渔夫捕获，卖给一家。那家人把鱼放在菜板上正要收拾，五分次郎从鱼肚子里喊："五分次郎在鱼肚子里！所以慢慢地把鱼腹剖开。"那家人觉得不可思议，慢慢剖开鱼腹，五分次郎从里面跳了出来。那家人听五分次郎说的话，把他送回家。五分次郎日

益强壮,去鬼岛征伐鬼。不过没有带狗、猴子和山鸡,只身去鬼岛。鬼的头领一口把他吞进肚子里。五分次郎拔出腰间别的缝衣服的针在鬼头领的肚子里乱刺,鬼疼得实在受不了只好投降,并约定把鬼岛上所有的宝物都献给他。鬼打了个喷嚏,五分次郎从鬼的鼻孔里跳了出来。把宝物驮在马上,自己骑着马高高兴兴地回家,老爷爷和老奶奶也过上了幸福、安乐的生活。①

五分次郎的奇特诞生和征伐鬼岛的故事情节与桃太郎很相似。五分次郎没有协助者,独自一人征伐鬼岛。而且与鬼展开争斗的过程描述比桃太郎详细。五分次郎在鬼的肚子里与鬼进行斗争的经过很像一寸法师。另外还增加了被鲫鱼吞进肚子里的惊险经历。

7. 贤渊

人间少女与蜘蛛结婚的故事在日本北国某个地方流传,没有采集到其他地方流传的异文。这和蛇一样想象为水神的形态的痕迹很明显。在日本有一个很著名的妖怪故事叫作《不吃饭的女人》或《没有嘴的女人》。从前某一个人说,想娶一个不吃饭的媳妇,有一个自称为不吃饭的女人来嫁给他。这个女人真的一点饭都不吃。可是米和酱减少得很快,他觉得不可思议,于是一天假装出门,然后悄悄地回来偷看,看到了事情的真相。真相暴露的方式因地而异。日本东部和关东地区是,女人煮很多米饭和酱汤,然后解开头发,头顶上有一个大口。女人把很多米饭和酱汤放进口中。然后把头发梳起来,装作什么都不吃的样子。那个人知道真相之后很害怕,想方设法离开那个女人。柳田国男认为,头顶上有大口意味着那女人就是蛇。壹岐岛等讲述为女人头变成蛇,喝藏起来的酒。不知为什么,大多数讲述人把这个女人讲述为山妖的化身,而忘记了其原型是蛇这件事情。岛根县也讲述为山妖在人前不吃饭,人不知道的时候,用头顶上的口吃几天的饭(《高木传说集》一百五十二页)。

但是中国以西多为不说用头顶上的口吃饭的事情。例如备前上道郡的一个例子中讲道,亭主不在时候聚集很多人,他们变成蜘蛛煮麦饭吃。亭主见了非常害怕,傍晚回家后,让女人回家,女人让亭主进入浴桶,盖上盖子,让很多蜘蛛扛着走。途中在古庙里休息时,亭主向神灵

① 《定本柳田国男集》(日文)第8卷,第147—148页。

祈祷，桶子的绳子解开，于是得救逃跑（《冈山文化资料》三卷一号）。肥前的有马也同样讲述让男人进入浴桶扛着走时，路旁的树枝刮掉盖子，男人得以逃走。那女人又回来，男人杀死了那个女人。那个女人原来是庞大的蜘蛛（《旅行与传说》二卷六号）。被路旁的树枝刮掉浴桶的盖子逃命和藏在蓬菖蒲下面得救的情节是日本全国《不吃饭的女人》的故事中共通的情节。从前有一只坏蜘蛛把沐浴的男子连浴桶一起驮着走，进入菖蒲和蓬丛里无法继续走，沐浴的男子得救。阿波的山中流传的故事中也讲道，某个男人在沐浴时，山妖过来把浴桶顶在头上往山上走，男人爬上路旁的树上逃命。夜里山妖变成大蜘蛛过来，男人杀死了山妖（《乡土研究》二卷六号）。

关于贤渊的传说在日本流传很广。通常是从前某个人在大渊里钓鱼，见一只小蜘蛛在水面上游来游去，脚上拴着丝线，那人觉得奇怪，就把丝线拴到大柳树上，有东西从水底牵着丝线，那棵大树被连根拔起掉进渊里。

柳田国男说，也许有过人们相信水神化作蜘蛛与人交流、沟通的时代，所以产生了上面的民间故事。柳田国男的研究思路和普罗普的思路很相似。

8. 田螺女婿

森口多里君的《黄金马》中记录着另一则田螺女婿的故事。农田干旱严重，有位老汉说，不管什么田螺，如果能浇田，我就把三个女儿中的一个嫁给他。第二天果然有人给田里浇水了。田螺变成英俊的男子来迎娶媳妇，领着三个姑娘当中的小姑娘回到水底的家。蛇女婿的故事也一样，父亲答应蛇的理由各种各样，其中数量最多的并且古老形式的是同样稻田需要水。越后等地区至今遗留着向山中池塘里的白田螺求雨的习俗。

柳田国男从民间故事中寻找其发生学的民俗信仰根源。

肥前的岛原地区的民间故事中蛇女婿变成河童女婿。从前北有马的田地干旱。向氏族神灵祈祷，被托梦告诉，这是有马川的河童想娶一个美丽的女人做妻子，如果把姑娘送到河童那里，水立刻就到田里。于是跟姑娘说这些话，姑娘答应了，拿着一只瓢箪去河童那里。说答应做你的媳妇所以快点给稻田送水。这个瓢箪是我的灵魂，要经常参拜。把瓢箪扔进有马川里回家了。稻田被灌溉水稻丰收，秋天收稻田时，一只瓢箪在有马川的渊谭里漂浮。其他地方的蛇女婿的故事中也有很多带着瓢箄嫁人的例子。猴子女婿中瓢箄变成了木臼。《日本纪》仁德纪十一年出的备中先守渊的瓠的故事等和这个肥前的故事很相似。从那个时候开始就有试探神灵的故事了。

八　邻居的寝太郎

1. 治水拓土的功绩

关于长州厚狭的寝太郎荒神的由来，相传寝太郎是睡三年三月的，吃完储存的谷物的懒惰的人。引用大河的水，开发千町步的荒地，很快变成富翁的伟人。相传活了210年。有的说寝太郎荒神是祭祀寝太郎，有的说是寝太郎的保护神。一百多年以前有了这个名称的神社，在文正六年《温山纪行》中有记录（地名词典）。这个神社最近很快出名，很多旅客前往参观的原因之一是名人对寝太郎年糕的宣传。

柳田国男对这个年糕的起源和寝太郎的结合非常感兴趣。他认为，这个年糕是否与桃太郎的饭团和青蛙女婿口袋里的年糕一样重要。把寝太郎荒神认为是庚申（青面金刚）参拜的人很多。木头制作的神像福相，比起庚申更像大黑神。以前这个地区的农民用蒿草制作猴子祭祀祈祷五谷丰登，祭日是庚申日。那天是讲述民间故事的很重要的日子。那天夜晚大家聚集在值班的人家通宵讲述民间故事。所以很多民间故事与这个庚申夜晚讲的故事连到一起。

有经常讲述寝太郎故事的人们居住的街道。其中有一个人报告说寝太郎是因为能睡大觉而得的绰号。本来是景清的后裔。在日本有着一群以景清为元祖的盲人，经营着各种民间故事。

寝太郎的民间故事或传说中讲述寝太郎睡觉与蒙古英雄史诗中英雄睡觉母题相似。蒙古史诗中英雄经常一睡睡很长时间，并鼾声如雷。英雄睡觉母题中，英雄睡觉往往体现了英雄的力大无比和不平凡。

2. 富翁的女婿

柳田国男小时候在播州听到的寝太郎的故事是寝太郎从懒惰的人一朝怀着智谋实现了致富的梦想。这一点和上述的长州厚狭的例子相同。播州的寝太郎的故事中寝太郎的邻居是富翁，有一个美丽的姑娘。寝太郎夜里在富翁的耳边说，让自己做他的女婿。富翁以为这是神的旨意，就把女儿嫁给了这个懒惰的寝太郎。其他细节他已经记不清。

柳田国男说，为世人劳苦和娶妻光宗耀祖这两个题材是民间故事中英雄的两大业绩。从外部考虑第一种业绩更重要。寝太郎的故事除了长州的例子之外，多数着重讲述了巧妙的求婚手段的成功。柳田国男认为，这是体现了该故事已经脱离认真的信仰生活，进入专门以逗乐为目的的笑话的领域。至少故事成长为今天的形式是听众和讲述者都积累了很多经验，知道了人生不是按照神的指示那样发展的道理。

3. 奥州的无赖

这则故事在日本流传是很早以前的事情。在奥州的故事中流传代替寝太郎的是某个无赖，他欺骗富翁娶了他的女儿这一点和前面的故事相同。《老媪夜谭》中第六十四个故事是：

> 从前有一个木匠叫作庄五郎，是个无赖。村里的富翁夜里去拜观音菩萨，祈祷观音给他姑娘赐个好女婿。木匠庄五郎知道了富翁夫妇每晚祈祷的事情，有一天夜晚冒充观音菩萨发出声音说，你的女婿除了木匠庄五郎没有别人。富翁以为这是观音菩萨的预告，寻找到木匠庄五郎，把女儿嫁给了他。从此达成幸运的姻缘，无赖立刻变成富翁。[1]

《江刺郡昔话》（五十页）采录的一则故事中只有富翁有名字，女婿没有具体名字，只说是游手好闲的人。故事中讲述了在伙伴的援助下实现了做富翁女婿的梦想的事情。故事中说：

> 从前，有两个游手好闲的人，在出生地没有人理会他们俩。两人一起去了南部，正好赶上富翁熊野泽正在给女儿物色女婿。听到这个消息后，两人商量，进了附近的地藏菩萨堂，一个人装扮成地藏菩萨说话，另一个人评判。这个事很快传开。富翁熊野泽听了这个消息，就去问姑娘的姻缘，冒充的地藏菩萨说，某个夜晚你家门前的杉树上从天上降临一个年轻人，那个年轻人是天神的儿子，所以你要迎接他，让他做你的女婿。富翁相信了此话，等待天神的儿子降临。果然

---

① 《定本柳田国男集》（日文）第 8 卷，第 160 页。

游手好闲的两个人当中的一个人，从他家门前的杉树上降临，成了富翁的女婿。①

　　东北地区有一种年轻人的游戏是很多年轻人围着一个年轻人，让他扮演地藏菩萨，边唱歌边问很多问题。因为都是年轻人所以大多问一些姻缘的问题。柳田国男说，这原来很可能是一种信仰仪式，后来完全变成以娱乐为目的的游戏。柳田国男认为，上述富翁选游手好闲的人当女婿的故事情节是产生于这个地藏游戏。

　　笔者以为，上述两则故事中讲述了无赖冒充观音菩萨和地藏菩萨，巧妙地欺骗富翁，成为富翁女婿的事情。这类故事显然是人们不再相信神灵的年代的产物。人们认真地相信神灵的年代不会产生冒充神灵的声音说话，欺骗和戏弄人的民间故事。

　　4. 冲绳的睡虫

　　柳田国男对在门前的杉树上从天而降年轻人这个情节非常感兴趣。笔者以为，这是古代人们相信神灵降临在高处的一种信仰的遗留。例如佐喜真君的《南岛说话》第八十七则故事告诉人们在琉球也有和上述的故事大半部分以上一致的故事。故事中说：

　　　　从前，某个地方有一个非常贫穷的男人。心地却非常善良，但穷得无法形容。住的小房子小得头进去了脚就没地方放，先放了脚头就没法进去。那个男人听天神的指点，拿着爆竹爬上富翁家门前的大树，大声喊自己是天神。吓唬富翁说，如果不把他当作女婿，就烧他的房子。并点爆竹让富翁看。富翁答应后，贫穷的男人回到自己的小屋睡觉时，富翁带着很多佣人，去迎接贫穷的男人。于是贫穷的男人幸运地成了有钱人家的女婿。②

　　柳田国男说，这则故事中也讲述了主人公不是靠自己的智谋达到了富有的梦想，而是在天神的帮助下实现了愿望。

　　一本叫作《遗老说传》的书中记载了与上述故事相同的民间故事。

---

① 《定本柳田国男集》（日文）第 8 卷，第 161 页。
② 同上书，第 162 页。

要点是：

> 从前在首里的街上，有一对贫穷的夫妇，他们有个儿子叫次良。次良是世上少有的懒惰的人。吃完了睡睡醒了吃，一点都不体谅父母的辛苦。人们嘲笑他，并给他起了睡虫的绰号。突然有一天他跟母亲说给他买一只白鹭。问理由他也沉默不答。父母觉得他可怜，就给他买了一只白鹭。到了夜里他高兴地装扮成神仙的样子，抱着白鹭爬上邻居有钱人家庭院前的大榕树，大声喊："有天帝的谕令，快出来。"富翁夫妇到榕树下，睡虫就冒充神仙说："这家有十六岁的姑娘，那姑娘的女婿必须是邻居的次良。快点去接他。他是诚实、贤惠的男人，必将使这个家族繁荣昌盛。"富翁惊喜，答应让睡虫做女婿。睡虫把怀抱中的白鹭放走，白鹭飞向天空。次良成为富翁的女婿，同时变成勤奋的人，使家族繁荣。[1]

这则故事和寝太郎的故事很相似。在九州有一个叫作寒田的部落。把那里的住民作为主人公的笑话在周围的平原地区广泛流传。其中有一则寝太郎做女婿的故事，与冲绳的《遗老说传》中的故事很相似。

> 从前有一个叫作寝太郎的男人，不管白天黑夜就知道睡觉，睡了三年。有一天醒来一看，已经到了年底。母亲给他钱让他买正月用的酱油。他带着钱去街上，没有买酱油，而是买了一只野鸠和一个铃铛。母亲说他，他笑着不说话。寝太郎的邻居是有钱人家，有一个美丽的女儿。正月元旦一大早寝太郎给野鸠脖子上系上铃铛，爬上邻居富翁院子里的大树上藏起来。富翁起来到树底下洗脸。树上的寝太郎用假嗓子说："我是这个地区的保护神。你必须让邻居的寝太郎做你的女婿。如果这样你们家更加繁荣昌盛。"寝太郎说完把怀抱中的野鸠放飞，野鸠在铃铛声中飞向天空。富翁看了这番景象又惊又喜。富翁带着很多米和年糕去寝太郎家商量婚事。寝太郎和富翁的女儿结下婚约，从此寝太郎变成了勤劳的人。[2]

---

① 《定本柳田国男集》（日文）第 8 卷，第 163 页。
② 同上书，第 164 页。

柳田国男分析上述两则故事中白鹭和野鸠哪个更古老，哪个是后来改变的形式。他认为白鹭脖子上没有挂铃铛，比较简单。他从这个情节判断白鹭是原来的形式。他认为，简单的一方在先。另外白鹭本身的特征，白色的翅膀，在夜晚飞向天空时，更让人感到一种犹如神界的神秘色彩。

以上故事体现了贫穷的民众娶美丽富有的妻子，从穷人变成富翁，改变命运的梦想，反映了普通百姓的愿望。以上民间故事的起源与神灵降临于高树上的古老信仰有关。

九　画中女

1. 黑川能的起源与瓜子姬

在出羽的黑川村流传着瓜子姬的故事。下面简单概括故事梗概：

从前，黑川村有一个叫孙三郎的人。有一天去河边，河里漂过来一只瓜。他捡起来瓜，回家放在神架边献给神灵，想以后再吃。这时突然响起婴儿的哭声，他很吃惊地去神架旁边看，从瓜里出生了一个可爱的女婴。他用心地养育那孩子，那孩子迅速成长，长成美丽的姑娘。由于那女孩太美丽，孙三郎每天看着那姑娘，什么都不做了。姑娘画了自己的像让孙三郎随身带着去劳动。有一天孙三郎把画像放在田边，看着画像劳动时，刮大风卷走了画像。画像正好被风吹到城里王爷庭院里的松树上，王爷让人取来画像看，原来是绝世美人的画像。王爷打听这美丽的女人在哪里，佣人告诉他那是黑川村孙在家的一个穷人的女人。王爷强迫那个女人做了自己的夫人。孙三郎没有找到妻子的画像，回到家一看，妻子本人也不见了。孙三郎为了见到妻子，装扮成卖栗子的小贩，每天到城里卖妻子最爱吃的栗子。他大声叫卖栗子。王爷强迫娶孙三郎妻子之后，从来没见过美丽女人的笑脸。那天她见了在窗外大声叫卖栗子的男人，露出了美丽的笑容。于是王爷把卖栗子的男人叫过来，王爷脱掉衣服，让孙三郎穿上自己的衣服，王爷穿上孙三郎的衣服，在城堡窗户下面叫卖栗子，试图再次看到夫人的笑脸。这时，天色已晚，城堡的门关闭，假扮卖栗子的王爷想回来，守门的人不让他进来。假扮王爷的孙三郎想出去也是城门关闭出不去，成了王爷。但他不想住在这里，所以第二天，他带着妻子和很多宝物回到黑川村。他从城里带来了黑川明神的宝物能的面具等很多金银制作的做工精细的道具类。从此孙三郎成了能乐的乐师，子孙绵延到明治初期。①

上述民间故事与其他的瓜子姬故事不同。孙三郎和瓜子姬的关系像父女，也像夫妻，结尾成了夫妻。其他瓜子姬的故事中都是老爷爷和老奶奶捡到瓜子姬，他们之间的关系是父母亲和女儿。这则故事中很显然画中女的故事与瓜子姬的故事复合在一起了。

2. 卖桃子的王爷

柳田国男认为，孙三郎卖栗子的故事不是羽州本土产生的。是从遥远的地方传播过来的。在岩手县《紫波郡的昔话》中采录了下面的故事：

有一个年轻人，夏天从河边经过时，见三个天女在沐浴，他把其中一个天女的羽衣藏起来，没有羽衣的天女无法飞回天上，做了年轻人的妻子。年轻人每天看着妻子的脸，不做事情。妻子说迷恋我就给你画幅像，你拿到田里边看边劳动。年轻人把妻子的画像夹在竹子上，挂在田边边看边劳动。一天刮来一阵风卷走了画像。画像正好落在王爷宫殿的庭院里。王爷没想到世上还有这么美丽的女人，于是让手下从全国各地寻找画中女人。有一天从年轻人家里找到画中女人，强迫带到王爷的宫殿。妻子离开家时，给丈夫三只桃核，并告诉他种下来的第三年结桃子，叮嘱他摘下桃子去王爷的宫殿卖桃子。果然三年后桃树上结的桃子红了熟了。年轻人拿着桃子去王爷宫殿附近大声吆喝着卖桃子。天女来到王爷宫殿之后，一次都没有露出过笑脸，听到卖桃子人的吆喝声，说想看卖桃子的人。王爷让卖桃子的进来在院子里大声吆喝着卖桃子。天女见了卖桃子的人笑了，王爷很高兴。说今天要自己打扮成卖桃子的看看。于是卖桃子的年轻人穿上王爷的衣服，王爷穿上卖桃子的年轻人的破烂衣裳，大声叫卖桃子。天女和自己本来的丈夫穿着好看的衣服并肩坐着，心里说不出的高兴大声笑起来。王爷以为他的表演赢得了天女的笑声，更加起劲地叫卖桃子，走

---

① 《定国柳田国男集》（日文）第 8 卷，第 189—190 页。

到官殿门外。守门的人打骂这个假装的卖桃子的人，并赶走了他，把门关上。于是年轻人成了王爷，永远和天女共同幸福地生活在一起了。①

上述故事显然是羽衣仙子的故事和画中女故事的结合。柳田国男说，很早以前日本乡下就有挂画像的习惯，但百姓和王爷身份的替换以及贫富的颠倒，不是日本农民一般的想象。故事流传进来之后，和其他故事类型，如瓜子姬和羽衣的故事类型相结合，变成了现在的形式。柳田国男指出，"画中女"类型的故事不是日本固有的民间故事，而是从其他国家流传过来的。

3. enbu（エンブ）的因果报应

在九州也有画中女的类似故事。在丰前筑上郡等地的人们把那个幸福的女婿的名字叫"enbu"，伴随着这个，流行叫"enbugafuu"的谚语（《乡土研究》三卷九号）。"enbu"与中部日本方言"enba"相同，指偶然的事情。

从前有一个叫 enbu 的穷人。人却很孝顺。富翁的美丽姑娘自愿嫁给了他。自从结婚后 enbu 一刻都不愿意离开妻子，也不到田地里劳动了。父母亲请画师给那个女人画了画像。从此 enbu 把妻子画像挂在田边树上边看边劳动。有一天刮来一阵风把画像卷走。画像正好落在国王庭院前。国王到处寻找画中女人，终于找到 enbu 的妻子，把她带回都城。enbu 虽然追到都城，但不让他进城门。一年后他得知国王在为数众多的卖菖蒲的人中叫最早到的三个人进官殿亲自买菖蒲。他装扮成卖菖蒲的人，天明之前到城门外等候，被叫到国王官殿前。见了卖菖蒲的人，一次都没有露出笑脸的国王妃子笑了。国王第二天也把卖菖蒲的叫过来，为了看见王妃的笑脸，和卖菖蒲的人换穿衣服，国王假装在自己庭院里卖菖蒲。这时到了退城的时刻，不知情的卫士把扮装成卖菖蒲的人的国王赶出城外。于是 enbu 当上了国王，和最爱的妃子一起永远生活在城里。②

---

① 《定本柳田国男集》（日文）第 8 卷，第 191—192 页。
② 同上书，第 193—194 页。

柳田国男认为，以上三则故事出自同一个故事原型。

肥前的南高来郡也有与上述三则故事一半相似的故事。有趣的是前半部分和《流鼻涕鬼小僧》的前段复合。

> 从前有一个贫穷的男子，在岁末卖某东西卖不出去，回家时投进海里去了。第二天龙宫使者来迎接他去龙宫做客，他娶了龙宫的美丽姑娘做妻子。由于妻子太美丽，他不想外出劳动。后来请画师给妻子画了画像，把画像夹在竹子上立在田边，边看边劳动。有一天画像被大风卷走，落在王爷院子里。王爷给他出很多难题，如果答不出来，就霸占他妻子。每次难题都是靠妻子的智慧解开，夫妇一起幸福生活很多年。①

这则故事与上述的三个故事有点不同，贫穷的主人公和王爷或国王换衣服穿的母题被替换成难题型母题。

4. 中国的"百鸟衣"故事

中国也有与上述卖桃子故事类似的民间故事。中国民俗学者江帆在《忠贞妻子的奇谋——"百鸟衣"故事解析》中对中国的"百鸟衣"故事和日本的"卖桃"型故事进行了比较研究。"百鸟衣"故事在中国广泛流传。此类故事的梗概为：一个穷人娶了一个美貌妻子，迷恋妻子不想劳动，妻子画肖像给丈夫随身携带到田地里劳动。不料肖像被风卷走落到王爷或国王手里。王爷或国王强行娶穷人的妻子为妃。美女入宫前，嘱咐丈夫让其捕捉百种鸟用羽毛制作衣服，再种植怪异的蔬菜到京城去卖。丈夫依照妻子的嘱咐，制作百鸟衣，种植怪异的植物，到京城去卖。美女凭借智慧与丈夫团圆，并除掉昏王，让自己的丈夫当上了王爷或国王。

在民间流传中这一故事也称为"羽毛衣"，或因女主人曾以画像出现在情节中，又称"画中女"或"画上媳妇"。在丁乃通编撰的《中国民间故事类型索引》中，这类故事被选入一般民间故事中的 AT465A 型，名为"百鸟衣"。在艾伯华编撰的《中国民间故事类型》中，以同名收入，被编为 195 号。丁乃通的索引中辑录有这一故事的文本线索 82 例，足见该

---

① 《定本柳田国男集》（日文）第 8 卷，第 194—195 页。

故事在我国广为流传的状况。①

"百鸟衣"型故事在我国多民族中都有流传。其中有代表性的文本有汉族的《张打枪当皇帝》《百鸟衣》《丈二韭菜盘龙笋》，羌族的《画像》，苗族的《没娘儿》，满族的《百鸟衣》，藏族的《百雀衣》，瑶族的《百鼠衣》等。满族故事《百鸟衣》中讲述，青年猎手得叶尔为了给母亲治病，祈求门前的大柳树。柳树仙子果然为其母治好了病，并与得叶尔成亲。婚后，得叶尔迷恋妻子一刻也不想离开美丽的妻子。柳树仙子就把自画像给丈夫带在身上去打猎。得叶尔在山上边看画像便打猎时，风把画像吹走，落入国王手中。国王派人按画像找到柳树姑娘，强迫她进宫做娘娘。姑娘临走时交给丈夫一包韭菜籽，让他种下这韭菜，百天后到王宫去卖。再每天打一只鸟，百天后用百鸟羽毛做成羽衣穿上进城。姑娘装病，说此病只有吃了三尺长、扁担宽的大韭菜才能好。国王四处寻找此菜，正好得叶尔担着大韭菜进城叫卖。国王的手下将穿着百鸟衣卖大韭菜的得叶尔叫进宫中。姑娘看见得叶尔就笑了。国王问姑娘为什么笑，姑娘说羽毛衣十分好看。国王为了讨好姑娘的欢心，就与得叶尔换了衣服。国王穿上了羽毛衣，得叶尔穿上了龙袍。姑娘非常高兴，又让国王挑起担子出宫门叫卖菜。国王绕了几圈返回宫门时，身穿龙袍的得叶尔坐在龙椅上发号施令，让手下将这个擅自闯宫廷的卖菜人杀掉。从此，得叶尔当上了国王，柳树姑娘当上了娘娘。

满族民间故事《百鸟衣》的情节与日本的卖栗子型和卖桃子型故事很相似。只是故事的开端部分具有特定的民族特征。满族的《百鸟衣》故事的开始部分反映了满族树木信仰，而日木的卖栗子型故事是与日本著名的民间故事瓜子姬的故事复合。卖桃子型故事是与日本另一则有名的故事羽衣仙子故事复合。

江帆从比较故事学的角度比较研究中国的《百鸟衣》(《画中女》)故事与日本的《画中女》故事中的卖桃子型故事。她指出，"百鸟衣"故事在日本境内有两个亚型广为流布。两个亚型的共同特点是都有"画中女"这一母题，只是在故事的后半部分丈夫寻妻与之见面时，一种亚型与中国的"百鸟衣"型故事相似，另一亚型与"难题问答"型故事复合。

---

① 　转引自江帆《忠贞妻子的奇谋——"百鸟衣"故事解析》，载刘守华主编《中国民间故事类型研究》，华中师范大学出版社2002年版，第627页。

"百鸟衣"故事在日本又称"画中女·卖桃"型故事。在《日本昔话大成》中，这一型式被编为120A，即AT465型。该型故事在日本分布很广，《日本昔话大成》中辑录有29个市郡采录的不同文本，充分反映了该故事在日本的分布状况。日本的"卖桃"型故事的情节要素集中表现为两点，即：前半部都是美女画像被风刮入京城宫中；后半部必有"换衣""卖物"，进而夫妻惩治国王的情节。在日本的这一型故事中，关键的情节是"换衣""卖物"，而不在于换穿的衣服是否是百种鸟羽制成，所卖的东西是否奇异。在这些方面，中日两国的这一同类故事存在着一定的差异。①

江帆说，"百鸟衣"故事之所以在中国民间具有深厚的传承基础，在于这一故事畅快地表达了民众的精神意愿。故事中有两个要素十分符合中国普通民众的心理愿望：一是穷汉娶上美貌妻子；二是穷汉也能当上国王。在口传故事中，人们尽可以自由地运用想象，以十分轻松的喜剧情节轻易地达到目的，以缓冲一下精神上的压力，抚慰和平衡无助的内心世界。②

5. 糠次郎

柳田国男说，在地方有独占民间故事的倾向和模仿其他类型的民间故事例子的态度，所以很难找到故事的本源。关于民间故事的传说化问题，他举了有关白米城的故事例子阐述了自己的观点。简而言之，听众与故事讲述人对故事的思考方式不同。故事讲述人想活用自己学到的外国的例子。与此相反，听众抱着对"讲述内容的真实性"的关怀，尽量从身边寻找纪念物，排除难以置信的部分内容，有时进行善意的改定增补。所以在不了解民间故事的实际情况下，不可能考虑大多数传说的成立问题。

叫作安积郡片平村的大町的地方流传着一则画中女的故事。

很早以前叫作糠次郎的贫穷男孩长大后，娶了富翁美丽的姑娘为妻。糠次郎迷恋妻子，一刻都不想离开妻子身边，一点都不想去劳动。田地里长了很多杂草。妻子画了自画像夹在竹子上让糠次郎拿到田地里劳动。糠次郎把妻子的画像立在田边，边看边劳动。有一天刮来旋风刮走了画像，画像落在奈良都城。有个叫作葛城王的皇子捡到了画像，到处寻找画像上

---

① 《忠贞妻子的奇谋——"百鸟衣"故事解析》，第633—634页。

② 同上书，第634—635页。

的美人，终于在糠次郎家找到了画中女，把糠次郎的妻子强迫带到都城。糠次郎悲伤地与妻子分开。妻子思念丈夫，夜里偷偷离开宫殿，把衣服挂在猿泽的池塘里的柳树上，回到遥远的安积郡。丈夫悲伤而死去之后，妻子也跳进浅香沼自尽。后来她的尸体浮在安积的池沼里。①

柳田国男认为，从故事主人公的名字可以推测这则故事比较古老。主人公的名字叫糠次郎，是贫穷的农民的绰号，形容靠吃糠维持朝不保夕的生命，并像物草太郎一样又穷又懒惰。画像的情节是故事讲述人自由的构思。这则故事与其他画中女的故事相反，结尾以悲剧告终。画中女的故事变成悲伤的传说遗留下来。这是民间故事，与具体地名结合后变成了传说。

---

① 《定本柳田国男集》（日文）第 8 卷，第 196—197 页。

结　语

　　《柳田国男民间文学思想研究》由《日本民俗学界研究柳田国男民俗学思想述评》《国内译介和研究柳田国男民俗学思想述评》《柳田国男与日本民俗分类》《柳田国男民俗学与重出立证法》《柳田国男民间文学研究》和《柳田国男与〈桃太郎的诞生〉》六章构成。

　　第一章《日本民俗学界研究柳田国男民俗学思想述评》中主要梳理和评价了日本民俗学界研究柳田国男民俗学思想的状况。在日本介绍和研究柳田国男民俗学思想的论著众多。以福田亚细男、川田稔、新谷尚纪、后藤总一郎和室井康成为代表的日本民俗学界从各自的研究视角梳理和分析柳田国男民俗学思想及其背后的理念，高度评价他的民俗学思想对日本民俗学发展史的巨大贡献的同时，提出了各自的批评。其中福田亚细男的研究最体系化，福田亚细男的《柳田国男民俗学》和《日本民俗学方法序说——柳田国男与民俗学》是最系统、全面、深入地评价了柳田国男民俗学思想的两部著作。其中《日本民俗学方法序说——柳田国男与民俗学》的中译本的问世，促进了国内柳田国男民俗学思想的研究。

　　第二章《国内译介和研究柳田国男民俗学思想述评》中主要梳理了中国民俗学界译介和研究柳田国男民俗学思想的状况，并进行了简单评价。近几年以来，国内柳田国男民俗学思想的译介和研究取得较好的成绩。《民间传承论与乡土生活研究法》、《远野物语·日本昔话》和《日本民俗学方法序说——柳田国男与民俗学》等重要著作的中译本的问世以及《日本人论——基于柳田国男民俗学的考察》的出版标志着国内柳田国男民俗学思想的译介和研究成果。虽然《日本人论——基于柳田国男民俗学的考察》的研究方法不完全是民俗学的视角，但该著作中很好地组织和梳理了柳田国男民俗学研究成果。

第三章《柳田国男与日本民俗分类》中主要介绍和分析了柳田国男的三部民俗分类法。为了整理杂乱无章的采集资料（包括文献资料），阐明社会现象的变迁，并更加清楚地预计将来采集的目的和计划等，提出根据民俗学者或研究者接近和了解民俗对象的自然顺序和行为，把民俗分为用眼睛看和记录的"有形文化"、用耳朵听的"语言艺术"和用心感受的"心意现象"三大部分。有形文化是最容易理解的民俗现象，任何一个视力正常的旅行者完全可以看到，并记录的民俗现象，因此柳田国男把有形文化又风趣地叫旅人学。了解语言艺术民俗现象具有语言条件和时间的限制，懂得当地语言的外地人或者旅行者必须在那个地区逗留一段时间，才可以记录自己听到的民谣、传说和故事等的语言艺术，因此，他把第二部门的语言艺术称为寄居者学。唯独第三部分的心意现象，是看不见、听不到的，是只能用心去感受和领悟的民俗现象，宗教信仰、价值观、道德观和思考方式等人的内心的感觉是旅行者和寄居者无法感受的民俗现象。只有长期生活在那片土地的同乡人才能用心灵去感受和领悟它，因此柳田把第三部门心意现象称为同乡学。

第四章《柳田国男民俗学与重出立证法》中主要介绍和评价了柳田国男的民俗研究方法。日本民俗学是以柳田国男为中心形成的。日本民俗学界习惯于把柳田国男提倡、指导和实践的民俗学称为"柳田民俗学"。柳田民俗学的基本立场是试图阐明普通日本人的日常生活及其历史文化变迁。柳田国男认为民俗学是产生于历史学，并从历史学中独立出来的学问。柳田民俗学的主要研究方法是历史研究方法，即重出立证法。重出立证法是通过对从全国各地采集获得的资料进行综合、归纳、分类和比较研究，阐释日本历史文化的变迁和发展。

第五章《柳田国男民间文学研究》中主要介绍和评价了柳田国男神话研究、民间文学概念的界定、民间故事概念的界定、民间故事的基本特征、民间故事与童话、民间故事与说话、世间话和传说等的关系以及民间故事的分类等故事学理论问题。并梳理了柳田国男民间故事的完形和派生二分法理论以及民间故事的搜集整理原则。柳田国男介绍欧洲民间故事的分类，在阐释欧洲民间故事的分类方法不适合日本民间故事的分类的观点基础上，提出了自己的日本民间故事分类方法。并系统论述民间故事各种类之间的关系。

第六章《柳田国男与〈桃太郎的诞生〉》中主要介绍和评价了柳田国男对日本著名民间故事《桃太郎》的研究及其对桃太郎的诞生问题的探讨。柳田国男通过对《瓜子姬》《开花爷爷》《撒灰的爷爷》《流鼻涕鬼小僧》《踵太郎》《咔嚓咔嚓山》《猿蟹合战》《蛇女婿》《田螺富翁》《邻居的寝太郎》和《五分次郎》等与桃太郎相似的民间故事的相似性的分析，阐释了桃太郎的诞生问题。柳田国男的归纳和比较民间故事的研究方法对世界民间故事研究作出了重要贡献。

柳田国男不仅奠定了日本民俗学基础，而且他的研究成果影响整个亚洲国家民俗学。因此，介绍和评价他的民间文学民俗学思想具有很高的现实意义和创新意义。日本民俗学界涌现出众多系统、深入地分析和评价柳田国男民俗学思想的学者。但国内至今还没有一部系统梳理和评价柳田国男民间文学民俗学思想的论著。可以说拙著《柳田国男民间文学思想研究》是国内第一部较为系统介绍和评价柳田国男民间文学民俗学思想的著作。

考察和研究柳田国男民俗学思想的论著中缺乏对他的民间文学尤其是民间故事和传说研究思想的讨论和评价。即使在日本也是评价柳田国男民间故事和传说研究的论文罕见。笔者以为，柳田国男对日本著名民间故事桃太郎以及相关的民间故事的研究方法，不仅在日本民间故事的研究，而且在中国民间故事乃至世界民间故事的研究有很高的借鉴价值。柳田国男的民间文学理论研究和个案研究不仅极大地丰富了日本民俗学理论和实践，而且丰富了世界民俗学理论和实践。因此，笔者认为，系统介绍和评价柳田国男的桃太郎的研究方法和研究思想具有重要的创新意义和现实价值。另外，柳田国男民间故事完形和派生二分法思想以及民间故事的搜集整理方法等故事学理论思考都是今天中国民间文学界值得借鉴的理论资源。

书库工作的准备

[日] 柳田国男著，乌日古木勒译

一 书库的迷宫化

时常听到书库成了迷宫这样的话。但这是新的现象，以前人们抱怨文献的贫乏。近来，进了书库也是资料杂乱无章得让人不知所措。广义的史学者普遍为书库成迷宫而感到烦恼。今天从文献来说，关于近代记录其实有很多搜集，似乎材料过多。即使江户时期也是前期和后期在文献数量方面有很大差异，后期文献比前期不止多十倍。到了明治时代岂止是十倍，百倍都有。各种资料急剧增加的情况下，不允许其管理方法持续原来的繁杂状态。以贯通纵横研究镰仓时代的态度，试图研究江户时代的事情，显然用毕生精力也不会成功。仅仅一个问题就必然使一个人研究到老。

一方面资料的众多让研究者怀有饱和感。再有能力的人想充分掌握这些资料也很难。因而满足于现状。而且面对其他方面坦率的疑问，研究心变得迟钝。看年轻的史学者，甚至给人依靠资料在行动的感觉。他们抛弃自己坦率的质疑和自少年时代就怀着的疑问，似乎连反思都没有就被资料牵着鼻子走，实在只能说十分遗憾。书库的迷宫实际无论入口还是去处，甚至连中途的路也搞不清。我以为史学从最初就有这种倾向。历史无论什么时候都被称为尚古派的武器，如同老人的护卫者一样，成为说古的事物。而且人为了不限于目前新文化，经常具有强迫记忆意外事物倾向。然后忘记作为某某人的要求，引向另外方面，甚至把其理解为学问的义务。只有这些是有必要的，只有这些是必须记住的，恐怕这是用口头传授历史时代的遗传。实际历史不是与寻求者的求知欲正好一致的学问。不只是日本，无论哪个国家也是，从历史具有偏向于人传记的倾向看，这一点也很明显。从很多地方史是名士传记或者充满着个人主张来看，也应该说表现了历史的这一倾向。如果资料过多，今天的史学不能忍受其沉重的压力。

不得不承认史学与民间传承学问之间存在着互惠关系。如果我们不依靠历史的恩惠，也许不会懂得过去遥远的事情，而且为了认识到事物以及社会文化变迁进步的痕迹而不得不浪费很多时间。我们依据史学认识了事物的沿革。换句话说，民间传承这门学问也是依据史学的暗示和指示成长。虽然今后，我们想从史学这片沃野中分离出来，独往独行，但把我们领进杂乱无章、渺茫的前代知识波涛汹涌的海里，而且撒开我们的也是史学，可以说我们现在深受其害而正在痛苦。然后，今日的民俗学承担着史学不能处理的事情。

如前所述，民间传承学问是反抗史学任性态度而发生的学问。我们为了避免被书籍指导而失去自己想知道和想得到的事物，而寻求书以外的真实。在那仅有的年月间，自己也为这书库的沉重负担而呻吟。比任何其他学问的研究都更杂乱无章的是，价值大小不同的各种各样的材料，在我们的学问中过多。正因为比史学的文献更杂乱无章，更加繁杂。实际上以前我们对史学的烦恼隔岸观火，现在却自己不得不为更多的繁杂而感到痛苦。其理由本来很多，正因为对这个学问提供文献容易，其繁杂也是更加严重。尤其是出自少年的著述有可能很多。就连片假名写的"手毬呗"的搜集都足够成为研究材料。歌、俳句中作为神童文艺出现六七岁的天才，创作歌和俳句多少需要些教养。但是民间传承学问中，就连平庸的人也许会写出好资料留下来。农民只要会写字就能成为很好的记录者。我们有着就连那些都不能忽略的担心。然而，由于材料范围广泛，虽然拥有多数文献，但还不得不因得不到的资料而苦恼。现在我正在忍受着这样的苦恼。

材料变多，而且最近到处涌现印刷物，作为图书收藏家必须艰苦奋斗。加上现在是古旧书店活跃的时代，通过书名扰乱人心的事情很多。况且，书价像恶作剧一样地提高。实际上乡土研究的流行助长了古旧书店的狡猾，我们常常因与我们需要的书名相似的书籍而苦恼。要说这是我们自招的事情，也许过于讽刺。古旧书店活跃的原因是，书库内的资料杂乱无章，还没有得到整理。

二　记录整理的声音

率先呼吁民间传承资料和文库整理的是在国外也是内行的大学老师们。把众多汇集的极其繁杂的材料，尽量想要好好分清楚，也可以说是经常被杂乱的资料困惑的结果。瑞士的霍夫曼·卡赖尔（Hoffmann Krayer）刊行的年鉴是其中一例。这是文献目录，只刊登书籍的题目，根据这个目录收集文献的人变多了。但是这个目录以英德法国文献为主，虽然也包括俄罗斯、斯堪的纳维亚半岛以及丹麦文献，必须说仅这些文献没有把握。大概只汇集了欧洲文献，所以这些国家以外，例如犹太和中国文献就不得而知。把白人以外人种中也存在很多资料的学问，只通过白人的言语寻找资料是存在很多问题。如果从我们的角度说，除去对这个学问没有起到重要作用的日本，还存在什么国际文献目录呢？今后的年鉴如果不收进日本文献就不完整。无论如何必须收进。从这一点思考也是必须说，世界民俗学的成立是遥远将来的事情。因为这个学问不管怎么说以人种为单位，所以首先有必要做到一个国家内的资料整理。只有各国文库得到整理之后，世界民间传承的整理和分类才有可能实现。说起外国人是什么，立刻就说共同的（universal），但那是说只有他们知道的范围，说其范围以外的事情，他们的知识就不得不破灭。把资料在各国整理，依次迅速翻译较好。至少以一个语言、一个人种为单位，成立一套知识的共同体，之后应该进步到国际性协同。在德国霍夫曼·克莱尔也参加，成立德国民间传承研究团体联合（Verband deutscher Vereine für Volkskunde）。瑞士、荷兰、捷克、德国和苏格兰也加入，形成了纵向联合。还有在芬兰的赫尔辛基大学的安蒂·阿尔奈（Antti Aarne）主办的比较通信联络（Communications comparatives）。

由于日本是单一语言单一种族的国家，所以在国内整理很简单、轻松。我们必须首先做那件事情。如果任凭资料像今日繁杂的样子不管，这门学问的发展就没有把握。实际今日状态是我们因必读的资料多而重复，感到很烦恼。中央存在学会，成为国内联络机关，而且率先整理这些杂乱无章的资料，我们必须恳求为这门学问的发展而尽力。但那样的恳求也许为时尚早。只做好自身准备是有必要的。即使那样，重要的是在整理中资料的分类自然合理。分类中必须注意原有的过去资料和从现在被发现的两种资料。自己想要把过去记录分成三种，即根据记录性质区分为计划记录、偶然记录和采集记录三种。

历史本来不像我们足迹一样无意识地遗留于后世。历史被写下遗留下来，都有当时的理由。几乎一个都没有想到，后世千百年之后，有人疑问和好奇这样的事情，而预先对其做出回答的事情。其动机也是大体出自作者的目的，从伪造的系图和伪造的征文到寺庙的缘起，乃至诸技艺诸流派的渊源书之类，至少没有写对自己不利的事实。把这些命名为计划记录。所谓偶然记录是想把文字援用于阐明计划以外的问题时，临时命名的名字，今日史学大多利用这部分材料。最后的采集记录可以说是一种计划记录，采集记录中完全不存在对于一、二百年之后疑问的预想。但是采集记录的材料具有客观价值，以将来理应成为有长久价值的资料为目标。本来至今的采集中目的散漫，或者局限于小局部的不精确的资料也多。或者也许存在几分虚伪和自己的标准。我们要求的民间传承采集记录性质内容是，我们长期被经验养育，逐渐强大起来的一种推理，即"与日本人具有日本人的相貌和骨骼特征，说日本语，住所谓日本式的房屋一样，其自我的很小举动、表现和内部感觉等中也是，必须存在若干历史痕迹，总之因为某某乡土住民后裔，所以多少遗留着生活特征"。虽然有些模糊，但是适合民间传承学问要求的材料的采集，理应建立在这样的假设上。

三　计划记录

我们对计划记录的态度是首先必须与既往史家不同，必须充分考究利用和接纳这个道理，即计划记录的重新认识是最有必要的。原来计划记录中有名和没有名的事物并存，如其计划也千差万别，存在着自己的标准，如同笔录者的不同一样，其态度也各自不同。例如在宫廷的官员，他们为了留给后代而写下的日记类，笔者的心情各自不同。真正地读懂这个，知道中世纪人心情是有意思的事情，但做那个事情的人看样子不多。重视这样的计划记录，即使只想关注事件，但还是往往忽略很多大事。日记其数多，其中有简单的，但不能说因为那个无用而不回顾。如御堂关白的日记，提供了对我们有必要的很多知识。赖长的《台记》是利用的人到处断断续续地使用，但只有那个记录遗留得不多。记录宫中年节礼仪的文献保留的很多，但除了式部官那些人，很少有人利用。一般人不懂其有趣的地方。《中右记》等对我们的学徒也重要，是了解院政时代中等贵族日常生活的好资料。详细地记载着闲暇时贵族们在京都近郊旅行或娱乐等。通过这个也能获得地方性知识。后来有趣的文献还有定家的《明月记》，再往后有后崇光院的《看闻御记》。后者是记载了与政治无关的人的平常生活，具有如采集记录的价值。还有《山阶言继卿记》中描写了贫穷时代的公卿们的地位和生活，其他《实隆公记》、《满济准后日记》和《大乘院杂事记》等也是应该尊重的计划记录。作为民间传承的资料，这些计划记录在研究宫廷的礼仪方面很重要。虽然存在很多担忧，但解释说明与皇室共通的常民习俗，能够从这方面得到很多资料。

计划记录只传授其执笔者个人计划，但我们不能疏忽它，有必要以与既往学者不同的心情读。书籍原本是孤独的，只有仔细阅读的人，才能真实地利用书。可是正是通过书籍，民俗学的宗旨开始明确。但这只不过是我们学问的应用。限定的目的中，例如只有为了即位仪式时等利用或所读的书籍，随着在不同意义上的读，读古书的兴趣越发增加，并且古书解释的技术也在进步。这些历代记录的内容使我们探索便利，再使我们容易读懂是最有必要的事情。希望通过完成这样记录的索引，推进我国学术的进步。如朝日新闻社完成的附索引《六国史》的刊行，希望作为大学或者国家事业给予树立计划。让学者把这样的记录从头到尾读的要求很难达到。有必要用新的眼光看这些记录。至少可以把一百二三十种日记类的文献，按照年代排序，根据使用者的需要认真地进行整理。

因为计划记录大多是强行推销个人兴趣，所以也有人主张应该废弃利用它。前人的选择中自己有共通的部分，还有不同的，这些都可以成为我们新知识的材料。近来关于佛教书籍内容的逐个研究在进步，《灵验记》或《因果物语》等，都举了很多今日佛教徒轻视的事例。看中国的《法苑珠林》或《日本灵异记》和《法华灵验记》等都同样。通过这些记录我们能够知道其具有的重大意义。我们可以不把这些记录认为计划记录，作为偶然记录收纳。佛徒写完留下的记录中，想特意感谢的是中世纪以前的常民生活。在《地藏灵验记》和《沙石集》中详细地记载着农业经营的集团生活的实际情况。因此我们不能一概轻视计划记录的理由有很多。犹如《群书类从》中有很多合战记，其价值与采集记录没有不同。正因为古老，更加有价值。正因为战争与生死有关，所以在人的生活工作中没有如此大规模的事情。随着平常丝毫不表现的人类心理遇到战争就表现出来。然而相同的心理，如果仅仅在一两个记录中表现，就考虑为特别的例子。在多数战记中表现时，认为与采集记录相同。例如战争前后多数人一齐发出的呐喊声——胜利时的欢呼或者战争出发时血祭的呐喊也是，因为我们耳朵习惯了，所以没有发觉今天还在继续的事情。还有，军事记种类中很多战胜者高兴地拿着敌人的头颅回归的事或检验首级等，在西洋的记录中没有。把这个理由与台湾的蛮人或新几内亚（New Guinea）土著人的猎取人头的事结合思考，可以说是世界民俗学上的大问题。还有在日本文化史中起着重要作用的妇女勇气——只有有了神功皇后的鸿业和北条政子的政治手腕，再加上巴御前、版额的强力等，才能附和在九州、东北等各地看见的，恐怕离温柔、贞淑很远的女性性格的说明。在古代日本，结婚前后女人的责任范围不同。女人的美德不仅是贞淑，女人有时也需要胜过男人力量的事情有很多。那是诸侯嗣子多为依靠继母，封建时代长久地持续，从顺成了女人美德，这个习惯在庶民中也逐渐渗透，使日本女性的禀性发生了变化。这一定是在日本文化史上具有重大意义的变化。仅依据这些例子也很明显，军事记、武士道和交战记录给我们很多有必要的暗示。

采用计划记录不能光想知道计划的内容。看复仇的记录，力图记录了残酷的一面。但是我们没有必要只局限于读那一面。如果我们留意写完留下的人的意图不同的一面，战记物和佛教的记录各自都成为给我们暗示巨大事实的材料。我们认为计划记录中的事实不是欺骗人的，我们的依据在那里。我们的态度与复古党有着根本的不同。我们不会尊重把计划记录只当作编辑的历史。水户的《大日本史》是原封不动地继承从前的计划记录，《皇朝史略》又原封不动地采录了《大日本史》。今后我们有必要重新认识计划记录。

四　偶然记录

记录必然有计划。如果把这个记录利用于其他目的，即成为我们所谓的偶然记录。也可以说，历史与民俗的本质差异也在于是否采用这个偶然记录。所谓偶然记录这一词是我们新采用的，只是名字从古就有，其种类也不少。白人三百多年来的《日本见闻记》，到了最近得到重新翻译，还有松下见林的《异称日本传》和山本北山的《日本外志》得到编辑，我们被偶然意外资料的出现唤起了兴趣。但从其中得到的知识，只限于一种有效暗示，仅仅把这些作为根据，不能说明过去的历史。偶然记录有时存在杜撰多、固有名词错误、记数不精确、内容夸张等问题。把偶然记录直接作为资料采用是很危险的。把偶然记录作为资料采集时，有必要充分斟酌危险。如水户的《大日本史》，直接利用偶然写完遗留的资料和出土的金石文。从我们的角度说，利用偶然记录，然而不采用文字以外的资料是奇怪的事情。大学史料编纂所实际就是如此可笑。《大日本史料》的第十二卷大致用这个偶然记录，不仅把广泛的小说等作为材料，连"顺便"写的这样风格的记录也都采录了。我想到江户末期，把杂乱无章的材料当作史料的事情越来越多。史家总是不选择材料，就连关系远的材料也直接利用。例如农民史，即使在农商务省查看编辑的记录也是，除了江户时代，院政时代以前的资料较多，源平以后特别是进入足利期几乎没有遗留下文献资料。因此史料只是从前的详细，必须跳过中世纪数百年的历史。然而上代的央料光有历代诏书，农业是国本的说明，免征税和修水池的记录。跳过江户时代记录看，农民武装起义的辩解和饥荒年救助的要求的文字以外，没有任何记录。因此，立志于历史的人不得不求助偶然的史料。

江户时代是学问兴盛时代，我们应该特别注意的是出现市民学者的事情。学问本来是公共事业，江户后半，在天明和安永的新时代，产生了专业领域完全不同的民间学问。他们想以他们独特的态度对待历史。而且将从我们希望的所谓率直的疑问出发。大阪的村濑栲亭的《芸苑日涉》等虽然是用汉文写的，但记录的是京都大阪的市井杂事，特别是对衣食住日常生活状况的观察非常有趣。在江户时代更是学问在市民之间也普及，修屋顶的瓦匠、制作和经营草席的师傅或老板，烟管店的店主，或者旅馆和茶馆的老板等，如果是博学多识的读书家，也可以兼当完全形式化的旧学风的破坏者。担任着把武士从达官贵人和僧徒那里夺取的学问，让一般平民继承的架桥作用。山东京传的《骨董集》和《近世奇迹考》、柳亭种彦的《还魂纸料》和《用舍箱》等是当时的通俗小说家们特别注意现实社会面貌，并且寻找说明其由来的书籍。泷泽马琴的《玄同放言》和《燕石杂志》之类是炫耀学问的书，但从普通人日常疑问中选出题目，并力图将对这个做出回答这一点是进步的。喜多村筠庭的《嬉游笑览》是脱离随笔漫录的领域，成了一个有系统的专业书，是我们推崇而佩服的地方。著者的心情在于收集记录儿童生活，最初好像主要以他们的游戏、玩具、童谣、歌和昔话为中心开始研究。其然后逐渐从糕点、年糕以及其他食物、住宅的结构，到衣服、女人发型、售品、戏剧和妓馆区的事情都收进。由于后来作者重新排列这些内容的顺序，所以著者的本意只有从书名看出。总之偏偏只选择以前学者不做的事项，特意当作问题是卓见。这些材料的三分之二以上都来自对古俳句和歌及贞门和谈林派的俳句或绘图小说、描写商人生活的绘图通俗小说等。

这一流派的人们显然具有使江户学风发生变化的力量，并且告诉我们世上任何一个微妙的小事情都不会毫无意义地发生。而且教给我们只有社会事实才能成为历史材料的道理。明治时代的学者必然从这里经过。若看田口卯吉的《社会辞汇》等就会产生那个感觉。这样新学风的弊害是，故意将要以对微小的毫无意义的事情的兴趣为主，不久风流变成放荡，由于只写戏剧或艺妓、美人的事情，变得与初衷完全不同。这是因为妓馆区文学发达，为永春水、梅暮里谷峨等的誊写板的书流行。但其根源是受到所谓连孩子的事情都能成为研究对象的影响。绿树园石川雅望的《关东口音》和《都之风俗》也在这样气氛中完成的，此外，在幕府末从江户去新潟的汉学者寺门静轩的《新潟繁昌记》，还有，成岛柳北的《柳桥新志》等也可以说是这类记录。总之学问的视野扩大，产生了可以拥有任何兴趣的风格。也可以说偶然记录对特殊研究起作用的根源在这里。

也可以说俳句是日本文艺一种变态的产物，外国人是绝不能懂的。它是从连歌继承了血脉。其连歌的根源不太清楚。我想大概从对唱产生。每半句对好连接的文学。最初只有被不喜欢生硬学问的人拥有称赞，同时又采集任何民间卑微小事让它变成文字，并且以此作为生命的文学。连歌中有柿子树和栗子树的根源，俳句是发起于反抗风雅，自古以来就是卑贱者扬眉吐气的文学。看其历史也是山崎总鉴和荒木田守武等的戏剧不满足于取胜的俳句，兴起了贵族也懂得其趣味的贞门派，厌倦贞门派完全是规则的让人瞌睡的俳句，诞生了奔放的谈林调，不久蕉门兴起，某种程度的稳定，产生了与风雅相对的一种类型。芭蕉《七部集》中《冬日》是更接近谈林风格，越过《旷野》超过《猿蓑》到《炭俵》，认真详细地使用浅显的题材，真实地记录了常民生活。芭蕉的旅行给他提供了农民和穷人生活的很多材料。虽然说俳句写实，但它表现的不仅仅是语言上的事实，而是因为其内部感情、情绪——农民等的心意活动，所以可以说作为偶然记录的价值极高。俳句的连句，具有背叛老师的预想说离奇古怪的事情的兴趣。所以描写脑海里所有的影像。创作俳句的人在旅途中受苦也是为了那个。在有限的短句中，充满了预想不到的生活记录。虽然可以说，贞门、谈林和蕉风具有各自特殊的趣味，但谈林离奇的空想和芭蕉的《冬日》的内容作为偶然记录的资料价值低。即使那样，芭蕉的旅行记有限，没有涉及九州地区很可惜。天明年间的俳谐，仅追随蕉风这一点作为偶然记录的价值比例少。

日本村落的记录极少，大家都在抱怨研究资料缺乏，在俳句文学中能够得到其中一方面的资料，不得不说至少也是我们的喜悦。在日本没有引进棉花以前的村落生活中，遗留着尚未说明的几个问题。随着在诸国稻麦等脱谷用的一种道具叫作齿耙子的传播，农村生活时代面貌发生了很多变化。在《芭蕉庵小文库》中的连句中说：

> 帷子は日々にすさまし鵙の声
> 籾一升を稲のこき賃
> 蓼の穂に酱の黴をかけ分けて

我想这是披麻衣的寡妇来帮着挡稻穗听到百舌鸟叫，得到一升稻谷，并被主人盛情招待而离去情景的想象。随着齿耙子的出现，雇佣女人挡稻穗工作已经没有必要。我们应该注意到在俳句文字中编入五代、七代前的重大事实。还有，与俳句有着深厚关系的所谓市井文学，西鹤等的风俗小说之类也是隐藏着这方面的很多重要材料。

这一点的考究不能说是我们的发明。这全靠江户市民学者的伟大感化。但过分尊重偶然记录被误解。世上的文献派精心地、坚持不懈地调查偶然记录，那是只追求稀奇事情的所谓随笔学者。也可以说像今日书库状态，那也是没有办法。随笔学问是对业余文学艺术爱好者最理想的学问，确实拥有其长处。可以说提出我们至今没有当作问题的事情，给予我们暗示的也是随笔学者。我们通过利用随笔学问得到了很多利益。像日本文库杂乱无章的状态下，自作聪明地说谎会使学问颓废。虽然学问的气魄在失去，但有学问修养的人——称为名誉教授这样的人，出面担当这方面的工作，我认为实在是很好的事情。因为偶然记录中，好在完全没有保存的计划的东西，所以容易散佚。这一点首先有必要考虑。使文库更加混乱，排列含有各种各样材料的古怪书籍，应该说是随笔文学的罪过。马雷特（Marett Robert ranolph，1866—1943，英国人类学家）说的"There is a real danger lest anthropology on the social side be too bookish"，应该值得我们深思。我想这是对他的老师弗雷泽等的批评，或者表现了法国学者们对书斋式学问的反感。无论如何决定对那个杂乱无章的文献资料的态度是制定我们学问的方案。在这种混乱而无方针中，试图抢先立功名就成为随笔家。虽然我们是在奔赴自己的爱好，但应该注意像生物学那样，在具有统一控制的分类中，分担其中一部分。

五　采集记录

关于采集记录应该首先思考的是把过去资料划分为第一期，对其进行整理，在充分知道既往采集进展到什么程度的基础上，才能进行下次有目标的采集。直到今天的民间传承的采集有分门别类过深的倾向。例如有人对生殖崇拜习俗的采集相当深入。然而用一点也没有普遍性的方法，随心所欲地在，开展采集工作。照这样下去，到了什么时候也采集事业不能进步，学问也不会发展。当然涉及所有的地域，把所有的项目一点不留地采集完是不能实现的建议。这部分好像很快要消失，所以早点采集。这部分重要，所以赶紧记录下来。以这样的风格，分清轻重缓急，考虑前后的事情本来就有必要。采集根据地区侧重，根据传承的种类有没有着手做的东西。或者有的地区没有胜任的采集者，即使有采集人员也是采集到的资料多是些杜撰、编造的东西。实际采集中存在不均匀和阶段是不可争议的事实。关于采集在下一章中更详细地说明，我们必须注意的事情是达尔文

（Darwin）说过的："不好的材料比不好的理论更可怕"这句话。日本的采集也是从古代开始进行，遗留了已故人的记录，给我们的利用提供了很多材料。神话传说集《今昔物语》或菅江真澄的民谣集《乡间的一曲》等是今天不可多得的珍贵采集资料。

每次读本居宣长先生的《玉胜间》，惊叹其视角的不平凡，他早就洞察出国民历史应该向着达到今天一个转折期。该书中有很多"在乡下古代技能的遗留事物"这样的给民俗志家深刻印象的文章。据观察伊势松坂本居宣长先生的书斋，求知欲强的青年从诸国来聚集，不同国家的志同道合者偶然相遇时，谈话成为各自乡土生活的比较，如果一般好奇心的人，倾听必须记笔记。像半信友、平田笃胤这样的人继承了几分本居宣长这个倾向，先生自身把终生倾注于古典训诂事业，可以说这是时运所致，但还是可惜的事情。信友先生对书籍以外的事实也是非常地关注，据说他至少想采访一次若狭一国。笃胤等也是喜欢听当地人的谈话，像今天的民俗志家著述上引用诸国的事情，他是一个独断的人，这一点我们应该注意。像江户的汉学者松崎慊堂也是，用汉文以熟练的文笔记录下自己听到的乡下的奇闻轶事，相当精彩。

对计划记录的采集感兴趣的是在接近江户期末文化十一二年时，在江户以屋代弘贤为中心的一群学者，印刷叫作《诸国风俗问状》的小册子，把这个《问状》分别寄给各地方的熟人，征求答信。弘贤是作为书法家又作为藏书家著名的人，也曾经作过幕府的官员。作为民间学者叫石原晴明、中山信名等人也参与这个工作，似乎发送了相当多数量的这个小册子。但遗憾的是好像回信汇集的不多。今日得知在内阁书库中的《秋田风俗问状答》，备后福山领的《答书》，写了越后长岗领地区事情的《北越月令》的三本开始，有三州吉田领、丹后的峰山领、大和的高取领和若狭的小浜领等地区的回信，除此之外，说《北越月令》不完全，新潟附近的学者青木定计增补的有一册。最近神户的河本正义君发现了淡路的《风俗问状答书》，作了铅印本。九州或四国也或许还出现，没有被世人知道的《答书》。这个《问状》是以木板印刷的横本，写着"正月里吃什么"这样的问题约百项。其结果，提问以江户城镇的年节，从最初偏颇又混杂、缺乏准备，所以可以说调查是失败的，正因为在日本是最初的尝试，可以说是我们更加感兴趣的材料。这样的提问法往往以失败告终。进入明治时期，《风俗画报》仿照《风俗问状》从事采集工作，一直发行了四百期，收集了很多资料。因为是月刊杂志，所以回答立刻在下月的杂志上刊登。收集了很多方言、游艺、年节礼俗等方面的珍贵资料。作为资料当然有不纯之处，但是对今天来说都是重要的采集。还有《人类学杂志》最初约十年也是，把会员的报告作为资料刊登。它比《风俗画报》采集少，但也是不能漏掉的资料。

在大正十二年故去的高木敏雄先生想在日本推行民俗学调查，但直到我援助兴办的《乡土研究》刊行为止，这个采集实际反常地没有得到开展。直到《乡土研究》休刊的四年间，不仅刊登了千页以上的直接采集资料，而且还创造了另外好几本书或杂志报纸上，抢着刊载同一种类报告的局面。我想那个功绩得到认可很好。但存在很大的地方性差距。缺少岛屿或山村的部分。在十七八个县收集资料，然而有些地区和题目是重复的。从大正十四年开始编辑的隔月刊《民族》的三年是，汇集了比《乡土研究》时代还多的资料。正因为采集中也有施展采集者自由才能这样的计划，所以从各处汇集了插秧节和婚姻的资料。我自己依据其材料的排列，尝试直接得到结论的暗示、并整理和刊登。如果能够使这个方法继续，我想对资料的比较和研究也有很多好处。最近的《民俗学》和《旅行与传说》的采集记录，正因为时代在前进，所以汇集了很多有益的资料。我自己决心要刊行《岛》也是为了收集整理那些采集工作还没有涉及的资料。

一方面单行本的采集记录也增加了很多，这是应该为学界极其高兴的事情。《炉边丛书》的计划是加速了日本民间传承研究这一点是公认的。采集记录以单行本的形式在市场上出现是令人吃惊的事情。《炉边丛书》中，以乡下青少年执笔的书多，这确实是愉快的事情。刊行者当初的希望是，把这个丛书增加到一百卷二百卷。本来这样的出版事业是不可能赚钱的，尽管如此，可见民谣集和昔话集销售到能够结算。正因为民谣、昔话和传说是这个学问的开拓者，所以很受欢迎。但衣食住这些日常生活文化方面的问题很少有人关注。信浓教育会北安云部会编的《北安云郡乡土志稿》是我们最想感激的计划记录，至今在传说、年节、谚语和民谣上花费了很多精力。即使那样，刊行我自己的《桃太郎的诞生》以前，昔话得到了采集，但思考关于民间传承的传播，发现资料更偏颇。大正时代以来有全国性地刊行郡史，其内容都达千页，但其中值得我们利用的页数极少。然而不能不看郡史，虽然编辑者水平不同。但是有人认为郡史完全没有利用价值，这实在是遗憾，尤其是热衷乡土教育的今天。

采集记录多起来是有必要的事情。但采集记录被充分地利用是更有必要的事情。到目前为止的采集资料被掌握在不读书、不利用资料的人手里。想把采集资料放入更实际地需要采集记录的书库里。然而既往的采集虽然被认为似乎周密，但同样的事情反复被采集，在地图上仅仅涂上颜色是不够的。冲绳的例子等是如前所述。此外还有很多具体问题，有的处于达不到的状态。分开问题在地图上涂颜色看，知道不足的地域也是有必要的。即使那样，书库的整理是对这个学问来说是当务之急。因为民间传承的学问对今后的发展理应期待的事情很多，所以为了新记录材料有必要预先在书库中留下空间。科学必须留心经常为将来的发展留下空间。史学只满足于过去的文献，只考虑如何保存这些文献不被虫子损坏。由于我们的研究，今后也具有不断出现计划记录和偶然记录的可能性，所以做这方面的考虑也很重要。至今认为不需要的资料，今后有时也许成为需要的资料。我们不轻视书库，发现现在书库管理法的错误，必须首先重视其整理。

附录二

采集与分类

[日] 柳田国男著，乌日古木勒译

一 采集方法

如前所述，对民间传承这门学问必不可少的工作，除了书库整理之外还有收集资料。虽然是同样的文化科学，但是比我们的学问先产生、先发达的科学，资料已得到充分收集、采集工作大致完成。目前已进入为极小的发现而绞尽脑汁的状态，可是我们的学问，采集确实很落后。考古学和人类学也是在这点相似。我们的资料大部分今天还处于未知数状态。还没有达到探险世界各个角落的程度，还未关注到的实际情况很多。仅日本而论，认为好像已充分明白，但还未完成调查采访的地区很多。如前所述，把进行过采集的地区在地图上涂颜色看，也懂得那只不过是极小的一部分。无论提出什么样的问题，大概日本还是处于不能综观日本各地事实的状态。还有我们注意到，不能以最初的一个发现代表各地区进行类推。法国学者吉列龙（Gillieron）在方言调查中规定进行采集的地域，即在做区划研究。在日本那是绝对行不通的。不说方言，就丧葬仪式而言也各村各异，绝对没有共通的。这门学问本来在很大未知数状态下开始。我们总觉得意识到了什么。因为实际不明之处很多，所以发展前景也很大。因此，可以说从事这门学问的学者的希望和乐趣也都很大。这是这门学问的现状。但已知的极有限的材料还没有得到整理。采集记录看起来相当多，但是都需要整理。从书库工作方面谈，认为到目前为止的采集工作已进行得不错。但我们的感觉并不是那样。与我们同一个方向进行采集的人大概很多，但和我们同程度地感到采集的必要性的人可能极少。

最近七八年来，采集领域得到了充分扩大，各种采集兴盛起来。我自己首先开拓至今为止他人没有发觉的问题，并且劝诱人们来耕作这块未开垦地。随着加入者增加，及时转移到其次问题，不断地努力扩大前线。通过旧史学因袭，到最近的编年史学的学者，就连一次旅行也带回来很多资料，学者们大概在目前使用的资料基础上著书立说，并没有考虑到后生可畏，目前他们没有痛感资料搜集的必要性。应该说在这一点上与西方学者的态度很不同。法国学者们虽然相比之下不热衷采集，但是他们非常重视他人的采集，并且总是期待他人的采集。英国传教士们完成的太平洋民族生活志，似乎是专门为法国学者写的一样，他们很好地利用这个民俗志资料。因为英国学者认为自己国家的民间传承和民俗志大体相同，所以忽视自己国内搜集。在日本这门学问具有一种特别的进行方式。其原因很多，根本原因在于资料过于繁杂、采集事业非常混沌。实际上学者们不知如何处理资料，但新资料的采集还相继出现，从某一方面来说已经处于饱和状态。我国当今的首要任务是整理资料，开创正确、有用的采集途径。

要努力进行周密调查的欲望本来是件好事，不过很容易陷入逻辑游戏。然后受害者完全是我们自己。把某一个地方民间传承，或者人的生活实际情况全国性地、彻底地调查和采集是几乎不可能的事情，有必要知道这不是那么简单地做到的事情。最近有人做了全国性的儿童游戏研究。根据调查项目的调查中，从各地征求明信片回信。这种调查方法，确实只要从全国汇集回信，就能做到全国性调查，但这种调查结果实际既危险又不完整。然而，使调查者怀有已达到精确调查的心情这一点是这种调查方法最大的危险。这种调查方法可以称作德国风格，既简便又似乎完成了彻底采集。但我们不赞成这个方法。根据某个学会或是某个学者制作的提问要项，在全国范围征求答案，不能说是万事竭尽。屋代氏的《诸国风俗问状》显然重复了过去的失败。实际关于人生、社会的疑问是基于事实发生，而没有理由发生在空无中。还有，一个地方的仪式，时常没有理由在任何地方都平行发生。例如，六月十六日的节日，从足利时代开始，在江户和京都被视为重要日，但其他地区不是这样。另外，十月十五日是全国

性重要日，但是在江户是普通日。只有有了疑问才产生提问。以学者现在
贫乏的力量形成的提问，显然不是问题的全部。明显遗留的问题很多。因
为，针对提问要项的回答不会满足我们今天的需要。方言、谚语或传说等
也是仅仅搜集采集手册上的内容是不可能全面的。限定项目的采集手册阻
碍疑问的产生，并且存在着把产生的疑问视为计划外的事而无视或抹煞的
危险性。理想的调查采集方法是把人告诉的事情详细不遗漏地记述，不仅
对于现在的疑问进行盘根追底地询问，而且还要接二连三地发现疑问的个
别、自由的采集。

　　虽然认为依据旅行的民间传承采集好像不够充分，但正因为旅行中
获得的事实采集伴随着兴趣，所以更加有益于产生至今没有的疑问。依
据旅行的采集实际是动态的。《风俗问状》式的采集具有太多缺点。例
如，就普通采访对象也是因人而异，有的人想使回答变得有趣而夸张；
也有的人因为容易害羞而不多说。还有，提问者和回答者的社会地位、
学问或者两者生存环境、文化程度差距很大时，调查绝不会充分地进
行。因为提问很容易成为压力，所以有必要慎重地注意。还有，未开化
人有未开化人特有的恳切心。他们被毫无根据地提问时不会说不，而回
答是。相信他们的回答，去实地调查发现虚假的时候也很多。没有道理
停止这种问答式调查方法，但是有必要认清这种方法只能完成极小的一
部分采集。现在从事民间传承的人们，等待着想要报告的人送上门来提
供信息。这虽然是悠闲、狡猾的方法，但只要采集者素质好，还是可以
的。但据我们的经验，因为过分强烈突出采集者智力和癖好往往发生失
望的事情。如采集家中有啰唆地一字不漏地全部记录的人，也有领会要
点简单写的人，也有善于写离要点的报告的人。总之，自然报告多为被
采集者素质左右。如果针对问题进行采集，我很感激。但仍然有很多人
记录不必要的事情使我们苦恼。

　　作为实际问题，我们最怕采集的重复。看起来采集者越来越多，某一
地方采集一开始，突然增加好几个采集者，采集记录增多。但只增多了同
样的记录。在地区也是同样记录被重复，越发造成资料繁杂。正因为民
谣、手球歌等有趣，所以采集更处于重复和混乱状态。我们祈求采集者注
意到添补地域空白。如果能够做到以地域或者问题把采集分工化，这个学
问就有前途。在学校动员学生进行采集看似是好方法，但是通过方言和民
谣收集的例子也可以看出，仅仅稍微不同的资料大量汇集。总之，以疑问

的成长为目标，为了让适当的疑问成长，避免完全懂的报告重复。为此资料的分类整理比什么都重要。如果把资料置于像现在这样混乱状态不管，这门学问永远不能进步。

二 三部分类

自己试图整理这个杂乱无章的资料、并试图按照必要能够投入运用的分类法，大概三年以前公布过一次。自己对分类的心愿是，通过这个分类法做到不浪费有志者劳动，在地方也能够进行必要的采集。另外，曾经想阐明以往采集进行到什么程度，今后在哪些方面的采集有必要进行这一问题。如果不通过那样收集的资料分类，就不能阐明社会现象变迁中的事实。因为从甲到乙的变化事实，实际上没那么轻易理解。收集若干社会现象，把其进行比较，就比较好理解那个现象的变化过程。比较方法的重要性在于它能普遍地观察注意到每个角落。为了方便比较，我才呼吁分类的必要性。本来我自己的知识中存在不周到的偏僻角落，不能避免不完善。这个分类与其说整理采集好的资料，不如说是为今后使有目标地采集的人们适当地工作而创作的方法，所以我想应该容忍不完善。

以往的分类也有不少。犹如折口信夫一样有着自己独特分类的人也不少。我自己依据极其自然顺序试着立了方案。即首先把看得见的资料作为第一部，把听得见的语言资料置于第二部，把最微妙的求助于心意和感觉才能开始理解的事物归入第三部。眼睛是从采集最初开始工作，从远处也能够活动。村落、住家、衣服以及其他我们研究资料中靠眼睛采集的事物非常多。接着眼睛工作的是耳朵。动用耳朵有必要走近对象。心意的问题与前两者比更麻烦。我说第一部也可以风趣地称为旅人学。因为是顺便路过的旅人也能做到的部分。仿照这个把第二部也称作寄居者学，把第三部也称作同乡人学。另外，第二部正合口传这个词，所以我认为可以把第一部叫作身传；把第三部可以叫作心传。虽然能附上各种名词，但是有必要从各部分各自的内容观察。第一部是映入眼睛的，从生活中表现这一点，也可以叫作有形文化，生活技术志或生活诸相。如果用英语的 social technology 作这部的名称，我认为至少偏向。大概可以说与 Ethnography 相近内容的一般风俗习惯是第一部的内容。第二部是包罗语言艺术或口承文艺全部。这是与眼睛的学问不同,在当地某种程度地旅居,并且必须精通那个地区的语言,才能理解的部。这部疑问百出,自然有必要与其次的部联系。第三部中也包括所谓俗信等,这是只有同乡人、同国人才能理解的部。这就是我认为乡土研究的意义根本在于此的含义。我认为把这三部又称作生活诸样式、生活解说和生活观念也合适。

这样仅仅树立自己的分类,重新看外国分类如何时,也许怀着同样心情的缘故,发现他们也分了与这个分类大体相同的三部分类。恐怕是容易意识到的自然分类。看英国的博尔尼女士(Miss C. burne)的《民俗学提要》第二版分类,第一部是信仰和仪式(belief and practice);第二部是习俗(customs);第三部是说话、民谣等(stories, songs, and sayings)。即与我的想法虽然在顺序上有变化,在分界线上有交错,但是可以证明三部分类的基础相同。法国的塞比约(P. Sebillot)把民俗事象分为口承文艺(Litterature orale)和传承民俗志(Ethnographie traditionnelle)二部。把第二部又分成传承民俗志和民俗志社会学(Sociologie ethnographique)两个部分。把前者分为非类(天、地、水、植物)和生类(动物、人、生、幼、婚、病、死)。后者中归入耕种、渔捞、烹调、建筑以及工艺、人际关系、娱乐等。但是其区别不明显。仔细看这分类,发现传承民俗包含观念和心境,相当于我分类的第三部;民俗志社会学是表现于外形中的事物,相当于我第一部分类。但是这个分类没有理论的出发点。另外,有必要注意宗教没有被归入任何部分。

承认自己三部分类方案并没有越出常规。分为眼睛、耳朵、心三部是我独自的意见。相信不能不说只有三部。这分类在量方面三部各不平等。第一部是范围非常广泛,并分量也很多,我们想采集和希望的事物大半都属于这部。正因为第三部心意诸现象是难以采集,所以采集量也在三部中最小。这三部类犹如三层年糕一样,从最下层的第一部到第二部、第三部的顺次变小。这种分类虽然看起来有点奇怪,但因为根据内在标准分类,比分量的比例更合理,所以没有办法。如果把这分类用更加容易懂的方式表示如下:

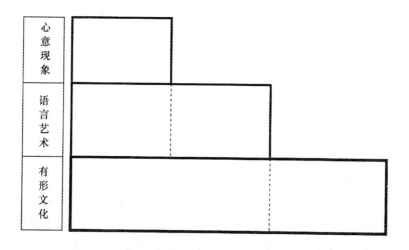

柳田国男三部民俗分类比例图示①

三 分类标准

其次存在这三部各部内部如何的问题。正因为其标准简单，所以其内容中存在大小。第一部是眼睛看得见的事物。通过图画和照相，还有顺便路过也能采集其中一部分内容，称作物质文化也许不太恰当。谁都能懂的事物，把这个叫作生活技术志大概合适。日常生活方法、生活方式以及还有某一特定时间看到的现象即含有结婚仪式、节日等。只是收集这方面资料，也许被别人说这与现代学没什么区别。但从疑问出发，并且为了引起下个疑问做采集，所以理应得到符合自己欲求的事物。也有人采集与现在生活不协调的材料。我们不仅采集回答今天疑问的材料，还有必要认识以那个问题为指导引起下个问题作为重点。总之，因为想知道日本人自以前开始拥有的生活，所以作为其目的，显然与现代学不同。正因为我们的学问是出自于好奇心的学问，所以如衣食住问题至今存在被忽视的倾向。在英国等国家把 common 共同的事物置于这个学问之外，把这个学问限于狭隘的范围之内。日常语言即方言等也置之度外。英国民俗学把全部 com-

---

① ［日］柳田国男：《柳田国男全集》第 28 卷，《民间传承论》（日文），筑摩书房 1990 年版，第 370—373 页。

mon sense 常识作为问题之外，限制资料采集方法，很早就开始抱怨材料贫乏。在新兴北欧国家，这个学问范围更是越来越广泛。

那么我想把资料大概分成三部，在各部中把目前懂的事物以自然顺序（也许也存在与自然顺序不符合的时候）排列方便。就衣食住而言，食物与内部生活关系深刻，所以把它往后推，首先把居住放在前面。例如乘船到岛上游玩时，如果首先从视线到的地方开始追寻顺序，自己决定排列顺序。随着居住、衣服其次是饮食。即使饮食也是，谁都从大家熟悉的日常饮食开始，想把所谓隆重场合饮食，如宴会或婚礼饮食放在后面。并且我想做如同林耐（C. Von Linne）的植物二十四分类表，想制作对任何资料都能归入其分类中一个部门的系统分类。就如只漫不经心地整理书库的复杂一样，非科学的分类是为难的。采集家或研究者现在了解自己从事的研究部门在全体学问中占据哪个部分，是绝对必要的事情。动物学或者植物学研究家进行极其细微事物的研究时也是，他们头脑里或换句话说研究背后存在这个分类表。实际希望我们的学问也成为这样。在波涛汹涌的海上航行的船，平常只有知道自己现在的位置，才能拥有决定方向、到达彼岸的自信。

资料采集与书库内分类一致是针对这个学问发展的必要事情。如果了解这部分采集已做好，哪些还没有采集，就应该做到有计划的采集。只要根据中心问题分类，可以排除通信式研究的不便，而进行学术上的合作。本来有的资料，分类的哪个部分里也不能归入，即使暂时把它作为杂乱或未定资料搁下来，但应该留意把它归入分类表的哪一部。第一个重要事情是，告诉今后采集者正在做这门学问的哪个部分。虽然决定民间传承资料采集做到哪里是有点困难，但预先知道这个部分不足是件好事。例如婚姻、丧葬制度也是，适合知道已懂的部分与不懂的有疑问的部分基础上的采集。如果这样思考，伴随着分类有了索引的必要性。我想分类或索引事业本来由公共机关的学会来做的事情，但现在的日本不存在有力的学会。这个事业必须由谁来做，但至今为止好像谁都没有着手做。像我这样的人虚度年华，没有写出很好的论文，从几年前开始志向于分类工作，制作了稍微满意的分类。

分类顺便思考的事情是，对这个学问是否有分工的可能。本来有理由做好专门一个部分的深入研究，但以各自承担各自的方式，从一开始就把仅仅一个事情从全体中割断，并且埋头研究是不可以的。虽然本来就有可能分类成三个部分，但不能忽略三部之间相互联系。成为专家以前必须看穿全体，即绝对有必要整体的知识结构。在上述基础上可以各自倾向于其擅长的领域，犹如动物学者中有蛇的专家，也有虻的专家。而且，发现自己专业以外重要资料时，告知需要这方面资料的人这种做法很合适。不论怎么说，今天还是这个学问的创始期。只要做好分类，即使不出现特殊的天才，依靠众人协力，我们这个学问也存在逐渐发展的可能性。在英国，民俗学会会员相互登记自己的专业，并且互相援助。这个方法虽然是有意思的方法，但光做同样事情的人多起来，有时反而出现空白点。本人创办北方文明协会时，就以失败而告终。实际对这种方法不能抱以某种程度以上的期待。希望有一个机构能站在全局的角度，告诉大家至今为止知道的事情。

四 索引与用语

分类后有必要制作索引。也可以说索引的好坏、完整与否暗示着学问内容的进步。做索引必须首先考虑到简便的索引方法。如果是植物可以根据叶子、花和果实的形态、特征，但依据索引了解这个学问进步状态不是容易的事情。我认为根据语言、方言制作的索引方便。通过语言不仅知道这门学问，而且也能了解国民的国语生活，很方便。在日本外来语多，语言与实际生活之间存在相当大的距离。依据号码或甲乙丙丁等符号制作索引，被认为似乎很方便。如果只是有形物质，那个充分够用。但如第三部分以无形的心意、观念为主，也没有恰当的索引号码。而且，第一部、第二部里事实上也存在困难。给它们不能起"这样的东西"或"那样的心情"等名称。正因为很难规定属于第三部的迷信、俗信的定义，把那个叫作这样的观念，所以不懂的时候多。但幸运的是表示那个的方言比较多。方言采集中首先注意的是无形名词和意味道德规律的词语。即使民间故事等也是故事的何处存在暗示其整体的好名称，所以有不用说也使对方能够理解的语言。儿童语言等也是有很多适合利用的。大概第三部中出乎意料地用简短的语言代表其内容的很多。谚语等虽然长，但是原封不动地使用的相当多。用语言做索引的方案尝试着做起来没那么困难。因为找不到正好合适的名称，所以有暂时在索引中不能表现，分类表中也不出现的。最终找不到适当的名字时，除了制造其名称之外没有其他办法。我现在收集了至少应该称得上民俗词汇的方言约两万多。我想以此推测也把语言作为索引利用是有充分的可能性的。有关第三部心意的语言，在两万个词汇中仅有约一千个词汇。根据语言分类，能分成表示极其细微心境的小分类。我认为这个方法是自己可喜的发现而暗自自豪。事物必然有其名称，并且不用特意地借用外语也足够。我认为考虑这些，从孩子时候开始谆谆教诲感性事物的名称，对国语教育方面也是件好事。

我的目的是为那些作为社会事象存在、但是因为没有名称而没有被意识到的这类事物起名，所以才把注意力转向语言。捡起方言的动机，采集方言的目的也在那里。这从语言学者的角度说确实是异端。今日城镇的人们已经忘记的词汇和语言，只有农民使用的多。犹如看《和名抄》一样旧文献中出现的地名也是其感受很深的。从本人的目的而言，根据方言手册的方言采集，遗失如此重要的方言的时候很多，所以对这种采集方法不能抱以期望。还有在提问要项中不能表现的方言中也有很多我们需要的事物。如果好好看，农民把信仰方面细微的内容区别等也都用语言充分区别开。大体上可以说第三部的问题是用语言处理有相当的效果。方言是大致属于无意识的保存，并且只有其使用者很好地理解其内容，所以以方言作为采集标目、分类的项目、索引的标准是较为方便的。麦林格（Meringer）的物与其名称不可分的观点，恐怕与我的主张相同。我并不认为连对新生事物的命名或哲学上的术语都通过方言采集获得，但是至今还没有多大反思地利用日语汉字或横写的文字（西洋文字）简单地完成的学术术语等也是，有必要研讨一下，有没有与其相应的方言这一问题。

为了利用预期分类，有必要做预期索引。使用语言制作索引，不仅有益于正确地命名事物和思考，而且对于资料的采集也起着很大作用。实际这是一种整理过去的同时，着手于未来开发的有益的方法。以清楚的语言完成分类和索引是我难以停止的心愿。如果仅仅目前资料，无论书库工作如何混乱，也许没有必要做如此麻烦的事情。但是，我明确知道这个学问还存在着野外采集的很大必要性。所以，为了未来，大家有必要尽量分头工作，有必要应该获取不徒劳的观察记录的分类。例如，年节也是，正月二十三、二十四日是从古时候开始声称"大师讲"，而被认为是重要的日子。通过看伊豆七岛的诸节日，开始思考其由来等问题。四月八日或十五日这些节庆日由来的活动，一定在某些地方还保留着。有必要通过分类弄清楚哪部分的采集是重要的。现在通过完成一个索引所获取的利益是，原来认为只有自己这里才有的仪式活动，看了索引就可以知道别的地方也有类似的活动，使这些地方人狭隘的观念得以消除。并且创造学术研究上调查那个仪式的好时机。上述的青森地区的冲走"睡猪"（nebuta）的仪式一直被当地人自豪地称为特有的仪式。在这个地方以前不知道与此同一种类的仪式在各地举行。

回到原来的话题，无论如何不发展到某种程度，分工是谈不上的。第三部分是兴趣很深的部，我只能说明自己懂的部分。但第二部的语言艺术不仅是表现的，而且正因为有意思的是其背后有着许多内在的（属于第三部的）事物。在英国，食物与其他事物的关联没有被当作问题，其实它不仅是与经济或政治上，其实与信仰都有着深刻的关系。实际食物不仅是肚子饿了食用的，而且在受到精神上的约束之下，以各自的态度，根据各自的形式食用。并伴随民俗信仰，被世人支配，担负着惯例或谚语。即在食物的背后形影不离地粘着属于第二部、第三部的事物。总之，分成第一部、第二部、第三部是为了方便，但是归根结底不可以忘记三部之间存在着内在的联系。如此考虑的话，小分科事实上不可能的。说话等破裂后变成谚语、歌舞语变成古迹的说明（信仰）遗留下来，仪式衰落后只留下忌讳是三部分不是各自孤立的存在物的证据。

五　假设的练习

我们仅仅记述依靠采集获得的资料，达不到学问的目的。必要的是不仅各部分的记述或分析，而是其后应该进行综合。因此，采集方面如果不过分强调精确性的话，外行也能完成预期采集，但那仅此而已。只有以比较研究为目的的采集才最有意义。比较需要加以综合，是科学研究最必要的方法。分类和索引都是为了比较方法。分类引起分业，不得不担心使学问支离破碎。专心致志于特殊的某一部门，而不回顾这个学问全体不是正确的道路。这样的人收集玩具等的较多，因此，充分地树立业余爱好与学问研究的区别是重要的事情。绝对不可以把业余爱好分子归入民俗学。因为分类本来就是为了以后的综合，所以不赞成只把一部分当作对象。为此我在讨论很大的索引事业的必要性。民间传承的学问是起步时散漫，但是采集资料在增加的今天，机械性的工作也越来越多。而让学者们都去做这样的工作显然不可能。所以，必须借助外部的援助促进学问的成长和发展。如果国家设立大机关援助此项工作，即使学者不直接参与烦琐的机械工作也可以。个人会做的事情本来应该个人做，但是必须使其更加有效、有意义。

关于我说的事情，也许人们觉得我把连科学都不是的事情小题大做，但是历史的研究正因为这一点至今延续着。因此，我们必须竭力提倡、说明。我们似乎现在才知道，因为忠实于太长时间的惯例，不管学问的发达，理所当然称为科学。众所周知的细微的事情，或者也许暗示着重要的意义。然而常常有人谴责我们就知道做微不足道的小事。做那个有什么用处？通过那个懂什么？做不懂的事情是愚蠢的，这是批评家对我们用惯的陈词滥调。答案必须明天拿出来，不然觉得丢脸，这种状态是不正常的。解开自然界难以理解的事情不应该是一朝的茶饭之事。依据今后的发现期待着解决今天的未知数，这是学问的有趣之处。没有法则的事物大概不应该在这个世界上存在。如果懂得这一点就达到新发现，难道没有必要想把自己对今日未知的兴趣保留到未来吗？如果想也许实际不懂的事物中隐藏着有趣的意义，也许有着重大的宝藏，那么兴趣应该越发增加。

如果分类和索引与将来的期待和目的一致就好。实际我们的学问范围广，而且至今没有回顾置之不理的部分多。在荒野种植果树，立即期待甘甜的果实是不合理的事情。自己一生都不懂的事，或者制定不是意味着这样的事情的假设，也许成为使学问进步的动机。我们懂得断定的快感之前，当务之急是首先充分积累假设的练习。注意到我们总是对采集最敏捷，对论断却特别迟钝。假如根据现存的习惯解说与历史共同的问题时，也至少有必要具备五个条件，即（1）隔绝的土地的志同道合者应该相信的实例很多。（2）似乎看起来保存是无意义的，找不到合理的解释，但大致能推测从前留下的事情。（3）在同一个时代各地区出现同样的现象，而且与过去的记述也很一致，并且在异种族、异民族之间也发现类似的风俗，有了资料的集聚和比较的可能。（4）由于问题过于平凡琐碎，所以文书记录的资料没有多大差异。（5）尽管是人们非常渴望知道的重大历史，但只靠以往的史学手段是不能阐明的，或者因为无法解决而长期丢下不管的。

民间传承的学者必须是对未知数和假设的练习抱有兴趣的人。虽然作为问题既空泛，又不明确为什么追求，但大多数人想做出这个问题就是这样的断定。事情的解决当然不是突然的。怀着期望自己常年做的事情，百年后做出论断的心情。然而，被视为同样的伙伴的人们当中，有擅长奇说，并对新的判断过分感兴趣的人，好不容易的希望遭到毁灭是极其遗憾的事情。即使暂时不做论断，我们也不会怀疑终极目的。把假设的练习当作过程是适合这个学问的方法。精算既往的文化史，并以其为依据，重新建立是我们的夙愿。我绝不认为这是件容易的事情。犹如今天这样窘迫的时代，被期待着不依据任何事情的断定，但也可以说断定时的犹豫中，有着我们伟大的意气。

虽然资料极丰富，但今天事实上只有其中的一小部分得到阐明。自然科学、植物学等也是依然处于同样状态。但是它们全部有分类，并进行了科学整理。而我们如上所述，学问上还处于幼稚状态而杂乱无章。但每个人只是随便知道现在需要的东西。我想尽量唤起人们的不只是业余爱好的兴趣。还有，迄今为止人们是独断地进行整理，今后有必要深入挖掘问题。因而有必要对采集有预备知识。可以说也有理由把分类的主要目的放在这里。还有，因为学问范围广泛，所以把研究对象限制在狭窄的范围之内也好。把自己不擅长的事情想推到其他学问和围墙之外的做法，本来是错误的。但通过对大的整体的一部分、系统性事物的一部分的理解、分担，使学问得到很大发展的用心是重要的。即分头做，创造各个小问题的专家，将其集中起来形成大的成果，有必要相互合作。民俗学在日本不像西洋学者感觉的那样辛苦。在西洋稀奇、不可思议的现象事到如今只有突然性地出现。而在日本没有必要抱怨资料不足。为了引导解决问题，能有意识地采集资料。这是因为日本这个国家是在人种、语言关系方面，有着一国一个种族一种语言的现象。这就是一国民俗学的成立的可能性只有在这个国家的理由之一。尽管如此，今天的学说也许通过明天的采集被修订。并从最初就必须具有，通过后天的分类又可以修改的心理准备。具有出色的洞察力的人，从仅有的一点资料中也能得到暗示，并且那个推断尽管是假设，但常常是准确的。但那不是对万人都应该抱以希望的事情，完全得到证实后应回顾、赞叹，这个学问不能经常期待只有那样的非凡而稀有的人才。民俗学始终都应该是从普通民众的生活中归纳出来的学问，而不应该是使人们盲目跟从的英雄事业。采集、分类、索引、比较和综合的事业，应该在此基础上进行，这是我强调的原因。

附 录 三

日本学者研究柳田国男民间文学民俗学
思想论文目录

后藤总一郎编：《柳田国男研究资料集成》（日文）第 1 卷，日本图书センター，1986 年。

1. 露伴：《读〈石神问答〉》，第 82 页。
2. 岛崎藤村：《远野物语》，第 88 页。
3. 小田内通敏：《读〈远野物语〉》，第 90 页。
4. 水野叶舟：《读〈远野物语〉》，第 103 页。
5. 佐佐木繁：《读〈山岛民谭集〉》，第 109 页。
6. 喜田贞吉：《炉边丛书》，第 140 页。
7. 日夏耿之介：《南海小记》，第 142 页。
8. 移川子之藏：《读〈南海小记〉》，第 145 页。
9. 稣峰生：《南海小记》，第 148 页。
10. 小野武夫：《日本民俗学的文献〈炉边丛书〉》，第 150 页。
11. 喜舍场永珣、关口健一郎：《读〈南海小记〉》，第 152 页。
12. 新居格：《柳田国男著〈山里人的人生〉》，第 157 页。
13. 西村真次：《民间故事传说神话对历史》，第 163 页。
14. 坪井九马三：《读〈蜗牛考〉》，第 168 页。
15. 有贺喜左卫门：《民俗学的本愿》，第 210 页。
16. 肥后和男：《读〈桃太郎的诞生〉》，第 233 页。
17. 岛津久基：《桃太郎的诞生》，第 240 页。
18. 小宫丰隆：《柳田国男的〈桃太郎的诞生〉》，第 242 页。

19. 栗山一夫：《乡土研究的组织的大众化问题》，第 246 页。

20. 中村康隆：《民间传承论》，第 265 页。

21. 有贺喜左卫门：《关于生活资料的采集》，第 273 页。

22. 折扣信夫：《后记〈远野物语〉（增补版）》，第 276 页。

23. 守随一：《远野物语（增补版）》，第 280 页。

24. 冈正雄：《乡土生活的研究法》，第 281 页。

25. 松村武雄：《民俗学的指针〈乡土生活的研究法〉》，第 288 页。

26. 大间知笃三：《产育习俗语汇》，第 290 页。

27. 金田一京助：《远野物语（增订版）》，第 295 页。

28. 大藤时彦：《〈地名的研究〉》，第 298 页。

29. 大西伍一：《日本民俗学研究》，第 301 页。

30. 市川信次：《远野物语》，第 303 页。

31. 铃木棠三：《昔话采集手册》，第 306 页。

32. 守随一：《婚姻习俗词汇》，第 308 页。

33. 桥浦泰雄：《婚姻习俗词汇》，第 309 页。

34. 浅野晃：《婚姻习俗词汇》，第 311 页。

35. 桑原武夫：《从远野物语》，第 313 页。

36. 宫本常一：《山村生活的研究》，第 322 页。

37. 仓田一郎：《分类农村词汇》，第 323 页。

38. 赤松启介：《民俗学最近的研究情况与动态》，第 324 页。

39. 赤松启介：《民俗学（抄）》，第 335 页。

40. 宫本常一：《禁忌习俗词汇》，第 375 页。

41. 宫本常一：《服装习俗词汇》，第 375 页。

42. 宫本势助：《服装习俗词汇》，第 376 页。

43. 小川彻：《禁忌习俗词汇》，第 378 页。

44. 喜多野清一：《海村调查报告》（第一回），第 379 页。

45. 释迢空：《远野物语——长歌》，第 380 页。

46. 牧田茂：《分类渔村词汇》，第 382 页。

47. 大藤时彦：《昔话与文学》，第 384 页。

48. 大藤时彦：《岁时习俗词汇》，第 385 页。

49. 冈崎义惠：《昔话与文学》，第 386 页。

50. 佐藤信卫：《作为学问的民间故事——柳田国男〈昔话与文学〉

（创元社刊）》，第 388 页。

51. 铃木棠三：《民俗词汇的近刊书——分类渔村词汇、岁时习俗词汇、居住习俗词汇》，第 394 页。

52. 大藤时彦：《木绵以前的事情》，第 399 页。

53. 浅野晃：《民俗与女性的书》，载柳田国男《木绵以前的事情》，第 400 页。

54. 周作人：《远野物语》，第 428 页。

55. 折扣信夫：《民谣备忘录》，第 434 页。

56. 铃木棠三：《民谣备忘录》，第 439 页。

57. 关敬吾：《传说》，第 440 页。

58. 千腾重次：《传说》，第 455 页。

59. 久松潜一：《国学与〈民间传承论〉》，第 459 页。

60. 大藤时彦：《日本民俗学入门》，第 470 页。

61. 仓田一郎：《日本民俗学入门》，第 472 页。

62. 和歌森太郎：《神道与民俗学》，第 474 页。

63. 铃木棠三：《昔话备忘录》，第 475 页。

后藤总一郎编：《柳田国男研究资料集成》（日文）第 2 卷

64. 古川哲夫：《先祖的故事》，第 8 页。

65. 和辻哲郎：《日本民俗学的创始者》，第 21 页。

66. 冈崎义惠：《民俗中的讲述的意义》，第 26 页。

67. 吉野裕：《口承文艺史考》，第 31 页。

68. 近藤忠义：《日本民俗学的疑问——给柳田先生》，第 33 页。

69. 原田敏明：《新国学谈——祭日考》，第 41 页。

70. 和歌森太郎：《柳田国男民俗学的进展和确立》，第 56 页。

71. 仓田一郎：《常民的哲学——调查与分析》，第 100 页。

72. 志村义雄：《柳田民俗学的史观——为了日本民俗学的前进》，第 113 页。

73. 石田英一郎：《作为历史科学的民俗学与民族学》，第 132 页。

74. 和歌森太郎：《民俗学与历史学的交流》，第 146 页。

75. 大藤时彦：《民俗学与残留文化》，第 160 页。

76. 志村义雄：《日本民俗学的功过》，第 166 页。

77. 志村义雄：《民俗学的批判——其立场、对象、方法和目的》，第174页。

78. 直江广治：《关于民俗学的归纳法和演绎法》，第192页。

79. 和歌森太郎：《民俗学与历史哲学》，第208页。

80. 小寺廉吉：《民俗学与人文地理》，第225页。

81. 志贺义雄：《年糕为什么圆的》，第251页。

82. 和歌森太郎：《关于民俗学的性格》，第260页。

83. 关敬吾：《民俗学与唯物论》，第270页。

84. 川岛武宜：《法社会学与民俗学》，第278页。

85. 和歌森太郎：《关于民俗学的方法》，第289页。

86. 和歌森太郎：《海村生活的研究》，第298页。

87. 关敬吾：《民俗学方法的问题——与和歌森氏所论述的有关》，第300页。

88. 平山敏治郎：《历史学与民俗学》，第319页。

89. 山口麻太郎：《关于民间传承的地域性》，第326页。

90. 古岛敏雄：《民俗学与历史学》，第331页。

91. 肥后和男：《关于民俗的世界性与民族性的交错》，第348页。

92. 金城朝永：《冲绳文化从说》，第362页。

93. 掘一郎：《关于民俗学研究的时代区分问题——民俗学的领域与方法》，第367页。

94. 大藤时彦：《民俗的主体性》，第377页。

95. 平山敏治郎：《作为史料的传承》，第384页。

96. 牧田茂：《民俗的时代性与现代性学的目标》，第396页。

97. 和歌森太郎：《关于民俗学的性格》，第404页。

98. 关敬吾：《〈桃太郎的诞生〉的解说》，第409页。

99. 掘一郎：《民间传承的概念与民俗学的性格》，第413页。

100. 龟井腾一郎：《民俗学词典》，第424页。

101. 辻村太郎：《生活在岛上的人们的人生》，第428页。

102. 大藤时彦：《后狩词记》，第429页。

103. 大藤时彦：《〈昔话与文学〉解说》，第434页。

104. 掘一郎：《民间信仰》，第441页。

105. 古谷纲武：《〈儿童风土记〉解说》，第465页。

《柳田国男研究资料集成》（日文）第 3 卷

106. 牧田茂：《民俗的现代性》，第 3 页。

107. 马渊东一：《关于冲绳研究的民俗学与民族学》，第 9 页。

108. 柴田实：《文化史与民俗学》，第 15 页。

109. 千叶德尔：《关于民俗学的数学式的整理》，第 44 页。

110. 柴田实：《〈残存〉的意义——给予民俗学与历史学的问题》，第 64 页。

111. 井之口章次：《〈日本的节日〉解说》，第 73 页。

112. 早川孝太郎：《民俗学与常民》，第 78 页。

113. 有贺喜左卫门：《民俗资料的意义——论调查资料》，第 84 页。

114. 高木健夫：《〈明治文化史〉风俗编》，第 178 页。

115. 川村善二郎：《〈明治文化史〉风俗编》，第 179 页。

116. 藤泽卫彦：《〈明治文化史〉风俗编》，第 180 页。

117. 大藤时彦：《柳田先生与日本民俗学》，第 216 页。

118. 石田英一郎：《日本民俗学的将来——关于特别是与人类学的关系》，第 223 页。

119. 千叶德尔：《有关民俗资料的量的一个问题》，第 233 页。

120. 高木健夫：《年中仪式备忘录》，第 254 页。

121. 林大：《〈综合日本民俗词汇〉〈大阪方言词典〉》，第 258 页。

122. 牧田茂：《"民俗"的意义》，第 274 页。

123. （无署名）《民族的信仰与思考习惯》，第 282 页。

124. 关敬吾：《妖怪谈义》，第 284 页。

125. 伊东多三郎：《浅议民俗学的三个著作》，第 318 页。

126. 樱田腾德：《所谓调查者》，第 387 页。

127. 神岛二郎：《柳田国男氏与民俗学》，第 389 页。

《柳田国男研究资料集成》（日文）第 5 卷

128. 相马庸郎：《柳田民俗学的文学性》，第 38 页。

129. 铃木满男：《日本民俗学大系·第 13 卷·日本民俗学的调查方法、文献目录和总索引》，第 146 页。

130. 和歌森太郎：《海上之路》，第 151 页。

131. 谷川健一：《海上之路》，第 153 页。

132. 神岛二郎：《民俗学方法论的基础——认识对象的问题》，第 155 页。

133. 关敬吾：《海上之路》，第 175 页。

134. 松岛荣一：《海上之路》，第 177 页。

135. （无署名）《海上之路》，第 180 页。

136. 花田清辉：《文学与民俗学》，第 187 页。

137. 中野重治、山本健吉、和歌森太郎、臼井吉见：《柳田民俗学的发掘的东西》，第 222 页。

《柳田国男研究资料集成》（日文）第 6 卷

138. 和歌森太郎：《跟柳田先生学到的东西》，第 28 页。

139. 牧田茂：《为民俗学的十册》，第 31 页。

140. 最上孝敬：《柳田民俗学的遗产与民众的遗产》，第 53 页。

141. 濑川清子：《女性与柳田民俗学》，第 62 页。

142. 竹村民郎：《柳田民俗学的轨迹》，第 237 页。

143. 平山敏治郎：《先祖的故事》，第 263 页。

144. 神岛二郎：《民俗学与国际主义》，第 267 页。

《柳田国男研究资料集成》（日文）第 7 卷

145. 樱田腾德：《大阪民俗谈话会成立时》，第 8 页。

146. 山口最子：《女性与民俗学》，第 86 页。

147. 小谷方明：《民俗学是》，第 90 页。

148. 田村吉永：《〈乡土研究〉的时候》，第 97 页。

149. 神岛二郎：《先祖的故事》，第 204 页。

150. 千叶德尔：《民俗周圈论的检讨》，第 221 页。

151. 千叶德尔：《地理学与日本民俗学的接点——通过已故柳田国男氏的见解》，第 225 页。

152. 神岛二郎：《柳田国男——日本民俗学的创始者》，第 286 页。

153. 高崎正秀：《领悟民俗学兴趣的时代》，第 336 页。

154. 和歌森太郎：《国史与民俗学》，第 366 页。

《柳田国男研究资料集成》（日文）第 8 卷

155. 益田腾实：《民俗思想》，第 53 页。

156. 大田荣太郎：《方言与民俗》，第 226 页。

《柳田国男研究资料集成》（日文）第 9 卷

157. 后藤总一郎：《关于柳田民俗学生涯的象征》，第 3 页。

158. 山本健吉：《柳田国男与日本民俗学》，第 154 页。

159. 牧田茂：《关于民俗学——第二柳田国男对谈集》，第 196 页。

160. 谷川健一：《关于民俗学——第二柳田国男对谈集》，第 198 页。

161. 柳川启一：《日本的节日》，第 200 页。

162. 谷川健一：《折扣学与柳田学》，第 203 页。

163. 关敬吾：《民族学与民俗学——最近动态》，第 260 页。

164. 江守五夫：《社会结构（民族学地域研究的发展 1 日本 1）》，第 281 页。

165. 平山敏治郎：《民间传承（民族学地域研究的发展 1 日本 2）》，第 342 页。

166. 松前健：《神话（民族学地域研究的发展 1 日本 3）》，第 361 页。

167. 大藤时彦：《民间信仰（民族学地域研究的发展 1 冲绳 2）》，第 379 页。

附 录 四

《民间传承论》概要*

　　柳田在《民间传承论》第一章"一国民俗学"中，分"凡俗知识的研究""新学问的成长""人类学的发展""今日之史学"和"folklore 的内容"五个部分论述了为什么把 folklore 日译为民间传承，而不应该译为"民俗学"的理由以及民间传承的对象等问题。柳田认为，"民俗学"这个词在日本作为普通名词使用还有为时尚早。他说，目前的状况还没有达到可以使用民俗学这个名词的程度。因此，虽然这是一个十分贴切的词汇，但我们如今还是应该避开使用它。至少在其内容尚未纯化，并达到一定程度的共识之前，民俗学这个词还是不要引入日语为好。何况这门学问还没有形成自己的体系。他主张，把 folklore 译为民间传承。另外，民俗学和民族学的日语发音完全相同，也是柳田主张回避用民俗学这个词的原因之一。柳田主要从学科尚未形成体系和发音问题的角度考虑，主张避开用民俗学这个名词。

　　第二章"殊俗志的新使命"中论述的第一个问题现存土俗志的价值中主要指出了，现存土俗志中存在的不可靠性和局限。ethnography 日译为土俗志学，ethnology 日语翻译成民族学，folklore 翻译成民俗学。柳田指出，民俗学诞生之前的土俗志大多是旅行者的事业，主要是通过视角的采集。旅行者的长处在于他们有异乡人的好奇心，对本地人习以为常的生活事象可以不分巨细地进行观察和描述。但由于不懂当地语言，无法与当地民众进行交流。因此，他们的观察只停留在视觉所观察到的表层。另

---

　　* 这是作者读王晓奎、王京、何彬译《民间传承论与乡土生活研究法》的笔记。

外，由于受季节和交通条件的限制，他们的观察中存在不少遗漏。因此，柳田认为，这些土俗志调查获得的资料有相当严重的偏颇。他指出，20世纪的土俗志有了突飞猛进的发展，在很多方面发生了前所未有的改变。严肃认真地进行学术探险的旅行者和学者有准备的调查工作纷纷展开，看其内容大体上勾画出形态，记述也逐年精细化。而对精神层面的观察还是有很多不着边际的胡乱猜测，这可以说是迄今为止的通病。第二个问题 ethnography 和 folklore 中柳田指出，ethnography 突飞猛进的发展增强了我们对 folklore 发展的信心。这两门学问的重叠如今大家都已感觉到了。越是忠实于本学科的研究，越清楚两者的相似点。将两者合二为一未尝不可，但就目前而言分开还是合理的。柳田的观点是 ethnography 和 folklore 两门学问虽然缘分很深，而且最终有可能合为一家，但目前把两者混为一体还为时尚早。

第二章，第三个问题习俗进化的印记中提出了我们要以进化和变化的视角看待人类生活的观点。柳田指出，变化是人类的本性，他们生活的方方面面以及文化的变化是必然会发生的。这些变化在他们国家、种族内是显而易见的，但是外部观察者却很难觉察。人类的集团生活是不断变化的，我们能充分认识到这一点是 folklore 的研究取得相当程度的进步的结果。第四个问题日本的土俗调查中，柳田指出，日本人承认本国的土俗志，对这门学问的历史来说，是一件具有划时代意义的大事，有了这一事实之后，拉近了土俗学与民俗学的距离。第五个部分迈向世界民俗学之路中柳田认为，迈向世界民俗学之路虽然遥远而艰难，但只要脚踏实地地一步一步地着手准备的话，可以看到成功的希望。柳田指出，民间传承的采访和土俗调查之间的差异中最需要注意的是前者以自己国家为对象，而后者是旅行者、客居者对异民族所做的观察和调查。两者都是以直接调查的方式，从生活中寻求资料，在这一点上它们是一致的，但是民间传承可以调查到精密细微的心理想象，土俗调查却只能得到概况见闻性的资料。作为民俗学成立的前提，柳田曾提出必须是本国人从事研究，其中一个原因就在于此。他认为，ethnology 是在 ethnography 的基础上成立的学问。除了直接观察和调查的资料之外，使用文献进行研究也是可能的。像弗雷泽的《旧约全书的 folklore》那样的历史研究，就是文献研究的成果。但是，我们还是应该把文献局限在参考的范围，避免把文献作为我们这门学问的决定性证据。做好这样的准备，一个国家的民俗学在各国成立，进行国际性的比较综合就会成为可能。其结果如果能适用于其他各个民族，世界民俗学就会呈现出希望的曙光。他认为，资料的收集需要各国之间的协作，因为在协作的过程中才能发现问题。把收集到的资料加以整理、比较、综合得到的结果也能适用于其他民族的话，就可以说我们的学问取得了重大的进步。以上论述是柳田国男关于民间传承即民俗学调查和土俗学调查的差异以及他的首先建立一国民俗学的基础上构建世界民俗学的宏大理想的阐释。他认为，国际协作需要以某一国家为中心的，这当然应该选择资料最丰富、整理工作做得最好的国家，可以说现在这个中心逐渐转向有协会组织的北欧，正反映了这个趋势。

第三章文字记录产生之前中，分史学的局限性、考古学再考、文明国探险、论起源论和我们的方法五个部分论述了史学、考古学的局限以及民间传承之学对史学和考古学等学科的补充，并提出了著名的重出立证法。柳田指出，那些没有文字记录的大部分国民的生活事实，被排除在史学研究的视野之外。因为，历史不是像人们的足迹那样无意识中留下的产物。而是史官有意识地判断选择的产物，史官最初就抱着要抹杀一部分历史的意图。这种倾向后来在纸笔普及以后依然存在。所以，历史上对农民百姓的记载，一般仅限于发生饥荒和暴动时的状况，他们的生活被认为是卑下平凡的，没有记录的必要。柳田认为，仅仅由史官选择的历史不能满足我们的要求。在被今日的历史遗弃的部分中，存在着我们想要了解的历史，我们把它称为史外史。民间传承之学也可以说是补充历史研究缺陷的学问。柳田解释重出立证法是："类似于重叠照相的手法。我们了解它的长处，因此虽然承认文献是重要的资料来源，但是绝不把文献放在至高无上的地位，我们认为最值得重视的是实地观察调查得来的资料，文献仅仅作为佐证材料，过多借助文献的旁证，会使'民俗学'成为一种与历史学混淆不清的奇怪且靠不住的学问。"① 柳田对重出立证法只解释了一句。其实重出立证法是一种综合、比较的方法。

第四章乡土研究的意义中，分采集技术的问题、所谓划地主义、雅俗都鄙、日本乡土的特色和学问孤立的危险五个部分，论述了乡土研究的特征和意义等。柳田认为，采访收集是民间传承之学的根本。调查的方法如

---

① 柳田国男：《民间传承论与乡土生活研究法》，王晓奎、王京、何彬译，学苑出版社2010 年版，第 50 页。

何是关系到生死存亡的重大问题，他指出，询问式调查的结果多数变成机械操作式的访谈。采用现成的手册记录也会产生很多疏漏。他认为，来自外部的采集大多很不彻底。最好的方法是通过词语进行调查。柳田主张，真正的乡土研究从内部开始，来自外部的研究大多以失败告终，关键是在自然状态下询问，因此同乡人的采集最具有学术价值。

柳田指出，我们的研究要把范围缩小，但目的是以全日本为对象，这一点和法国的所谓划地主义的研究不同，我们把研究区域限定在狭小的范围中，是把这个范围作为全国性比较综合的基础单位。热耐普（Gennep）等人的划地主义的研究是以对限定的地域作彻底的调查研究为目的。柳田虽然强调缩小研究的范围，但不提倡割据。他认为，如果仅仅局限于局部，只研究山中的一角，半岛的一个村落，我们的学问是不会进步的，应该互相保持畅通的交流，以便于综合比较。迄今为止的民间传承研究，因为调查者很多不是本地人，存在很多问题。一国民俗学的完成必须首先由本地人将乡土研究精密化。柳田指出，乡土研究的目的是了解日本人的过去，了解日本人的本质，不是限于某个地区的狭隘的知识。乡土不局限于自己生长的地方，而应该把它作为学术研究的一个单位来考虑。他认为，日本是最适合研究统一或单一的共同体问题的国家。这也是柳田国男强调在日本首先建立一国民俗学思想的基础。日本的乡土研究应该进入了第二个阶段，已到了必须考虑传承者的特点的时候。

接着柳田论述了地方性知识和一般性知识的关系，具体或个别研究与整体研究的关系。他说，乡土研究的一个危险是研究变成孤立的行动。带有古老特征的乡土知识不应该仅仅局限于原有的地方，而应该变成一般性的知识被共享。对人的研究如果只知道某种特殊性，不和普遍性联系起来思考是行不通的。具体个别的乡土研究需要对整体研究有所贡献才有意义。他还提到民俗学会这一组织机构的主要功能是沟通、联络国内乡土调查研究情况、向学者们提供迄今为止的调查研究情况，帮助他们了解国内乡土研究情况、动态以及展望未来。他认为，要对民俗学抱有建立科学基础的野心，要求广泛地进行知识的交换和比较，并对乡土人所做的乡土研究给予极大的期待。

第五章文献整理的准备工作中，分资料库的迷宫花、记录整理的呼声、计划记录、偶然记录和采集记录五个部分，论述了当前文献资料的杂乱无章以及文献资料整理工作的迫切性。柳田指出，以前人们只是抱怨文献缺乏，但如今进了资料库就像进入了迷宫，杂乱摆放的资料简直使人不知如何是好。他认为，资料的极大丰富使研究者产生了满足感，再有能力的人也无法穷尽资料，因而大家也就满足于现状，丧失了对其他方面的疑问和探求心。柳田指出，把杂乱无章的资料尽量整理得便于使用，是非常迫切的要求。这个学问以人种为单位，所以需要各国先做好自己的工作。只有各国的资料都整理齐备了，全世界的民间传承的整理分类才有可能。各国的资料分头整理以后，可以迅速顺次翻译出来，以一种语言、一个人种为单位，构建一个共同体机制，进而推进国家的合作。他说："日本是单一语言单一种族的国家，国内的整理工作比较容易，应该率先进行。像现在这样任凭资料杂乱无章地放置在那里，这门学问的发展是没有指望的。目前的状态是我们需要读的东西浩如烟海，不胜其烦。在中央设立学会，作为国内的联系机构，首先着手展开整理工作，推进这门学问的发展，这是我们的迫切的希望。"①

柳田认为，整理应该尽量做到材料的分类自然合理，分类应该留意区别既存的过去的资料和将来可能发现的资料。他把过去的记录资料，根据其性质分为三类，即计划记录、偶然记录和采集记录。柳田认为，计划记录指有目的、有计划地记录。偶然记录是作者阐释计划以外的问题时借用的材料和文字，现在的史学大多利用这部分资料。采集记录也是一种计划记录。但采集材料具有客观的、长远的价值。柳田指出，对计划记录我们首先要和以前的史学家采取不同的态度，对计划记录材料进行重新评价。计划记录是按照作者的目的做成的，我们不可由此而轻视它。要用和前人不同的眼光阅读它。书本无意，只有认真阅读的人才能发现其价值。柳田认为，记录一定是有计划的，如果把它用于其他目的，就成了我们所说的偶然记录。偶然记录杜撰较多，而且多有固有名词的错误，计数的不精确以及内容的夸张等，把这些直接当作资料来用是很危险的。把偶然记录作为资料进行采集时，要充分考虑到这些因素。柳田指出，对于采集记录，首先要把现存的归为一类，对其进行整理，摸清家底以后再确定下一步的目标。对那些可能马上消亡的，较为重要的部分进行优先采集，分清轻重缓急，循序而进。

第六章采集与分类中，分采集的方法、三部分类、分类的标准、索引

① 《民间传承论与乡土生活研究法》，第67页。

和用语以及预备演练五个部分，论述了采集的方法、三部分类法、编制索引的方法和比较研究方法。柳田指出，最近七八年来，采集的领域大为扩展，他对一些新领域进行了开拓，并吸引人来调查，等从事的人多了，就转移到下一个领域，这样不断努力扩展新的战线。他说，我们目前的首要任务是整理已有的资料，并为正确有用的采集确立方针。柳田批判问卷调查方法。他认为，问卷调查方法存在太多的缺点，比如即使是很一般的受访者，回答也因人而异，既有夸大其词的，也有顾虑重重而不愿多言的。问者和答者之间的地位、学问、生活环境、文化水平相差甚远时，更难得到充分的调查结果，很容易出现居高临下的提问，这就需要千万慎重的。问卷调查不仅受到被调查者的社会地位、生活环境、文化水平等因素的影响，而且调查报告往往受采集者或调查者素质的影响。因为，采集者中有认真负责的详细的记录者，也有取其大纲，简单记录的人，还有人明明偏离了要领，却还自鸣得意。笔者认为，问卷调查最大的缺点是针对所有的被调查者提出的问题相同，而被调查者是不同个体存在，他们的社会身份、生活环境、文化程度都不同。对不同的人们提出预先设计好的提问，显然是缺乏灵活性。柳田还批评只根据采集手册进行的采集。他认为，设定好项目的手册会妨碍现场产生新的疑问，还有可能埋没、忽略新的发现。他指出，理想的采集方法是把访谈对象的话原原本本地记录下来，而且不光询问眼前的问题，还要不断提出新的问题，就此进行任意采集。

关于柳田国男民俗现象三部分类法，单独列章讨论过，因此不再重复。柳田指出，分类之后要做的就是编制索引。可以说索引的好坏、完备与否是学术是否进步的标志。编制索引，首先要考虑的是便于检索。他认为，根据语词、方言来编制索引比较合适。用语词作索引，不仅有益于民间传承的研究，而且通过这个调查分类可以了解国民的国语生活，实属方便。他说，信仰上细微的内容差异在农民们的语言里都有充分的表现。大体上，第三部心意民俗的问题用词汇来处理很见效果。方言大体上属于无意识的保存，而且只有使用者才完全明白其内容。因此，用它来做采集的标目、分类的条目和索引的标准，是非常适用的。柳田高度评价用语词和方言编制索引的方法。他指出，分类的利用必须借助好的索引。使用词语编制索引不但有助于正确地表达和思考，还对采集资料有所助益。这是一手整理过去，同时一手伸向未来的方法。用清楚明确的语词来完成分类索引的编制工作是柳田的一大心愿。柳田指出，采集资料的记述不是学术的目的，我们需要的不是某一部分的记述和分析，而是在这之后的综合。就是说，采集的最终目的和意义是综合和比较研究。比较需要综合，是科学研究最必要的方法。分类和索引也是为这一方法服务的。柳田民俗学最基本的研究方法是综合比较方法。接着他还指出，学术的分工和合作精神。他指出，应该把自己的研究作为整体的一部分，系统的一个环节，通过分工共同推进学术的发展是很重要的。即专家各自分担细小的问题，将其集中起来形成大的成果，这种协作精神是必要的。

　　第七章生活诸相中，主要论述了日常和非日常生活的采集以及艺术的宗教起源等问题。"晴"在日语里具有非日常、正式的意思；"亵"则有日常的非正式的意义。柳田把这两个词作为一对概念引入民俗学，扩展其内涵，用于理解民俗生活中时间、空间的不同特征。这个概念被日本民俗学界接受，成为阐释日本文化时的一对概念。柳田指出，在日本的民间传承中有很多证明艺术的宗教起源的材料。例如，日本的插花艺术起源于取悦神灵的仪式。日本人在盂兰盆节放焰火的习俗与盂兰盆节的迎火送火仪式有关。日本人在庭院里种植松树的习惯源自祭拜以垂下的松枝为梯从天上降临的神灵的仪式。出自这种信仰的宗教活动消失之后，庭院中枝叶繁茂的松树象征着福瑞祥兆。日本人庭院艺术起源于祭祀神灵的仪式。柳田指出，游戏和玩具也是从宗教性活动逐渐演变过来的。例如，"拔河"这样的游戏，原来就是神社活动的一部分。"捉迷藏"源自"鬼跑"和"追鬼"的活动。"里面的小和尚"和"丢手绢"等游戏，源于遇到旱灾和虫害的时候举行的宗教仪式。相扑的前身是四方代表为了知道幸福的预兆，在神社的门前斗技角力的活动。掷骰子"赌博"原本是神社活动的一部分，今天残留下来的祭礼中，有神和人赌博的活动，并且还有相应的传说。

　　第八章言语艺术中主要论述了谚语、比喻、念词、谜语、童谣、民谣、说唱和民间故事等口传文学的特征。但笔者认为，柳田这一章的论述不太清楚并缺乏系统性。因此读起来比较费劲。

　　第九章传说和说话中主要论述了传说的概念、特征和演变以及传说、说话和世间话的关系。关于传说的概念、传说与民间故事、说话和世间话的细微区别，柳田在《口承文艺史考》中进行了更加清楚、系统的论述。本书中专门梳理和评价过。因此，在这里不重复。柳田还指出，传说在口传文学中，可以独立门户，具有单独进行研究的价值。

　　第十章心意现象中主要论述了民俗分类中第三部心意现象，例如生活知识和技术、兴趣、爱憎和死后的问题、咒术、禁忌等问题。

　　《民间传承论》是柳田国男系统阐述民俗学理论方法的著作，书中对民俗学意义、研究对象、研究方法和民俗分类进行了系统论述，形成了较为完整的理论体系。《民间传承论》的问世，证明了柳田民俗学思想的形成和成熟。此书在 1934 年 8 月出版以后，一直是日本民俗学的经典文献。

参考文献

中文论著（按作者姓名拼音顺序排序）

［英］查·索·博尔尼：《民俗学手册》，程德祺、贺哈定、邹明诚、乐英译，上海文艺出版社1995年版。

［日］关敬吾：《民俗学》，王汝澜、龚益善译，中国民间文艺出版社1986年版。

林继富、王丹：《解释民俗学》，华中师范大学出版社2006年版。

陶立璠：《民俗学概论》，中央民族学院出版社1987年版。

叶涛、吴存浩：《民俗学导论》，山东教育出版社2002年版。

乌丙安：《中国民俗学》，辽宁大学出版社1985年版。

张玉安、陈岗龙等：《东方民间文学概论》，昆仑出版社2006年版。

周星主编：《民俗学的历史、理论与方法》，商务印书馆2006年版。

日文论著

［日］柳田国男：《民间传承论》，《柳田国男全集》第28卷，筑摩书房1990年版。

［日］柳田国男：《定本柳田国男集》别卷三，筑摩书房1985年版。

［日］柳田国男：《桃太郎の诞生》，《定本柳田国男集》第八卷，筑摩书房1980年版。

［日］柳田国男：《口承文艺史考》，《定本柳田国男集》第六卷，筑摩书房1985年版。

［日］柳田国男：《昔话觉书》，《定本柳田国男集》第六卷，筑摩书房1985年版。

［日］柳田国男：《柳田国男全集》第 4 卷，筑摩书房 2000 年版。

［日］柳田国男：《乡土生活の研究法》，《柳田国男全集》第 28 卷，筑摩
书房 1990 年版。

［日］福田アジオ：《柳田国男の民俗学》，吉川弘文馆 1992 年版。

［日］福田アジオ：《民俗学者柳田国男》，御茶の水書房 2000 年版。

［日］福田アジオ：《日本民俗学方法序说：柳田国男と民俗学》，弘文堂
1984 年版。

［日］福田アジオ、宫田登：《日本民俗学概论》，吉川弘文馆 1983 年版。

［日］大塚民俗学会编：《日本民俗事典》，弘文堂 1983 年版。

［日］佐野贤治、谷口贡、中込睦子、古家信平编：《现代民俗学入门》，
吉川弘文馆 1996 年版。

［日］野村纯一、三浦佑之、宫田登、吉川祐子编：《柳田国男事典》，勉
诚出版 1998 年版。

［日］成城大学民俗学研究所编：《柳田文库藏书目录》，成城大学民俗学
研究所 2003 年版。

［日］纲野善彦、宫田登、福田アジオ编：《历史学と民俗学》，吉川弘文
馆 1992 年版。

［日］新谷尚纪：《柳田民俗学の继承と发展：その视点と方法》，吉川弘
文馆 2005 年版。

［日］后藤总一郎编：《柳田国男研究资料集成》（第 1—9 卷），日本图书
センター，1986 年。

［日］有贺喜左卫门：《一种日本文化论》，未来社 1981 年版。

［日］柳田国男研究会：《柳田国男传》，三一书房 1988 年版。

《日本民俗学大系》第一卷，平凡社 1959 年版。

［日］福田アジオ：《柳田国男の民俗学》，吉川弘文馆 1992 年版。

［日］岩崎敏夫：《柳田国男の民俗学》，岩田书院 1995 年版。

［日］川田稔：《柳田国男：固有信仰の世界》，未来社 1992 年版。

［日］川田稔：《柳田国男のえがいた日本：民俗学と社会构想》，未来社
1998 年版。

［日］松本三喜夫：《柳田国男の民俗志》，吉川弘文馆 1998 年版。

［日］金田一春彦、池田弥三郎编：《学研国语大辞典》，学习研究社
1981 年版。

日本国语大辞典第二版编辑委员会编：《日本国语大辞典》（第二版），第
　　九卷，2002 年。

［日］关敬吾：《关敬吾著作集 3 昔话研究法与传说》，同朋舍出版 1981
　　年版。

［日］室井康成：《柳田国男の民俗学构想》，森话社 2010 年版。

［日］大藤时彦：《柳田国男入门》，筑摩书房 1973 年版。

［日］伊藤干治：《日本人の人类学的自画像——柳田国男と日本文化论
　　再考》，筑摩书房 2006 年版。

后　记

　　这部专著是中国社会科学院文学研究所重点课题《柳田国男民间文学思想研究》的基础上完成的，也是笔者自 2006 年 11 月调入中国社会科学院文学研究所民间文学研究室工作至今的学习、思考的总结。说起该课题的设计离不开笔者的日本留学经历。由于笔者在日本岐阜圣德学园大学留学期间，有幸近距离观察和参与日本民众日常民俗和节日民俗生活，并且对日本民俗产生了兴趣。因此，开始关注日本民俗学。而众所周知，了解日本民俗学离不开其奠基人柳田国男的关注。因此，笔者对柳田国男民俗学产生了兴趣。

　　调入中国社会科学院文学研究所民间文学研究室工作之后，笔者的这一设想得到了当时的研究室主任吕微的大力支持，成了文学研究所的重点课题。笔者在研究过程中遇到困难，缺乏自信时，他一如既往地肯定笔者的研究能力和研究成果，鼓励笔者，使笔者感动和确立自信继续研究。并且答应笔者的请求，为拙著撰写序言。感谢吕微对笔者一直以来的关怀和鼓励！《柳田国男民间文学思想研究》课题从设计到完成，得到了研究室主任安德明的支持和鼓励。他说，日本、德国和美国是为世界民俗学做出重要贡献的国家。目前中国译介和研究美国民俗学和德国民俗学的学者不少，但译介和研究日本民俗学的学者不多。因此，他一直以来重视和肯定该课题的学术价值和现实意义。在此表示深深的感谢！他还建议笔者进行日本民俗学奠基人柳田国男和中国民俗学奠基者钟敬文的民俗学思想比较研究。但由于笔者学识的有限，在拙著中未能对柳田国男和钟敬文两位大师的民俗学思想进行比较研究。不能不说不是件憾事。感谢北京大学中文系教授陈连山和北京师范大学中文系教授杨利慧对《柳田国男民间文学思想研究》课题的肯定和对笔者的鼓励！

感谢中国社会科学院学部委员、民族文学研究所所长朝戈金研究员和我的同事施爱东研究员，把拙著纳入中国社会科学院民俗学研究书系。感谢施爱东研究员热心地推荐拙著。我的同事户晓辉研究员的学习精神和深邃的学术思想一直以来是我学习的榜样。我的同事邹明华主持的柳田国男"传说论"的读书课程对我的启发也很大。能够在文学所民间文学研究室这样一个相互支持和鼓励的和谐、友好的环境中工作是我的福分。感谢命运之神把我这样一个愚笨的人安排在充满爱和宽容的工作环境里。感谢本书的责任编辑中国社会科学出版社编辑张林以及为本书的编辑和校对工作付出辛勤劳动的编辑和校对们。

感谢我的爱人陈岗龙一直以来对我工作的大力支持和帮助。他是我生活和工作的坚强后盾。他通读了书稿，并给予认真修改。